PARACELSUS – richtig gesehen

G. W. Surya

PARACELSUS

richtig gesehen

3. durchgesehene Auflage
mit einem Nachwort von Alexander von Prónay

Rohm-Verlag 7120 Bietigheim

ISBN 38 7683 137 7

Gesamtherstellung: H. Mühlberger, Augsburg

Inhalt

Aus dem Vorwort zur zweiten Auflage (1938)

Die erste Auflage des vorliegenden Buches erschien im Jahre 1922, als zehnter Band meiner Sammlung „Okkulte Medizin". In diesem relativ kurzen Zeitabschnitt von sechzehn Jahren hat aber Paracelsus, seine Medizin und Weltanschauung ungeheuer an Bedeutung gewonnen und dies gerade in deutschen Landen. Das beweisen die vielen neuen Bücher und Abhandlungen, welche über Paracelsus und sein Lebenswerk geschrieben wurden, das beweisen die Neuausgaben der gesamten Werke des Paracelsus in deutscher Sprache und endlich auch das starke Hervortreten einer okkulten Medizin im Sinne des Paracelsus.

Man kann in bezug der Wertung und Würdigung von Paracelsus drei Epochen unterscheiden. Die erste umfaßt den Zeitraum seiner Wirksamkeit als Arzt, Lehrer, Reformator der Medizin, sowie Schriftsteller, und dauert vom Zeitpunkt der Beendigung seiner Studien an italienischen Universitäten bis an sein Lebensende, also etwa von 1515 bis 1541. Von seiner überaus fruchtbaren schriftstellerischen Tätigkeit machen sich Fernstehende kaum einen richtigen Begriff; für diese diene der Hinweis, daß die Neuausgabe der Werke des Paracelsus fünfzehn stattliche Bände über Medizin und zehn Bände über Theologie und Mystik umfaßt. Es ist daher begreiflich, daß eine Gesamtausgabe der Werke des Paracelsus, auch als Neudruck, auch heute keine billige Sache ist.

Die zweite Epoche dauerte von 1541 bis 1900. Die dritte aber ist noch nicht abgeschlossen, denn sie begann wohl ab 1900, aber eben in dieser dritten Periode beginnt erst die wahre und gerechte Würdigung und Wertung des Lebenswerkes von Paracelsus auch von wissenschaftlicher Seite.

Was nun die erste Epoche anbetrifft, in welcher Paracelsus als praktischer Arzt, Hochschulprofessor, Reformator der bisherigen Medizin und Schriftsteller tätig war, wobei er ganz Europa bereiste, so ist sie dadurch gekennzeichnet, daß er wohl sehr bald, durch seine außerordentlich glücklichen Kuren, selbst in schwersten und für unheilbar gehaltenen Leiden, auffiel und der berühmteste praktische Arzt seiner Zeit wurde, daß er sich aber andererseits durch seine oftmals sehr heftigen Angriffe auf die damals herrschende Schulmedizin und ihre Vertreter erbitterte Feinde schuf, welche natürlich sein Ansehen, wo es nur ging, herabzusetzen suchten. Daß aber dabei auch der Neid eine große Rolle spielte, braucht wohl nicht besonders hervorgehoben werden. Nur wenige, wirklich ergebene und ehrliche Schüler hatte er sowohl zu seinen Lebzeiten als auch nachher.

In der zweiten Epoche schwankt sein Charakterbild sehr, sowohl in der Kulturgeschichte als auch in der Geschichte der Medizin. Jedenfalls aber wurde Paracelsus in dieser besser und richtiger eingeschätzt als in der dritten Epoche; er galt wohl in weiten Kreisen als „Zauberer", aber dies war keineswegs eine Schmähung zur damaligen Zeit, denn viele Große, vor und nach Paracelsus, die Außerordentliches auf dem Gebiete der Medizin und Naturwissenschaften leisteten, vor deren Können das damals meist ungebildete Volk aber eine gewisse Scheu hatte, wurden gleichfalls als „Zauberer" oder „Magier" bezeichnet.

Erst als, so ab 1850, die sogenannte „Aufklärungsperiode" der mächtig emporstrebenden Naturwissenschaften begann, die in Wirklichkeit aber nur eine Verherrlichung des plattesten und seichtesten Materialismus als Weltanschauung war, hatte man für alles Magische, Mystische und Okkulte nicht nur keinen Sinn, sondern erklärte alles Übersinnliche sowie alles Übernatürliche und überhaupt alles, was den ach so engen Horizont der Aufklärungsapostel, wie BÜCHNER, VOGT, MOLLESCHOTT und HAECKEL, des Monistenpapstes von Jena, überragte, für „Ammenmärchen" und „Köhleraberglauben". Und von da ab bis etwa 1900 war Paracelsus von wissenschaftlicher, das heißt richtiger gesagt, schulwissenschaftlicher Seite, ein erledigter Mann. Man überbot sich, Paracelsus als Urbild des ärztlichen Scharlatans, als bombastischen Wunderdoktor, Schwindler, Magier, Lügenpropheten, Narren und Betrüger hinzustellen, den niemand mehr, der etwas auf seine Bildung oder gar auf seine wissenschaftliche Stellung hielt, ernstnehmen durfte. Das ging, wie gesagt, durch ein halbes Jahrhundert.

Aber dann trat, so ab 1900, zuerst noch unbemerkt oder milde von der Schulwissenschaft belächelt, eine seltsame Wende in Weltanschauungsfragen ein. Spiritismus, Okkultismus, Astrologie und andere Geheimwissenschaften breiteten sich, auch in Europa, immer mehr und mehr aus, und als der furchtbare Weltkrieg 1918 endlich sein Ende nahm, da suchten erst recht Millionen von Menschen Trost und Zuflucht in einer höheren Weltanschauung als jene des platten Materialismus.

Okkultismus, Spiritismus, Theosophie, Mystik, Neugedankenlehre und Astrologie erfaßten zum Schrecken der Schulweisheit, auch in Deutschland, Millionen von Menschen und, was das Bedenklichste daran war, auch viele Akademiker und andere gebildete Leute. Zwar suchte sich die offizielle Wissenschaft damit zu trösten, daß dies, wenn auch eine bedauerliche, so doch nur vorübergehende Erscheinung sei, offenbar dadurch bedingt, daß die menschliche Seele nach all den Schrecken und Leiden des Weltkrieges und seiner schlimmen Folgen ihr Gleichgewicht verloren habe, daher als eine Art von „Kriegspsychose" zu werten sei, welche aber selbstredend mit Eintritt normaler Zeiten wieder ebenso rasch verschwinden werde, wie sie gekommen sei. Aber dies erwies sich leider für die professorale Hoffnung der offiziellen Schulwissenschaft als gewaltiger Irrtum. Die okkulte und mystische Welle kam in ganz Europa nicht nur nicht zum Stillstand, sondern vertiefte sich. Beste Werke okkulter und mystischer Richtung, welche englische, französische und italienische und amerikanische Gelehrte verfaßt hatten, wurden nun ins Deutsche übersetzt. Darunter waren Gelehrte von Weltruf, wie die beiden Physiker CROOKES und SIR OLIVER LODGE, dann RICHET und ROCHAS, FLAMMARION, BOLZANO und andere. Jetzt traten auch deutsche Gelehrte wie DRIESCH, DAQUÉ, DENNERT, SCHLEICH in ihren Schriften offen zugunsten einer übersinnlichen Weltanschauung ein und bewiesen die Unhaltbarkeit des Materialismus als Weltanschauung. Allerdings hatten dies schon vor dreißig bis fünfzig Jahren die deutschen Gelehrten wie Prof. Dr. ZÖLLNER, Dr. DU PREL und Dr. FRANZ HARTMANN ebenso gründlich getan, fanden aber damals keinen Beifall.

Gleichzeitig aber trat eine wahre Götterdämmerung in den Naturwissenschaften selbst ein. In Physik und Chemie, aber ebenso in Biologie und Astronomie, erwies sich die bisherige materialistisch-mechanistische Weltanschauung als vollkommen untauglich, die Grundprobleme dieser Wissenschaften, geschweige denn die Rätselfragen des Seins oder gar die Welträtsel zu lösen. Zuviel wissenschaftlich belegte Tatsachen sprachen dagegen.

Anstelle des ebenso verfehlten wie einseitigen und seichten Weltbildes bietet sich heute mehr und mehr das auch wissenschaftlich begründete magisch-mystische Weltbild an, wie es ebenso gründlich wie formvollendet Dr. Max Kemmerich in seinem „Weltbild des Mystikers" dargelegt hat.

Ändert sich aber unser Weltbild und unsere ganze Weltanschauung so umwälzend, wie hier in kurzen Worten angedeutet, so ändern sich auch die Grundanschauungen in Physik, Chemie, Biologie, usw. Wie man aber auch umgekehrt mit derselben Berechtigung sagen kann: Die moderne Physik, Chemie und Biologie wuchsen, ohne es zu wollen, aber durch experimentelle Tatsachen gezwungen, immer mehr und mehr ins Metaphysische hinein und trugen so zur Neuschaffung, richtiger gesagt zur Wiederentdeckung des magisch-mystischen Weltbildes sehr viel bei. Da aber die Medizin immer von diesen Hilfswissenschaften im Grunde abhängig ist, so müssen sich auch zwangsläufig viele Grundlagen, Anschauungen und Behandlungsmethoden der heutigen Schulmedizin ändern, will sie nicht rückständig bleiben.

Damit aber wäre erst der Boden vorbereitet, um Paracelsus und seine Medizin endlich richtig zu werten und seine profunde, den ganzen Kosmos umfassende metaphysische und mystische Weltanschauung richtig zu verstehen und zu erfassen, ja überhaupt den Riesengeist eines Paracelsus und dessen faustisches Streben im richtigen Licht zu sehen.

Denn betrachtet man Paracelsus (und seine Werke) nur unter dem Aspekt der trockenen Schulweisheit, so wird man kaum die Hälfte dessen, was Paracelsus schrieb, richtig erfassen und vieles, was für Paracelsus erlebte Tatsachen waren, für „Phantasien" oder „Unmöglichkeiten“ halten. Daran kranken eben die vielen gelehrten Bücher und Abhandlungen, die von Vertretern der Schulweisheit über Paracelsus geschrieben wurden, sofern diese nicht, was aber nur sehr selten vorkommt, wenigstens einigermaßen fähig waren, die Dinge im selben Licht betrachten zu können, wie es Paracelsus tat.

Dieses Licht einer offenbar höheren Erkenntnis nennt Paracelsus an vielen Stellen seiner Werke das *„Licht der Natur“* oder *„lumen naturale“*. Woher stammt nun dieses Licht der Natur? Nun, Paracelsus hat an etlichen Stellen seiner Schriften, so zum Beispiel im *Paragranum*, deutlich gesagt, daß der heilige Geist der Anzünder des Lichtes der Natur ist. Aus diesem Lichte der Natur kommt also die *„Illumination“*, hier gleichbedeutend mit Erleuchtung, wodurch wir erst befähigt werden, den „Text des Buches der Natur“ richtig zu verstehen; dieses Buch aber ist letzten Endes Gott selbst. Durch dieses *„Licht der Natur“* erkennen wir erst die wahre und höchste schöpferische Ursache in allen Dingen, denn dieses Licht der Natur stammt von der *„lux perpetua“*, dem *ewigen Lichte*, ab. Durchdringt dieses ewige Licht des heiligen Geistes unseren Verstand, so wird dieser erleuchtet.

Aber leider vermag, wie Paracelsus ausdrücklich sagt, die gewöhnliche, menschliche oder viehische Vernunft so etwas nicht zu erfassen! Was weiß diese von einer Erleuchtung vom heiligen Geiste her? Man mache einmal, auch heute noch, den Versuch, in einer Versammlung von Gelehrten materialistischer Einstellung, über solch eine Erleuchtung zu sprechen, und man wird wohl nur Heiterkeit oder mitleidiges Lächeln erregen.

Die offizielle Schulweisheit kennt außer dem tagwachen Bewußtsein höchstens nur noch ein Unterbewußtsein, welches sozusagen unterhalb der Schwelle unseres normalen Bewußtseins schlummernd liegt und das Archiv alles dessen ist, was wir jemals in diesem Leben, und sei es auch noch so flüchtig, gesehen, gehört, gedacht, erlernt, d. h. erlebt und erfüllt haben. Nur einzelne Gelehrte eignen dem Unterbewußtsein noch die Fähigkeit zu, sich mit dem Unterbewußtsein der anderen Menschen in Verbindung zu setzen und darin gleichsam zu lesen, und wollen auf diese Weise gewisse Formen des Hellsehens, der Telepathie usw. erklären.*

Aber es gibt zweifellos noch eine andere, weitaus höhere Form des Bewußtseins, welche allerdings nur selten den Menschen zuteil wird, und dies ist das *Überbewußtsein,* welches wir richtiger das *göttliche* oder *kosmische Bewußtsein,* das vom heiligen Geist erleuchtete Bewußtsein oder den in uns wohnenden Christus nennen können.

Davon weiß leider die Schulweisheit auch heute noch nichts. Nur hie und da wurden einzelne, auch gelehrte Männer, begnadet, dieses Licht, das Paracelsus das *„Licht der Natur“* nennt, zu empfangen.

Es sei hier an Jakob Böhme erinnert, der bekannte, daß ihm Gott, in einer Stunde der Erleuchtung, mehr Weisheit geoffenbart habe, als alle Fakultäten seit Adam und Eva lehren können.

Bei uns in Europa findet man genügend Männer und Frauen, welche, ohne das tagwache Bewußtsein zu verlieren, hellsichtig, hellhörend, hellfühlend, hellriechend und hellsehend sind oder das innere Wort besitzen. Ja sogar in Deutschland gibt es eine Reihe von Ärzten und Heilpraktikern, die derlei psychische Gaben unzweifelhaft haben und sie natürlich auch in ihrer Praxis zu diagnostischen Zwecken gebrauchen. Denn für sie ist nicht nur der menschliche Körper so durchsichtig wie Glas, sondern sie sehen auch noch die Aura des Menschen und die oft verborgenen seelischen und moralischen Ursachen seiner Leiden. Mir selbst sind etliche davon persönlich bekannt. Es gibt überhaupt mehr Menschen mit okkulten Gaben, die solche zu Heilzwecken einsetzen, als man gemeinhin glaubt, da sind zum Beispiel Magnetopathen, welche die Gabe des Heilmagnetismus zum Wohle vieler Kranken anwenden, dann diejenigen, die durch Sympathie, Suggestion oder sonstige seelische und geistige Heilmethoden heilen,

* Heute gilt das Hellsehen, womit man in der Parapsychologie das Wahrnehmen außerhalb der bekannten Sinnesorgane bezeichnet, nicht mehr als umstritten, sondern aufgrund positiver statistischer Experimente als erwiesen.

wozu auch die wahren Gebetsheiler zu rechnen sind. Von all dem hat sich der Verfasser des vorliegenden Buches persönlich überzeugt.

Warum sollte nun ein Paracelsus derlei übersinnliche Gaben und Fähigkeiten nicht auch gehabt haben? Er stellt doch die ausdrückliche Forderung, daß ein Arzt mehr sehen müsse als ein Fuhrmann, und daß man, ohne im Besitz des *„Lichtes der Natur"* zu sein, weder die Geheimnisse des Makrokosmos noch die des Mikrokosmos ergründen könne, und wem diese und deren gegenseitige Beziehungen nicht klar sind, der könne auch kein wahrer Arzt in seinem Sinne sein.

Wenn nun irgend ein ansonsten hochgelehrter Paracelsusforscher nichts davon weiß oder wissen will, daß es tatsächlich erleuchtete Menschen gibt, oder zumindest hellsehende und hellfühlende Ärzte und Heilpraktiker, wie will er dann einen Paracelsus, dessen Wirken und Schriften richtig beurteilen? Das ist natürlich ganz und gar unmöglich! Und des weiteren, wenn solch ein Mann der Wissenschaft persönlich nicht Astrologie und Alchimie betrieben hat oder zumindest sich im Umgang mit tüchtigen Astrologen und wahren, praktischen Alchimisten durch unwiderlegliche Tatsachen von der Richtigkeit dieser, von Paracelsus so hochgeschätzten „Säulen der Medizin" überzeugt hat, was ist dann dessen Urteil über Astrologie und Alchimie im allgemeinen und bei Paracelsus im besonderen wert? – „Keinen Schuß Pulver", wird jeder Einsichtige und Kenner dieser uralten okkulten Wissenschaften sagen. Dasselbe gilt natürlich erst recht, wenn ein materialistisch eingestellter Forscher etwa über weiße und schwarze Magie, Kabbala, Besessenheit, Dämonismus und deren Beziehungen zur Medizin des Paracelsus ein Urteil abgeben wollte. Denn es ist doch vorauszusehen, daß er, schon um das Ansehen der Schulweisheit zu heben und die materialistische Weltanschauung zu stützen, ja zu retten, über derlei Dinge nur negativ und geringschätzig, womöglich aber vernichtend urteilen wird und muß. Wir kennen ja diese „Taktik" aus der Geschichte der Medizin sowohl als auch aus der Geschichte der Naturwissenschaften und der Technik zur Genüge. Wer waren, um nur ein

Beispiel anzuführen, die wütendsten und unversöhnlichsten Gegner der heute endlich siegreichen Homöopathie? Nun jene Ärzte, die immer wieder dem Vorbild ihres Kollegen folgten, der da offen sagte: „Ich kenne zwar die Homöopathie nicht, halte sie aber für unmöglich, denn derlei kleine Mengen von Arzneien, welche die Homöopathen verabreichen, können doch keine Wirkung haben, also ist die ganze Homöopathie Täuschung, Betrug oder Schwindel, und ich muß sie daher verdammen."

Und erleben und erlebten wir nicht ähnliches bezüglich der Wünschelrute und des siderischen Pendels, sobald diese irgendwie mit medizinischen Fragen oder praktischen Anwendungen auf gesundheitlichem Gebiete in Zusammenhang gebracht wurden? Wie wird wohl dieser Kampf enden?

Nun, man braucht kein Prophet zu sein, um vorauszusagen, daß gerade die Wünschelrute und das siderische Pendel und die dadurch ermöglichte Erforschung von noch unbekannten Strahlen irdischen und kosmischen Ursprungs, die Verwendung des siderischen Pendels als diagnostisches Hilfsmittel, oder zur Bestimmung des richtigen Heilmittels, der richtigen Dosis und so weiter, schon in wenigen Jahren eine große umwälzende Rolle in der Medizin spielen werden.

Einseitig eingestellte Gelehrsamkeit, und sei sie noch so groß, ist eben unfähig, derlei ihr unbekannte Kräfte und deren Anwendung richtig zu erfassen und gerecht zu bewerten. Das Volk hat sich aber seit jeher wenig um die „ablehnende Haltung" der Schulweisheit gegenüber solchen Dingen gekümmert, und so gab es immer neben der offiziellen Medizin auch eine Volksmedizin und sogar eine auf okkulten Prinzipien beruhende Heilkunst.

Wenden wir dies alles auf die Paracelsusforschung und Paracelsuskritik an, so kommen wir zu dem einfachen aber schwer wiegenden Satz:

Man versteht Paracelsus und seine Schriften nur insoweit, als man eben selbst ein Paracelsus geworden ist. Um also Paracelsus ganz und gar zu erfassen, müßte man selbst ein zweiter Paracelsus werden.

Das war eben der große Fehler der meisten bisherigen Paracelsusforscher unserer Zeit, daß sie Paracelsus nur mit dem Maßstab der heutigen naturwissenschaftlichen Erkenntnis werteten und meinten, es genüge, Paracelsus bloß als tüchtigen, praktischen Arzt, Chemiker, Naturforscher in ihrem Sinne, und etwa noch als „Naturphilosophen" hinzustellen.

Da solche Paracelsusforscher von den okkulten und Geistes-Wissenschaften nichts verstanden, so hielten sie alles Okkulte und Mystische in der Medizin des Paracelsus einfach für mittelalterlichen Aberglauben, der heute keine wissenschaftliche Bedeutung habe, höchstens „kulturgeschichtlich interessant sei". Und so entwarfen sie von Paracelsus, seiner Medizin und Philosophie ein höchst beschränktes, einseitiges und daher unrichtiges Bild. Sie sahen Paracelsus überhaupt nur durch die Brille ihrer Schulweisheit und dadurch sahen sie ihn nicht richtig und nicht vollständig. Sie wollten und konnten ihn natürlich nur insoweit „würdigen" und „werten", ja „rehabilitieren", als Paracelsus Naturforscher in ihrem Sinne war. Nun liegt aber bei Paracelsus und seiner Medizin der Schwerpunkt gerade im okkulten, magischen und mystischen Teil seiner Persönlichkeit, seines Wirkens und seiner ganzen geistigen Einstellung. Mit einem Wort: der Akzent liegt bei Paracelsus auf all dem, was die heutige Schulweisheit, auch heute noch, nicht zugeben kann und will, weil alsdann die ganze materialistisch-mechanistische Weltanschauung gänzlich und restlos, auch von der offiziellen Wissenschaft preisgegeben und gleichzeitig alle Geheimwissenschaften, wie sie Paracelsus in seinem System verwertete und lehrte, anerkannt werden müßten. Das würde aber dann einen so vollkommenen Zusammenbruch der bisherigen Schulweisheit bedeuten, daß man sich davon kaum eine richtige Vorstellung machen kann. Und darum wird es wohl noch geraume Zeit dauern, bis die Schulwissenschaft Paracelsus voll und ganz rehabilitieren wird. Aber es wird ihr schließlich nichts anderes übrig bleiben.

Der Verfasser des vorliegenden Buches hat sich jedoch bemüht, Paracelsus richtig und ganz zu sehen und auch seinem Leserkreis dazu zu verhelfen, die Brille der Schulweisheit abzulegen. Deshalb führt das vorliegende Buch jetzt den Titel: „Paracelsus richtig gesehen". Solch ein Buch zu verfassen, konnte sich nur ein Außenseiter leisten, der weder davor zittern muß, einen Lehrstuhl an einer Hochschule zu verlieren, oder, wenn er ein Geistlicher wäre, von seiner vorgesetzten Kirchenbehörde „gemaßregelt und mundtot gemacht zu werden".

Aber Paracelsus will nicht nur mit dem Verstand, sondern vielmehr auch mit dem Herzen erfaßt werden. Denn was will so ein bedauernswürdiger, trockener, absolut nüchterner und dabei „höchst exakter Wissenschaftler", der an nichts Höheres glaubt und vermöge seines ganzen Bildungsganges auch nicht mehr glauben kann, damit anfangen, wenn Paracelsus sagte:

„Im Herzen wächst der Arzt,
aus Gott geht er hervor,
des natürlichen Lichtes ist er
und der höchste Grad, der Urgrund
der Arznei ist die Liebe."

Oder des weiteren: *„Du mußt helfen wollen und der Geist der Weisheit und Liebe wird dich leiten und führen."*

Das sind Worte von ungeheurer Wucht, Tiefe und Kraft, wie solche, vor Hohenheim, wohl kaum ein anderer Arzt gesprochen hat. Ja noch mehr, Paracelsus warnt auch seine Schüler und Nachfolger, die Liebe zu den Kranken und Leidenden in ihren Herzen ja nicht erkalten zu lassen, ansonst sie bald bemerken würden, daß es mit ihrer Kunst zurückginge, und falls sie höhere, geistige oder mystische Gaben hätten, diese ihnen entzogen werden würden. Dies alles ist für den materialistisch eingestellten Naturwissenschaftler oder Arzt „tolles, unverständliches, indiskutables und unverdauliches Zeug". Jedoch liegt gerade darin das Geheimnis des wahren, gottbegnadeten Arztes.

Und ein solcher allerersten Ranges war Paracelsus, nicht etwa nur ein ärztliches Universalgenie, wie ein solches allerdings kaum in jedem Jahrtausend einmal der Welt geschenkt wird. Er war also kein „Wunderdoktor, der planlos von Stadt zu Stadt, von

Land zu Land zog, sondern das große Wunder eines göttlich-inspirierten Arztes. Deshalb faßte er auch seinen ärztlichen Beruf von höchster Sicht auf, für ihn war er ein Wirken im Sinne Christi oder was wir heute praktisches, wahres Tatchristentum nennen. Dabei ging das innerste Streben dieses wahrhaft tiefreligiösen und mystisch veranlagten Mannes (wenn er auch nicht kirchlich-dogmatisch eingestellt war) letzten Endes nach Vergöttlichung. Deren Ziel ist die *unio mystica* oder die *bewußte Vereinigung mit Gott* noch zu Lebzeiten. Dafür spricht auch sehr, daß er in den letzten Jahren seines Lebens sein religiös-soziales Ideal in der Errichtung eines Reiches Gottes auf Erden sah. Dies verkündete er in Wort und Schrift. Ja, sein Ideal wurde nun, wie bei Franz von Assisi, die Armut. Vielleicht aus diesem Grunde sah er dann nicht mehr auf standesgemäße Kleidung, sondern trug abgetragene Kleider, was ihm zum Beispiel vom Bürgermeister von Sterzing übelgenommen wurde. Zusammenfassend können wir also sagen, daß Paracelsus nicht nur ein außerordentlicher Arzt, ja ein weißer Magier, ein Adept der Geheimwissenschaften und ein Meister der Alchimie war, sondern er bemühte sich darüber hinaus, die allerhöchste Stufe menschlicher Vollkommenheit zu erklimmen, indem er jenen beschwerlichen Weg einschlug, welcher vom weißen Magier zum ganz selbstlosen, helfenden und heilenden Wirken des Heiligen führt. Darin liegt also der letzte Schlüssel zum wahren Verständnis des Paracelsus... Man muß jedoch selbst „mystisch veranlagt" sein, um ihn richtig gebrauchen zu können.

Nach meiner Ansicht, welche ich allerdings niemand aufdränge, dürfte wohl Dr. med. Franz Hartmann, der bekannte Theosoph, Okkultist und Mystiker, der auch ein guter Kenner der mystischen Literatur der Inder war, diese Anforderung am besten erfüllt haben, und nur deshalb lassen wir gerade diesen Paracelsusforscher im vorliegenden Buch am meisten zu Wort kommen. So glaubt der Verfasser der Wahrheit und auch den wahrheitssuchenden Lesern am besten gedient zu haben.

Geschichtliche Einordnung

Alterius non sit, qui Suus esse potest.
(Keines anderen Knecht sei, wer sich selbst beherrschen kann.)
Wahlspruch des Paracelsus.

Obwohl erst vier Jahrhunderte seit Paracelsus verflossen sind, so sind wir über manche Punkte seines allerdings sehr bewegten und ruhelosen Lebenslaufes doch noch im unklaren. Diese Unklarheiten beginnen bereits mit dem Datum seiner Geburt. Vielfach wurde bisher angenommen, daß Paracelsus im November 1493 geboren wurde. Manchmal findet man sogar den 10. November 1493 als den Geburtstag des Paracelsus angegeben. Demnach wäre Paracelsus genau zehn Jahre später als Luther geboren. Der 10. November hätte also der Welt und speziell dem deutschen Volk zwei ganz besonders hervorragende, urdeutsche Reformatoren geschenkt. Bezeichnend für die Kongenialität dieser beiden Erneuerer ist es, daß man vielfach auch heute noch Paracelsus den „Luther der Medizin" nennt.

Hingegen verlegt Dr. med. FRANZ HARTMANN, der bekannte Theosoph, Okkultist und Mystiker in seinem bemerkenswerten Buche: Das Leben und die Lehren des Philippus Theophrastus Bombast von Hohenheim, genannt Paracelsus, die Geburt dieses außergewöhnlichen und genialen Mannes auf den 14. Dezember 1493. KARL SUDHOFF, der sich seit über fünfzig Jahren mit den Werken und dem Wirken des Paracelsus beschäftigt hat, gibt in seinem Werke: Paracelsus, ein deutsches Lebensbild aus den Tagen der Renaissance, an, daß man vorläufig (das eben genannte Buch erschien 1936) nur sagen kann, daß Paracelsus im letzten Drittel des Jahres 1493 geboren sei.

Pater RAYMUND NETZHAMMER, O. S. B. gibt in seinem sehr gediegenen, reich bebilderten Buch: Theophrastus Paracelsus. Das Wissenswerte über dessen Leben, Lehre und Schriften, den 17. Dezember 1493 als den Geburtstag des Paracelsus an. Allerdings gibt Netzhammer dies nur als Überlieferung an.

Nur bezüglich des Geburtsortes herrscht unter den Biographen des Paracelsus vollkommene Übereinstimmung. Danach stand die Wiege dieses größten deutschen Arztes und Erneuerers der Medizin in *Maria-Einsiedeln,* einem bekannten Wallfahrtsort in der Schweiz. Da nun Paracelsus von Geburt aus Katholik war, ist es zu verwundern, daß man in der Klosterkirche von Maria-Einsiedeln – denn woanders sollte Paracelsus getauft worden sein – keine näheren Aufzeichnungen über seine Taufe in den Matrikeln fand. Andererseits ist es kaum denkbar, daß Netzhammer und andere Paracelsusforscher diesbezüglich nicht in Maria-Einsiedeln nachgeforscht haben.

Genaugenommen stand das Geburtshaus des Paracelsus etwas außerhalb des Ortes Maria-Einsiedeln, an der Teufelsbrücke am Ufer des wilden Sil. Es ist dies das sogenannte Ochsnerhaus, das aber 1814 wegen seiner Baufälligkeit abgerissen und neu erbaut wurde. Die Mutter des Paracelsus war eine Tochter der Einsiedler-Familie Ochsner. Sein Vater, Wilhelm Bombast von Hohenheim, stammt aus der alten und berühmten Familie der BOMBASTE ab, die sich von dem adeligen Schlosse HOHENHEIM (nachmals Esslinger Hof oder Meiler) nächst dem Dorfe Plieningen bei Stuttgart, BOMBASTE VON HOHENHEIM nannten. Er war nahe verwandt mit dem Großmeister des Johanniterordens, Georg Bombast von Hohenheim, wanderte jedoch in die Schweiz aus, ließ sich in Maria-Einsiedeln als Arzt nieder, und vermählte sich daselbst 1492 mit der Aufseherin der Krankenpflegerinnen des dortigen Klosterspitals. Dieser Ehe entsproß als einziges Kind* THEOPHRAST. Diesen außergewöhnlichen Namen gab ihm sein Vater, der nicht nur Arzt, sondern auch Naturforscher und Alchimist war, wohl mit Absicht, vielleicht auch in der stillen Hoffnung, daß sein Sohn einst ebenso berühmt werde, wie der griechische Botaniker und Mineraloge Theophrastus, nach dem er getauft wurde und für welchen der Vater des Paracelsus eine besondere Verehrung hegte. Den Namen Paracelsus legte sich

* Neuere Forscher wie L. Reinhardt (Zürich) sprechen allerdings davon, daß Paracelsus noch eine jüngere Schwester hatte.

Theophrast von Hohenheim später selbst bei. Es war eine Sitte der Humanisten seiner Zeit, sich griechische oder lateinische Namen zu wählen oder ihre eigenen Namen ins Griechische oder Lateinische zu übertragen. So sehen manche Forscher in dem Namen Paracelsus solch eine Übertragung des Namens „Hohenheim" ins Griechisch-Lateinische. Eine andere Erklärung wäre die, daß Paracelsus dadurch seine Überlegenheit über Celsus, den römischen Arzt, bezeugen wollte, eine Erklärung, die viel für sich hat; denn ein profunder Denker, wie Paracelsus sicherlich einer war, wird sich wohl nicht ohne Grund gerade diesen Namen zugelegt haben. Ob so oder so, er wurde unter diesem griechisch-lateinischen Namen weltbekannt, während sein eigentlicher Familienname Hohenheim in der Literatur erscheint.

Weil wir gerade bei den Namen des Paracelsus angelangt sind, so will ich hier nur einschaltend bemerken, daß auch diesbezüglich nicht volle Einstimmigkeit unter den Paracelsus-Forschern herrscht. Dr. FRANZ HARTMANN legt ihm die meisten Namen bei, nämlich: PHILIPPUS AUREOLUS THEOPHRASTUS BOMBASTUS VON HOHENHEIM*, während HANS KAYSER in seinem ausgezeichneten Werke: Schriften Theophrasts von Hohenheim genannt Paracelsus, nur drei als echt erwiesene Bezeichnungen gelten läßt, nämlich: „THEOPHRASTUS PARACELSUS", „THEOPHRAST VON HOHENHEIM" und „THEOPHRAST BOMBAST VON HOHENHEIM". Alle übrigen oft phantastischen Namen-Monstra sind unhistorisch; Paracelsus hat sich deren kaum bedient. Allerdings beginnt er die Vorrede zu den „Sieben Defensiones" mit den Worten: „Vorrede an den Leser durch den hochgelehrten Herrn Aureolum Theophrastum von Hohenheim beider Arznei Doktoren."

Wer sich für die Kindheit des Paracelsus interessiert, der findet diese dichterisch schön in dem Buch von E. G. KOLBENHEYER: Die Kindheit des Paracelsus, daß – wie HANS KAYSER sagt – der zukünftige Paracelsus-Biograph alle Mühe haben wird, selbst nach Durchstöberung sämtlicher deutsch-schweiz-österreichi-

* Dr. Franz Hartmann: Das Leben und die Lehren von Philippus Theophrastus Bombast von Hohenheim, genannt Paracelsus.

scher Archive, die Jugendzeit des kleinen Theophrastus inniger und wahrheitsgetreuer zu erzählen.

Die Idylle im Ochsenerhaus an der Teufelsbrücke währte jedoch nicht lange. Der kleine Theophrast war noch nicht neun Jahre alt, als er mit seinem Vater Einsiedeln verließ und nach *Villach* zog, wo sein Vater noch zweiunddreißig Jahre als angesehener Stadtarzt und Bürger wirkte, und 1534, im Alter von einundsiebzig Jahren, starb. Ob die Mutter des Paracelsus auch damals starb oder mit Paracelsus mitzog, wissen wir nicht genau. Doch hat entschieden der Vater den größten Einfluß auf die geistige Entwicklung des heranwachsenden Paracelsus gehabt. Er war sein erster Lehrer, der ihn schon früh nicht nur in Medizin, Chirurgie und Pflanzenheilkunde, sondern auch in die Alchimie einführte. Paracelsus war stets in treuer Liebe zu seinem Vater erfüllt, und sprach von ihm immer nur mit größter Dankbarkeit. Hören wir, was er selbst über seine Lehrer in der Jugendzeit in seinen „Chirurgischen Büchern und Schriften" erzählt: „... Von Kindheit auf habe ich die Dinge getrieben und von guten Unterrichtern gelernt, die in der *Adepta Philosophia** die ergründesten waren, und von den Künsten mächtig nachgrundeten. Erstlich Wilhelmus von Hohenheim, meinem Vater, der mich nie verlassen hat. Demnach und mitsamt ihm eine große Zahl, die mit wohl zu nennen ist, mitsamt vielerlei Geschriften der Alten und der Neuen, von ehrlichem Herkommen, die sich groß gemühet haben: als Bischof Scheyt von Stettgach, Bischof Erhart und Vorfahren von Lavantall, Bischof Nicolaus von Yppon, Bischof Matthäus Schacht, Suffraganeus Phrysingen. Auch viel Aebt**, als von Spanheim und dergleichen mehr, und viel unter den anderen Doktoren und dergleichen mehr. Auch so ist eine große Erfahrnus beschehen, und eine lange Zeit her durch viel Alchimisten, die in solchen Künsten gesuchet haben, als nemlich der edel und

* Worunter wir die hermetischen oder Geheimwissenschaften wie Alchimie, Astrologie, Kabbala, okkulte Medizin und Magie überhaupt zu verstehen haben.

** Es fällt hier auf, wie viele katholische Bischöfe sich mit den Geheimwissenschaften beschäftigt haben, vornehmlich wohl mit Astrologie und Alchimie, aber auch mit Kabbala und Magie, man muß dabei auch an Albertus Magnus denken, der allerdings im dreizehnten Jahrhundert lebte und erst vor wenigen Jahren heiliggesprochen wurde.

vest Sigmund Füger von Schwatz, mitsamt einer Anzahl seiner gehaltenen Laboranten."

Hier fallen besonders zwei Namen auf, der des Abtes von „Spanheim" und des „edel und vest Sigmund Füger von Schwatz".

Bisher wurde vielfach angenommen, daß dieser Abt von *Spanheim* identisch sei mit dem Abte THRITHEMIUS VON SPONHEIM im Nahegau. Nach den Forschungen SUDHOFFS und jenen von STRUNZ gilt es aber für sicher, daß der Abt, um den es sich hierbei handelt, BRUNO GRAF VON SPANHEIM ist, der im Kloster von St. Paul im Lavanttal in Kärnten lebte.

Der andere Name ist jener des SIGMUND FÜGER VON SCHWATZ in Tirol, der wohl das best eingerichtetste alchimistische Laboratorium seiner Zeit besaß und wo Paracelsus sicherlich viel gelernt haben mag, namentlich an praktischen Handgriffen.

Eigentlich reguläre Schulbildung hat, wie einige Biographen sagen, Paracelsus wenig genossen. Zwar heißt es, daß er vor seinem sechzehnten Lebensjahr Klosterschulen besucht habe, aber Genaueres ist darüber nicht bekannt. Im sechzehnten Lebensjahr schickte ihn sein Vater auf die Universität nach *Basel,* doch ist wohl erwiesen, daß Paracelsus, dem – wie Dr. F. HARTMANN sagt – die damalige Weisheit der Ärzte schon frühzeitig ein Greuel war, sich keinen regelmäßigen akademischen Studien unterwarf, was ihm, der sich seinen eigenen Weg bahnte, nachher natürlich sehr übel ausgelegt wurde. Dies sind die Darlegungen des Paracelsuskenners Dr. FRANZ HARTMANN, die aber, wie wir noch sehen werden, mit den Forschungsergebnissen eines SUDHOFF über den Bildungsgang des Paracelsus in Widerspruch stehen.

Wie lange Paracelsus damals an der Universität Basel studierte, wissen wir nicht, ebensowenig, wann er daran anschließend seine Wanderjahre begann. Daß aber diese für ihn weitaus fruchtbringender waren, wie die paar Semester an der Baseler Universität, ist wohl eine erwiesene Sache, und tritt das Lob seiner Wanderjahre an vielen Stellen seiner Werke hervor. In diesen Wanderjahren kam er auch zu SIGMUND VON FÜGER. Aber soviel er auch von diesem gelernt haben mag, so ließ ihn seine unersättliche Wißbegierde nicht ruhen, sie trieb ihn vielmehr von Universität zu Universität, von Stadt zu Stadt, von Land zu Land, um außer von Gelehrten auch von Ungelehrten, wie von „Scherern, Badern, Schäfern, Juden, Zigeunern, Weibern, Scharfrichtern, Alchimisten, in Klöstern, bei Gescheidten und Einfältigen" sein Wissen zu mehren. Auf diese Weise soll er Deutschland, Italien, Frankreich, ganz Spanien und Portugal, England und Mitteleuropa bis Polen, und nach Art der Alchimisten seiner Zeit – auch das Erzgebirge, Schweden, Dänemark, Ungarn, Siebenbürgen und Rumänien besucht haben. In diese Zeit seiner Wanderjahre fällt auch die Umwandlung seines Namens „Hohenheim" in „Paracelsus".

Nach KARL SUDHOFF entließ jedoch der Vater des Paracelsus seinen Sohn früh aus seiner eigenen Lehre zu den Hochschulen nach Oberitalien, wo er in *Ferrara* unter dem greisen, weltberühmten Galenisten NICCOLO LEONICENO und MANARDI etwa 1515 zum Doktor promovierte. In *Ferrara* soll Hohenheim sich den gelehrten Humanistennamen „Paracelsus" beigelegt haben. Nachher scheint er noch weitere italienische Lehrstätten besucht zu haben und dort gesehen und gelernt zu haben, was seinem offenen Sinn sich bot. Wann sich sein Sinnen und Denken völlig von der Schulgelehrsamkeit seiner Tage lossagte, läßt sich für Hohenheim – wie auch SUDHOFF sagt – nicht mit völliger Bestimmtheit festsetzen. Wahrscheinlich dürfte dies nicht lange nach seiner Doktorpromotion in *Ferrara* geschehen sein. Ausschlaggebend dafür war jedenfalls seine Beschäftigung in den Laboratorien und Schmelzhütten des Grafen FÜGER bei *Schwaz* im Unterinntale, wodurch er zur eigenen Naturbeobachtung angeregt wurde. LEONICENO legte wohl auch den Grundstein für die lebenslange Verehrung des Paracelsus für Hippokrates.

Als Wundarzt hat er die Feldzüge in den Niederlanden, in Dänemark und Neapel mitgemacht. Im dänischen Heere angestellt, wohnte er der Belagerung Stockholms bei, von wo aus er die skandinavischen Bergwerke besuchte und später durch Rußland mit einem tatarischen Fürsten über Moskau nach Konstantinopel ging. Man findet zwar bei seinen Schülern die Behauptung, er sei auch in Ägypten und Arabien gewesen, aber dem widerspricht Paracelsus selbst im zwölften Kapitel von: *De morbis tartar.*

Dieses Wanderleben, das bis zu seinem zweiunddreißigsten Lebensjahr, also etwa zehn bis zwölf Jahre dauerte, wurde ihm von seiten seiner Gegner übelgenommen. Man hieß ihn einen „Vaganten" und „Landstreicher". – Es mag auch heute noch Kritiker geben, die dieses Wanderleben des Paracelsus nicht gutheißen können oder die darin nur eine pathologische Erscheinung sehen, also diesen Wandertrieb als krankhaft hinstellen wollen. Damit dokumentieren diese Kritiker aber nur, daß sie weder Paracelsus noch seine Zeit richtig verstehen, denn sonst würden sie von selbst zur Einsicht gekommen sein, daß das Wandern damals direkt *eine wissenschaftliche Notwendigkeit* war. Nicht nur Paracelsus, sondern alle damaligen Jatrochemiker, Spagyriker (die Geheimärzte des Mittelalters) und Alchimisten wanderten; denn damals gab es keine „Ärztetage", noch „Naturforscherkongresse", weder „Fachzeitschriften" noch „Fortbildungskurse".

Die Geheimärzte hatten mancherlei chemische und medizinische Geheimnisse, welche sie den Ihrigen – wie dies auch die Rosenkreuzer taten – nur mündlich, von Mund zu Ohr, mitzuteilen pflegten. Daher war es damals Sitte, viel zu reisen, um mit Kunstgenossen persönlich in Berührung zu kommen.

Paracelsus hat übrigens diese mißgünstige Auslegung seiner Wanderjahre selbst kräftig widerlegt und zwar in seinen *„Sieben Defensiones, Antwort auf etliche Verunglimpfungen seiner Mißgönner" (1538)**. Er sagt darin:

„Mir ist not, daß ich mich verantworte von wegen meines Landfahrens, und von wegen des, daß ich sogar nindert bleiben bin. Mein Wandern, so ich bisher verbracht habe, hat mir wohl erschossen (erschlossen), Ursach halben, daß keinen sein Meister im Hause wachset, noch seinen Lehrer hinter dem Ofen hat. So

* Eingeleitet und herausgegeben von Karl Sudhoff in dessen Sammlung „Klassiker der Medizin" 1915. Leipzig.

sein doch die Künste nicht alle verschlossen in eines Vaterland, sondern sie sind aufgeteilt durch die ganze Welt. Nicht, daß sie einem Menschen sein allein, oder an einem Ort, sondern sie müssen zusammen geklaubt werden, genommen und gesucht da, da sie sind. Ist das nicht also: die Kunst gehet keinem nach, aber ihr muß nachgegangen werden. Darum hat ich Fug und Verstand, das ich sie suchen muß, und sie mich nicht. Nehmet ein Exempel: Wollen wir zu Gott, so müssen wir zu ihm gehen, denn er spricht, kommt zu mir. Dieweil nun dem also ist, so müssen wir dem nachgehen, dahin wir wollen."

„Wie mag hinter dem Ofen ein guter Cosmographus wachsen oder ein Geograph? Gibt nicht das Gesicht den Augen einen rechten Grund? So laß nun den Grund bestätten (bestätigen). Wie wollte dann eine Kunst oder anders sich der Augen Zeugnis entschlagen? Ich habe etwann gehört von den Erfahrenen und Rechten, wie sie haben in ihrem Rechte geschrieben, daß ein Arzt soll ein Landfahrer sein: Dieses gefällt mir zum Besten wohl. Dann Ursach, die Krankheiten wandern hin und her, soweit die Welt ist, und bleiben nicht an einem Ort. Will einer viel Krankheiten erkennen, so wandere er auch: Wandert er weit, so erfährt er viel und lernt viel erkennen. Und ob es Sach würde, daß er wieder seiner Mutter in den Schoß kommt, kommt dann solch ein fremder Gast in sein Vaterland, so kennt er ihn. Wo er ihn aber nicht kennen würde, wäre ihm spöttisch und eine große Schande: Denn er könnte seinem Nächsten das nicht halten, das er sich gerühmt hatte und sich gälet* zu wissen."

„Gibt Wandern nicht mehr Verstand denn hinterm Ofen sitzen? Ein Arzt soll kein Nudeldrucker sein: Er soll sich weiter merken lassen. Der nun (nur) dem Bauch dienen will, der folge mir nicht, er folgt denen, die in weichen Kleidern gehen, wie wohl sie zu wandern nichts sollen, denn Juvenalis hat sie beschrieben, daß allein der fröhlich wandert, der nichts hat. Darum betrachten sie den selbigen Spruch: Damit sie nicht gemordet werden, bleiben sie hinter dem Ofen und kehren Birnen um.

* laut (gellend) rühmen.

Also acht ich, daß ich bisher mein Wandern billig verbracht habe, mir ein Lob und kein Schand zu sein. Denn das will ich bezeugen mit der Natur: Der sie durchforschen will, der muß mit den Füßen ihre Bücher treten. Die Schrift wird erforscht durch ihre Buchstaben, die Natur aber durch Land zu Land: als oft ein Land, als oft ein Blatt. – Also ist codex Naturae, also muß man ihre Blätter umkehren.«

So lagen denn vielseitige und an innerem Gewinn reiche Wanderjahre hinter Paracelsus, als er 1525 im südwestlichen Deutschland in *Freiburg* und *Straßburg* lehrend auftrat und gleichzeitig die *Heilquellen des Schwarzwaldes* studierte. Der Ruf seiner außergewöhnlichen und glücklichen Kuren machte ihn bereits um diese Zeit zu einem berühmten Arzt, der auch dort noch vielfach helfen konnte, wo andere Ärzte „mit ihrem Latein am Ende waren". Frappierend war bei diesen Kuren des Paracelsus die rasche Wirkung seiner Arzneien und die schnelle Erholung der Genesenen. Das konnte ihm kein anderer Arzt nachmachen. Eine seiner glücklichen Kuren sollte nun einen neuen bedeutenden Abschnitt in seinem Leben einleiten. Paracelsus wurde nämlich 1526 als Consiliarius nach *Basel* berufen und heilte dort den berühmten und einflußreichen Buchdrucker *Froben.* Dessen Haus war der Mittelpunkt der Baseler Humanisten wie ERASMUS VON ROTTERDAM, WOLFGANG LACHNER, JOHANN OEKOLAMPADIUS. Und auf Empfehlung des OEKOLAMPADIUS (er hieß in Wirklichkeit HÄUSGEN und war ein Landsmann des Paracelsus) wurde Hohenheim vom Stadtrat zu *Basel* als Stadtarzt (Stadtphysikus), mit dem Rechte, an der dortigen Universität Vorlesungen halten zu dürfen, angestellt. Von diesem Recht machte Paracelsus im Sommersemester 1527 und im Wintersemester 1527 bis 1528 ausgiebigen Gebrauch. Zum Schrecken des Professoren-Kollegiums erklärte er bereits in seiner am 5. Juni 1527 angeschlagenen Ankündigung (imitatio) der ganzen alten Medizin, vornehmlich den arabischen Ärzten den Krieg. Nicht genug an dem: als kühner Neuerer trug er zum *erstenmal* ein Kolleg in *deutscher Sprache* vor. Sein Grundsatz war: „Die Wahrheit müsse nur deutsch gelehrt werden." Das war an sich schon eine geistige Großtat, die nur eine Parallele hatte: nämlich Luthers Bibelübersetzung ins Deutsche, wodurch die Bibel jedermann zugänglich war. Bis zu diesem Auftreten des Paracelsus wurde nämlich die medizinische Wissenschaft auch an deutschen Universitäten nur in lateinischer Sprache gelehrt. Man kann also Paracelsus mit Fug und Recht den „Deutschen" nennen, in dem sich die beiden großen Grundtypen echten Deutschtums: Siegfried und Faust, vereinigen. Denn Paracelsus war ein geistiger Kämpfer ganz großen Formats, und sein wahrhaft faustisches Streben, ja seine angeborene Faustnatur hält jeden Forscher in Bann. Doch galt sein faustisches Streben von Anbeginn höheren Zielen, er suchte alle Geheimnisse des Makro- und Mikrokosmos letzten Endes nur deshalb zu erringen, um den kranken Menschen zu helfen. Darum gehört ein Paracelsus außer seinem Vaterlande der ganzen Menschheit an, denn Kranke und Leidende gibt es in jedem Volk. Und das, was Paracelsus lehrte, waren keine langatmigen, abgedroschenen Kommentare zu HIPPOKRATES*, GALEN und AVICENNA – worauf sich die meisten Professoren seinerzeit beschränkten und worunter sie oftmals ihre eigene geistige Impotenz verbargen –, sondern sein ureigenstes Wissen. Und er hatte reichlich Zulauf von Studenten zu seinen Vorlesungen und von Kranken bei seinen Ordinationen.

Nebenbei verwaltete Paracelsus das Amt eines Stadtarztes und hatte als solcher auch die Apotheken zu inspizieren und die Apotheker zu überwachen. Er tat dies so gründlich, daß er sich den Haß der Apotheker zuzog, die sich überdies über seine vereinfachte Rezeptiermethode ärgerten. Man denke sich nun die Unbill, die Paracelsus durch sein Wirken heraufbeschwor: Die Ärzte

* Hippokrates wurde von Paracelsus zeit seines Lebens hoch geschätzt. Siehe auch E. SCHLEGEL: Paracelsus über die Aphorismen des Hippokrates. Übrigens hielt es auch Hippokrates nicht unter seiner Würde, von geringen Leuten gute Heilmittel zu erfahren, auch war Hippokrates, gleich Paracelsus, vom Nutzen der medizinischen Astrologie sehr überzeugt. – Man kann also Hippokrates mit Recht den Vater der Medizin nennen. Jedoch bei aller Hochachtung, welche Ärzte unserer Zeit für Hippokrates hegen, so, daß sie diesen Paracelsus gleichstellen wollen, so dünkt uns doch, daß Paracelsus der universellere Arzt war. Aber zu diesem Urteil kann nur ein Okkultist kommen.

machte er wütend durch seine glücklichen Kuren, die Professoren der Universität wurden seine Feinde, weil er ihnen die Schüler wegnahm und die ganze alte medizinische Wissenschaft über den Haufen warf, und die Apotheker beklagten sich, daß sie an seinen einfachen Rezepten nichts mehr verdienen könnten. So ein Mann war natürlich höchst unbequem. Paracelsus schrieb darüber später: „Wahrheit trägt Haß ein."

Man versuchte nun, Paracelsus Leben und Wirken zu erschweren. Die eifersüchtige Fakultät zweifelte, „ob er überhaupt den Doktorgrad erworben habe; man wisse nicht, woher dieser Paracelsus komme" und so weiter. Als dies nichts nützte, wurde ein gemeines Pamphlet gegen ihn losgelassen, worin er statt Theophrastus „Cacophrastus" genannt wurde. Das hitzige Temperament des Paracelsus reagierte nun darauf begreiflicherweise in ebensolchen Ausdrücken und schließlich verbrannte er auf öffentlichem Platze, wie Luther die päpstliche Bulle, die Schriften des Galen und Avicenna, die er, wie er später erzählt: „ins Sankt Johannisfeuer geworfen, auf daß alles Unglück mit dem Rauch in die Luft ging".

Von da ab werden die Verhältnisse für Paracelsus immer schwieriger und unerträglicher. Zum Überfluß wird er in einen Prozeß mit dem Domherrn Cornelius von Lichtenfels verwickelt, der sich nach Heilung eines schmerzhaften Magenleidens weigerte, das vorher ausbedungene Honorar von hundert Gulden zu bezahlen. Paracelsus läßt darob seinem Ärger freien Lauf, macht sich aber dadurch so unmöglich, daß ihm nur eine eilige Flucht nach dem *Elsaß* als einziger Ausweg übrigbleibt. Es war dies Anfang *Februar 1528.*

Und nun beginnt für Paracelsus abermals eine Wanderperiode wie in seinen Jünglingsjahren. Es ist schwierig, die verschiedenen Aufenthaltsorte, die er dabei berührte, chronologisch geordnet anzuführen. Im *Juli 1528* befand er sich in *Colmar.* Aber schon ein Jahr später tauchte er in *Nürnberg* auf. Daselbst verschrien ihn die dortigen Ärzte als einen „Prahler oder Scharlatan". Um dies zu widerlegen, bat er den Stadtmagistrat, ihm einige unheilbare Kranke zur Behandlung zu übergeben. Er erhielt darauf einige an Elephantiasis Leidende, die er auch glücklich heilte. Die Zeugnisse darüber sollen – nach den Angaben Dr. FRANZ HARTMANNS – in den *Archiven der Stadt Nürnberg* sich vorfinden. Durch unglaubliche Zensurverbote seines „Spitalbuches" und der „Acht Bücher vom Ursprung der Franzosen" wird er jedoch aus Nürnberg vertrieben, und so zieht Paracelsus im *Dezember 1529* nach dem idyllischen *Beritzhausen im Labertal* in der Nähe von Regensburg. In der Weltabgeschlossenheit dieses kleinen Ortes, fern von allem Getriebe, reiften seine klarsten – und wie STRUNZ meint – persönlichsten Werke: Paramirum und Paragranum. „Sie sind der breite Untergrund seiner Philosophie und Medizin, für Hohenheims Naturwissenschaft und Begriffssymbolik sozusagen die dauerhafte und farbenprächtige Folie, die auf einen erfüllenden Gesamteindruck zusammengestimmt und abgetönt ist." Dies ist das Urteil von STRUNZ darüber.

Doch auch der Aufenthalt im idyllischen *Beritzhausen* dauerte nicht lang. Und nun beginnen für Paracelsus die traurigsten Jahre. Vorübergehend hält er sich in *Arnberg* auf – wo er wieder einmal um sein Honorar geprellt wird – dann finden wir ihn *Anfang 1531* in *St. Gallen* in der Schweiz wieder. Im Jahre *1532* macht er sich anscheinend nach *Appenzell* auf, verschwindet aber – wie HANS KAYSER meint – für zwei Jahre gänzlich unseren Augen. Dr. FRANZ HARTMANN ist jedoch der Ansicht, daß er in dieser Zeit in *Zürich* und dessen Umgebung lebte.

Im Jahre *1534* schreibt er das Büchlein „Von der Pestilenz an die Stadt Sterzingen". Wie daraus hervorgeht, muß Paracelsus um diese Zeit *Innsbruck, Sterzing* und *Meran* besucht haben. Doch selbst im biederen Tirol vertreibt ihn wieder Neid und Verleumdung! – *1535* ist er in *Bad Pfäffers* und widmet am 7. Juni 1536 die in *Münchrath* beendete „Große Wundarznei" dem König Ferdinand von Österreich, Bruder Kaiser Karls V. Im Jahre *1536* begegnen wir ihm in *München* und bald darauf in *Augsburg*, wo er den Druck und die Neuausgabe des ersten Teiles seiner „Großen Wundarznei" überwacht. Im *Frühling 1537* wird er an das Krankenlager des Erbmarschalls des Königreiches Böhmen, JOHANN VON DER LEIPNIK gerufen und wandert deshalb über

Eferding a. d. Donau nach *Kromau in Mähren.* Dort beginnt Paracelsus sein tiefstes und reifstes Werk, die „Astronomia Magna“ oder „Philosophia Sagax“. Nun zieht er über *Wien* durch *Ungarn* – wo er am Freitag vor Michaelis *1537* in *Preßburg* ehrend empfangen wurde – nach *Kärnten.* Dort hielt er sich anfangs in *Villach* auf, dann war *St. Veit* sein Wohnort. Hier besuchte ihn der polnische Leibarzt Basa, auf seiner Rückreise von *Italien,* und war Augenzeuge der schnellen Heilung eines Schwerkranken, dem Basa selbst schon das Leben abgesprochen hatte. Auf allen diesen Wanderschaften schlossen sich ihm Schüler und Abenteurer an; doch war es diesen meist nur darum zu tun, von ihm den Stein der Weisen, in dessen Besitz man ihn vermutete, oder die Kenntnis unfehlbarer Geheimmittel zu erlangen.

Paracelsus verhielt sich aber diesen Begleitern gegenüber aus guten Gründen äußerst verschlossen; dies erregte aber ihren Unwillen und aus Rache verleumdeten sie ihn und verfälschten nach seinem Tod seine Werke. Andere hingegen, wenn sie auch nicht seine unmittelbaren Schüler waren, erwarben sich durch die Herausgabe seiner Werke große Verdienste, wie zum Beispiel Adam von Bodenstein und Gerhard Dorn.

Die nächsten drei Jahre verschwindet Paracelsus wieder gänzlich aus unserem Gesichtskreis. Wir wissen nur, daß er *1540* in *Mindelheim* war, aus welcher Zeit uns ein Bildnis von ihm überliefert ist, in dem viele Betrachter leidende Züge entdecken wollen. Dazu bemerkt Hans Kayser: „Sicher bedeutet das Porträt eines der wenigen, die einen Paracelsus zeigen, wie man ihn sich wohl vorstellen kann. Ich sehe in diesem Bilde freilich weniger den leidenden, als den durch unsäglichen Kampf die Bitternisse und Niedrigkeiten des Lebens überwindenden, die Not des Daseins verstehenden und begreifenden Menschen Paracelsus.“

Wenn nun von der Darstellung der Erscheinung des Paracelsus gesprochen wird, wird es manchem interessierten Leser auffallen, daß man so vielen und verschiedenen Bildern Hohenheims begegnet. Davon sind viele so verschieden und einander so unähnlich, daß man es überhaupt nicht für möglich halten sollte, daß sie ein und dieselbe Persönlichkeit – wenn auch in verschiedenen

Epochen eines bewegten Lebens – darstellen sollen. Da gibt es zum Beispiel Bilder, die Paracelsus als weibischen Typ zeigen, auf anderen sieht er wieder wie ein italienischer Gelehrter aus, dann kann man Stiche und Porträts finden, wo Paracelsus die asketischen Züge eines Denkerantlitzes zeigt – eine Darstellung, die der landläufigen Vorstellungsidee wohl am meisten entspricht.

Unter den 225 vorhandenen Darstellungen des Paracelsus findet jeder an ihm Interessierte die Möglichkeit, sich das Bild herauszunehmen, das seiner Vorstellung als das wahrheitsgetreueste und ähnlichste erscheint.

Endlich *1541* schien Paracelsus ein günstigeres Schicksal zu erwarten. Er kam nach *Salzburg*, wohin ihn wahrscheinlich der wissenschaftlich gebildete Fürst Ernst, Pfalzgraf zu Rhein und Herzog in Bayern, der 1540 als Erzbischof zur Regierung von Salzburg kam und ein Verehrer der Astrologie und Naturwissenschaft war, berufen hatte. Hier genoß Paracelsus endlich die Früchte seiner vieljährigen Arbeiten und Mühseligkeiten und seines ausgebreiteten Ruhmes. Über diese letzte Periode seines Lebens schreibt Dr. Franz Hartmann in seinem bereits mehrfach erwähnten Werk: Das Leben und die Lehren von Philippus Theophrastus Bombast von Hohenheim, genannt Paracelsus:

„Doch nicht lange war ihm die hier zugedachte Ruhe vergönnt, denn schon am 24. September 1541 starb er nach kurzem Krankenlager, erst achtundvierzig Jahre alt, drei Tage, nachdem er sein Testament gemacht hatte, in einem kleinen Stübchen des am Quai gelegenen Wirtshauses zum ‚Weißen Roß' genannt, heute Kaigasse Nr. 7, und wurde auf dem Kirchhofe zu St. Sebastian begraben."

Über die Art seines Todes ist man noch immer im Ungewissen, jedoch bestätigen die neuesten Forschungen, was schon von Zeitgenossen behauptet wurde, daß nämlich Paracelsus von der Dienerschaft mehrerer ihm feindlich gesinnter Ärzte bei einem Gastmahl meuchelmörderisch überfallen und durch einen nach wenigen Tagen tödlich gewordenen Schlag oder Sturz von einer Anhöhe seines Lebens beraubt worden sei, weshalb man ihn, fast dem Verscheiden nahe, in aller Eile in die genannte Herberge bringen mußte. (Paracelsus wohnte sonst am Platzl, Haus Nr. 3). Es verliert dadurch die Ansicht anderer, daß er an Gift gestorben sei, um so mehr an Wahrscheinlichkeit, als S. TH. VON SÖMMERING bereits im Jahre 1812 bei einer genauen Untersuchung des durch seine eigentümliche Bildungsform schon an und für sich merkwürdigen Schädel des Paracelsus einen Sprung wahrgenommen hat, der durch den ganzen Schuppenteil des linken Schläfenbeins bis an den Schädelgrund dringt und durch das häufige Hin- und Herwerfen vergrößert, jetzt für jedermann sichtbar ist. SÖMMERING, ein Anatom von Bedeutung, hält diesen Spalt für eine nur am lebendigen Kopfe mögliche Verletzung, da die Knochen eines dürren, trockenen, toten Schädels auf diese Weise wohl nicht auseinanderweichen können.*

Paracelsus vermachte mit Ausnahme einiger Legate an Verwandte und Freunde sein ganzes, freilich sehr unbedeutendes Vermögen den Armen. Die „Bibliothek“, die er hinterließ, bestand aus nichts weiter als aus einer Bibel mit Konkordanz, dem Neuen Testament, den Kommentarien des Hieronymus über die Evangelien, und einem Arzneibuch. Seine Gebeine wurden bei einer späteren Ausbesserung der Kirche im Jahre 1572 wieder ausgegraben und an der Hinterwand des Vorplatzes der an die St. Sebastianskirche gebauten Kapelle des heiligen Philippus Nerius beigesetzt, wo noch jetzt sein Andenken ehrendes Denkmal in Salzburg steht. In der Mitte einer abgestumpften Pyramide aus

* Im Sommer 1937 fand eine Paracelsus-Ausstellung in Salzburg statt. Neben zahlreichen Bildern, Handschriften und Büchern des Paracelsus war auch ein Abguß seines Schädels zu sehen. Außer dem Sprung am linken Schläfenbein ist an der rechten Seite des Schädels ein viereckiges Loch von etwa sieben Millimeter im Quadrat vorhanden, wie solches nur durch einen vierkantigen Dolch oder dergleichen verursacht werden konnte. Damit gewinnt die These der Ermordung des Paracelsus an Wahrscheinlichkeit. Der Objektivität halber sei die Ansicht SUDHOFFS erwähnt, nach welcher Paracelsus einem Leberleiden, wahrscheinlich Leberkrebs, erlegen sei, ebenso wie jene von Pater R. NETZHAMMER, wonach Paracelsus sich den Todeskeim durch viele chemische Arbeiten mit Quecksilber, Arsen etc. geholt habe. Dem wäre aber entgegenzuhalten, daß Paracelsus als ausgezeichneter Giftkenner und geschickter Chemiker, selbst bei schon eingetretener Vergiftung, die wirksamsten Gegengifte angewendet hätte.

weißem Marmor befindet sich in einer Vertiefung ein Bildnis, welches damals für das Porträt von Paracelsus gehalten, später aber als dasjenige seines Vaters erkannt wurde. Dasselbe bildet den Verschluß zu einem Tabernakel, in welchem der Schädel von Paracelsus aufbewahrt wird. Über demselben stehen die folgenden Worte:

PHILIPPI THEOPHRASTI PARACELSI
QUI TANTAM ORBIS FAMAN EX AURO CHYMICO
ADEPTUS EST EFFIGIES ET OSSA DONEC RURSUS
CIRCUMDABITUR PELLE SUA.
JOH. CAP. XIX.

Unter dem Porträt liest man:

SUB REPARATIONE ECCLESIAE MDCCLXXII CX
SEPULCHRALI TABE ERUTA HEIC LOCATA SUNT.

Das Piedestal aber trägt folgende Inschrift:

CONDITUR HIC PHILIPPUS THEOPHRASTUS.
INSIGNIS MEDICINAE DOCTOR QUI DIRA ILLA
VULNERA LEPRAM PODACRAM HYDROPSIN ALIA-
QUE INSANABILIA CORPORIS CONTAGIA MIRIFICA
ARTE SUSTULIT ET BONA SUA IN PAUPERES
DISTRIBUENDACOL LOCANDAQUE HONORAVIT.
ANNO MDXXXXI DIE XXIV. SEPTEMBRIS VITAM
CUM MORTE MUTAVIT.

Unter dieser Aufschrift steht ein altes Wappenschild der Bombaste mit einem Querbalken von Silber mit drei darauf gereihten schwarzen Kugeln und darunter ist zu lesen:

PAX VIVIS REQUIES AETERNA SEPULTIS.

Ins Deutsche übersetzt:

DES PHILIPPUS THEOPHRASTUS PARACELSUS, WELCHER DEN GANZEN RUHM DER WELT AUS DEM GOLDE DER CHYMIKER* ERLANGTE, BILDNIS UND GEBEINE, BIS ER WIEDER MIT SEINEM LEIBE ZURÜCKGEGEBEN WIRD.**

HIER LIEGT BEGRABEN PHILIPPUS THEOPHRASTUS, DER BERÜHMTE DOCTOR DER MEDIZIN, WELCHER DIE SCHWERSTEN WUNDEN, AUSSATZ, GICHT, WASSERSUCHT UND ANDERE UNHEILBARE INFECTIONEN IN WUNDERBARER KUNST BEHOB. ALLE SEINE GÜTER (VERMÖGEN) VERMACHTE UND VERERBTE ER DEN ARMEN UND WECHSELTE AM 24. SEPTEMBER 1541 SEIN LEBEN MIT DEM TODE.

Unter diesem Absatz befindet sich das Familienwappen der Bombaste, das Paracelsus gewöhnlich noch mit acht Kreuzen zu umgeben pflegte.

FRIEDE DEN LEBENDEN UND EWIGE RUHE DEN TOTEN!

Paracelsus ist auch heute vom Volke noch nicht vergessen, denn zu Zeiten gefährlicher Epidemien zieht es zu seinem Grabe und betet dort zu ihm wie zu einem Heiligen um Schutz und Hilfe. Paracelsus selbst war von seiner nachtodlichen Wirksamkeit so fest überzeugt, daß er schon zu Lebzeiten seinen Feinden und Gegnern die Worte zurief:

„Wahrhaftig mehr will ich richten nach meinem Tode wider euch, denn zuvor.“

* Hier gleichbedeutend mit Alchimisten! Man sieht aus dieser Stelle der Grabinschrift, daß man Paracelsus doch für einen Adepten der Alchimie hielt.

** Das heißt bis zu seiner Wiederauferstehung im Fleische.

Wertung der Persönlichkeit des Paracelsus

Es werden noch mehrmals Zeiten kommen, wo man über Paracelsus mit Achselzucken urteilen wird; wer aber wirklich zu erkennen strebt, aus welchen dunklen Tiefen die Liebe zum Wissen herauswächst, der wird jederzeit zu Paracelsus als zu dem wunderbarsten Beispiel eines Forschers von Gottes Gnaden aufblicken. (Em. Rádl)

Paracelsus kann nicht exzerpiert werden, sowenig wie Shakespeare. Er ist gedrängt voll Geist. (E. Schlegel)

Ist es schon nicht leicht – wie aus den bisherigen Darlegungen hervorgeht –, eine vollkommene und der Wahrheit am nächsten kommende Biographie von Paracelsus zu liefern, so sind die Schwierigkeiten noch weitaus größer, wenn wir zur eigentlichen Wertung seiner Persönlichkeit kommen wollen. Daß Paracelsus ein ganz ungewöhnlich großer Geist, ein kühner Reformator der Medizin, ein genialer Forscher auf naturwissenschaftlichem Gebiet, ein vortrefflicher Arzt, ja ein „Überarzt", dabei ein guter Mensch, ein wahrer Christ in einer Person war –, darüber herrscht wohl bei allen Paracelsusforschern und -kennern Einigkeit. Doch ist damit keineswegs das Werturteil über Hohenheim erschöpft, noch das Rätsel seines rechtzeitigen Erscheinens gelöst.

Denn jedesmal, wenn solch eine ungewöhnliche Persönlichkeit auftaucht – von der wir erst später erkennen, daß sie der Menschheit unschätzbare Dienste geleistet, die Horizonte neuerer Erkenntnisse ganz außerordentlich erweitert, ja der wissenschaftlichen Forschung für Jahrhunderte neue Bahnen gewiesen –, erhebt sich für den denkenden Kritiker die große Frage: Ist solch eine führende Persönlichkeit bloß das Produkt der äußeren Umstände und zeitlichen Verhältnisse, kurz des „Milieus", worin sie hineingeboren wurde, oder aber wählte sich solch ein Führergeist einen bestimmten Zeitpunkt, ein bestimmtes Volk zu seiner Menschwerdung oder Inkarnation, um eben gerade dort seine weittragende Mission erfüllen zu können?

Die erste Interpretation ist doch eine mehr oder minder materialistische Auslegung der Menschheitsgeschichte. Man behauptet einfach, daß bedrängte Zeiten große Geister hervorbringen, und die Geschichte scheint dies zu bestätigen, denn wenn irgend eine Zeit oder ein Volk reif ist für eine große Umwälzung, sei es auf politischem, religiösem oder wissenschaftlichem Gebiet, findet sich auch der Reformator oder das Genie ein, um diese Umwälzung zu vollziehen. Aber ist damit bewiesen, daß dieser geniale Geist nur ein Produkt seiner Zeit oder der äußeren Verhältnisse war, in welche er geboren wurde?

Mit derselben Berechtigung kann man sich der zweiten Auffassung zuwenden, nach welcher ein großer Geist, der die Fähigkeit hat, ein neues Zeitalter zu erschließen, sich zu diesem Zweck hier auf Erden dann inkarniert, wenn die Zeit für ihn reif geworden ist. Diese Anschauung finden wir bereits in der Bhagavad-Gita deutlich ausgesprochen: „Jedesmal, wenn die Gerechtigkeit unter den Menschen erschlafft und die Ungerechtigkeit überhand nimmt, erzeuge ich mich in meiner Menschengestalt, zum Schutze der Guten und den Bösen zum Verderben. Um den wahren Glauben wiederherzustellen, werde Ich (Brahma) in verschiedenen Zeitperioden in Menschengestalt wiedergeboren."

Da nun, wie sich an vielen Beispielen der modernen Naturwissenschaft erweisen läßt, die höhere idealistische Deutung irgendeines Problems stets der Wahrheit näher kommt als die seichtere und materialistische, so können wir uns ruhig auch der idealistischen Auffassung bezüglich jener Faktoren zuwenden, die in Wirksamkeit treten, wenn der Menschheit ein neuer Führer auf geistigem Gebiet erstehen soll.

Insbesondere der Okkultist und Mystiker sieht darin nichts Wunderbares. Er weiß, daß ein Mensch, der einmal im Geiste wiedergeboren wurde, das heißt, zum wahren geistigen Selbstbewußtsein erwacht ist, dieses hohe, ja göttliche Bewußtsein nicht mehr verliert, selbst wenn er seinen irdischen Körper verläßt. Weshalb sollte aber der Mensch nach Ablegen seiner vergänglichen, irdischen Hülle nicht auch sein wahres überirdisches Selbstbewußtsein behalten? Und des weiteren, wenn ein Mensch hier auf Erden ein großer Geist, ein selbstloser Förderer des Guten und Edlen, ein Adept, ja ein Heiliger war, weshalb sollte dieser, falls er nach seinem Tod in verklärter Form weiterexistiert – wenn auch über alles Irdische erhaben –, nicht mehr Anteil an dem Schicksal der Menschheit, der er selbst einmal angehörte, nehmen? Können wir uns vorstellen, daß solch eine selbstlos gewordene Intelligenz volle Befriedigung darin findet, nur ewig die Freuden eines verklärten Daseins zu genießen, ohne sich um seine ringenden Mitbrüder auf Erden mehr zu kümmern? Oder liegt es nicht näher anzunehmen, daß solche großen Seelen (Mahatmas) oder fortgeschrittene Geister nach wie vor – wenn auch in anderer Form – für den wahren Aufstieg der Menschheit tätig sind, indem sie zum Beispiel empfängliche Gemüter auf Erden beeinflussen, dieses oder jenes zu tun, uns gute und hohe Gedanken zu senden, und auf diese Weise, wenn auch unsichtbar, über das Wohl der Menschheit wachen, ja selbst Bitten und Gebete nach Gottes Willen erhören? Und ist es nicht denkbar, daß solch fortgeschrittene Geister, wenn nötig, sogar freiwillig, auf ihr verklärtes Dasein verzichten, wieder auf Erden herabsteigen, um hier eine ihnen zukommende Mission zu erfüllen? Vieles weist darauf hin, daß die Reinkarnation von solchen Führerseelen eine zeitgemäße und gutgewählte war; denn auch das größte Genie kann wenig leisten, wenn es zur unrichtigen Zeit hier auf Erden erscheint. Ein Bismarck hätte fünfzig Jahre früher wohl kaum das einige Deutsche Reich schaffen können, und auch Luther hätte hundert oder zweihundert Jahre früher schwerlich die Reformation einleiten können – der tschechische Professor Johannes Hus wurde schon 1415 wegen seiner Reformbestrebungen vom Konstanzer Konzil zum Feuertod verurteilt.

Nach Ansicht bedeutender Okkultisten war nun auch das Ego, das die Persönlichkeit des Paracelsus überschattete, ein solcher Führergeist oder Adept. Hier in dieser okkulten Auffassung der Mission des Paracelsus und der Unterscheidung zwischen der Persönlichkeit des Theophrastus Paracelsus und des Ego, das diese Persönlichkeit beseelte und belebte, liegt der Schlüssel zum richtigen Verständnis Hohenheims und seines Wirkens.

Wir verstehen nun besser, was einer der Paracelsus-Biographen – Dr. MICHAEL BENEDIKT LESSING in seiner Schrift: *Paracelsus, sein Leben und Wirken* (Berlin 1839) über die Zeit von Paracelsus' Geburt, über die Mission desselben und über die Menschheitsgeschichte im allgemeinen sagte:

„Die Geschichte ist nichts Zufälliges oder Gemachtes; sie ist etwas Notwendiges, die Offenbarung der Gottheit in der Gestaltung des menschlichen Geistes und der lebendigen Äußerung seiner Freiheit und Tätigkeit. Was man im einzelnen Organismus beobachtet, die verschiedenen Stadien seiner Entwicklung und Fortbildung, die mannigfachen Durchgangsperioden, ehe er zu einer gewissen Selbständigkeit und gleichmäßigen Entfaltung seiner Kräfte gelangen kann, alles dies wiederholt sich in der großen Gesamtheit des Menschengeschlechtes nach denselben Gesetzen, und die Erscheinungen des Individuums spiegeln sich ab in den physischen und psychischen Geschicken aller. Auch das Menschengeschlecht hat seine Krankheiten und Gebrechen zu überwinden, ehe es den Höhepunkt seiner Gesittung und Humanität erreicht, und dem ernsten Betrachter großartiger Epochen stellt sich dieses Phänomen in klaren Zügen im Bilde der Weltgeschichte dar."

„Der Abend des XV. Jahrhunderts ist die Zeit der größten Entdeckungen und die Morgenröte des XVI. begrüßte die kühnste und erhabenste Tat seit Christi Geburt (die Reformation). Wie einst in den gläubigen Gemütern der armen Jünger, so tagte es jetzt in den gedankenschweren Geistern reichbegabter Männer, das Licht blieb nicht mehr Monopol einer bevorzugten Kaste, die Aufklärung ward Gemeingut. Eine solche Epoche konnte nicht ohne Einfluß auf den damaligen Standpunkt der Völker bleiben. Allenthalben erhielt man daher das Bild des Kampfes, im Innern der Menschen einen Widerstreit neu aufkeimender, sie mit Blitzesschnelle durchdringender, eher noch unausgebildeter und chaotisch verwirrter Ideen gegen die Verkehrtheiten der damaligen Jugend-Erziehung und die tief eingenisteten Vorurteile aus Legenden und Ammenmärchen; in der Außenwelt die Abwehr geistiger Despotie und adeligen Übermutes durch die

Macht selbsterworbener Einsicht und bürgerlicher Sitte und Ordnung. Auf dem Gebiete der Wissenschaft traten diese Folgen am auffallendsten hervor. In allen Teilen derselben mußte die langgewohnte Nacht und Versumpfung der hellen Fackel funkensprühender Wahrheit und Überzeugung weichen. Sterne erster Größe gingen endlich am Himmel der Gedankenwelt auf und sendeten ihre belebenden Strahlen in die entlegensten Winkel des verwahrlosten Geistes. Ein Luther brach mit den Donnerworten seiner Thesen die Gewalt der Hierarchie, Cardanus hob den Schleier der Isis, Copernicus rief Josuas göttlichen Machtspruch: ‚Stehe still Sonne!' zum Himmel hinauf. Und dieser Geist lebendiger Forschung trat fast plötzlich in allen Teilen der Wissenschaft, auch in der Medizin und Naturkunde im Anfang des mächtigen XVI. Jahrhunderts auf."

Was Luther auf dem Gebiet der Theologie vollbrachte, das vollbrachte Paracelsus auf dem der Medizin. Deshalb wird er auch heute noch mit Recht als der Vater der modernen Heilkunde betrachtet. Lessing sagt: „Sein Streben ging darauf hinaus, die göttliche Abkunft der Philosophie zu beweisen, und die Heilkunde aus der Flachheit der Meinungen zur Wissenschaftlichkeit, aus einer bloß oberflächlichen und einseitigen Betrachtung des Wesens des Organismus zu einer höheren und universelleren zu erheben, die Ärzte selbst aus dem beschränkten Kreis ihres gewöhnlichen (handwerksmäßigen) Handelns zu einer geläuterten Kunstansicht zu führen. Dies ist die Tendenz, die sich in seinen Büchern offenbart, und, wenn sein kühnes Streben ihm auch nur zum Teil gelang, so bleibt ihm doch immer das Verdienst, zu einer Zeit, wo die meisten Gelehrten in einer niederen Verstandessphäre befangen waren, einen höheren Standpunkt errungen, als ein neuer Prometheus in die alte tausendjährige Nacht helles, zündendes Licht geworfen und eine Zwingburg der Ärzte (der Dummheit), an der Tausende tausend Jahre lang gebaut, als einzelner Mensch mit herkulischer Stärke von Grund aus zerstört zu haben."

Um jedoch Paracelsus als Mensch und ärztlich-wissenschaftlicher Bahnbrecher richtig würdigen zu können, um das Geniale in ihm, seine überragenden Ideen, sein profundes, wahrhaft universelles Wissen mit seinen menschlichen Schwächen und Irrtümern in Einklang bringen zu können, gibt es nur einen Standpunkt, und dies ist der der Mystik und okkulten Philosophie.

Wie bei jedem Menschen, der sich über das Niveau der Alltäglichkeit erhoben hat, müssen wir auch bei Paracelsus zwischen der eigentlichen Individualität und dem Charakter der vergänglichen Persönlichkeit, an die das unsterbliche Ego gefesselt ist, unterscheiden lernen.

Das unsterbliche Ego, das Paracelsus überschattete, oder der in Paracelsus inkarnierte Geist war ein *Adept.* Jedoch die Persönlichkeit des Paracelsus war noch nicht ganz, oder vielleicht richtiger gesagt, nicht in jedem Augenblick ihrer irdischen Laufbahn von diesem Geiste durchdrungen. Paracelsus hatte auch seine menschlichen Schwächen und war als Mensch dem Irrtum unterworfen. Der Fehler der meisten Kritiker des Paracelsus besteht eben darin, daß sie entweder nur die Fehler und Schwächen der vergänglichen Natur des Paracelsus hervorheben, dabei aber unfähig sind, das Hohe und die positiven Leistungen Hohenheims zu erkennen. Im Gegensatz dazu wurde Paracelsus über alle Maßen gelobt, man sah nur Licht in ihm und keinen Schatten. Beide Beurteilungen sind einseitig, unobjektiv und unrichtig!

„Was allen außerordentlichen Menschen begegnet, dumm gelobt und dumm getadelt zu werden, war auch Paracelsens Schicksal“ (Christoph Martin Wieland).

Überdies hat es Paracelsus, solange er lebte und auch nach seinem Tod nie an böswilligen Verleumdern, wie auch an solchen, die diese Verleumdungen gläubig nachbeteten, gefehlt. „Wer sich über das Niveau der Gemeinheit erhebt“, sagt Franz Hartmann, „der zieht die Blicke der Gemeinen auf sich und macht sich zur Zielscheibe ihres Geschreies.“

Paracelsus hat in seinen „Sieben Defensiones“ (Verteidigung auf etliche Verunglimpfungen seiner mißgünstigen Gegner) selber die Punkte berührt, die man ihm zum Vorwurf gemacht hat. Wir wollen diese sieben Punkte hier nur kurz abhandeln; denn eine auch nur flüchtige Betrachtung derselben zeigt, wie unrecht die Gegner des Paracelsus diesem mit ihren Verunglimpfungen getan haben. Dann auch tritt die Persönlichkeit des Paracelsus und dessen medizinisches Programm aus diesen sieben Defensionen besonders klar hervor. Stellenweise lassen wir Paracelsus direkt zu Wort kommen.

Die erste Defension

in Erfindung der neuen Medizin Doctoris Theophrasti

Vor allem wurde dem Paracelsus der Vorwurf gemacht, daß er es wagte, medizinisch selbständig zu denken und seine eigene Erfahrung höher zu stellen als jene des GALEN und AVICENNA; daß er nicht auf altausgetretenen Wegen ging und nicht innerhalb der Schablonen der damaligen medizinischen Überlieferungen blieb – kurz, daß er es wagte, eine neue Medizin – wir würden heute sagen ein „neues System" oder eine neue medizinische Schule – zu gründen. Dazu bemerkt Dr. FRANZ HARTMANN:

„Ähnliche Anschuldigungen werden auch heute gegen andere vorgebracht. Jede neue Entdeckung muß sich erst ihren Weg durch die Reihen der Orthodoxen erkämpfen, wer aber hinter die Kulissen der Bühne gesehen hat, auf welcher die Anhänger alter Systeme ihr Spiel, die Welt zu betrügen, betreiben, der weiß auch, daß der Grund ihrer Opposition in der Regel nicht die Anhänglichkeit an ein großes Prinzip, sondern einfach Eigennutz ist. Moderne Beispiele ließen sich hier in großer Menge anführen, doch sind solche jedem Leser bekannt. Wohl gibt es heutzutage unter den Ärzten viele edeldenkende Menschen, aber auch viele andere, welche die Stellung, welche sie errungen haben, weniger zum Wohle der Menschheit gebrauchen, als sie vielmehr nur als ein Mittel, sich Reichtum und Ansehen zu erwerben, mißbrauchen. Zur Zeit des Paracelsus mag die Sache noch viel ärger gewesen sein als jetzt. Paracelsus sagt über seine Zunftgenossen, daß er mit ihnen wegen ihres Eigennutzes, ihrer Gewissenlosigkeit und Roheit keine Gemeinschaft haben mochte, und daß man sich schämen müsse, unter diese ‚heillosen Lotterbuben' gezählt zu werden."

„In alten Zeiten wurden die Ärzte aus den Weisen, Philosophen und Priestern gewählt. Der Mensch, dem man sein Heiligstes, seine Gesundheit anvertraute, mußte selbst heilig oder wenigstens liebevoll und weise sein. Die Ärzte des Mittelalters waren zum großen Teil Personen, die überhaupt zu nichts tauglich waren; davongelaufene Schulmeister, Schreiber und dgl., welche, da sie des Lesens kundig waren, ein paar Bücher gelesen und wohl auch mißverstanden hatten, und nun wie die Pest unter den Kranken wüteten. Da wurden die dümmsten Menschen zu ‚Doktoren' gemacht, wenn sie nur ihre fünfzehn Dukaten dafür bezahlen konnten, und ihre ganze Kunst bestand in der Prahlerei."

„Daß ein Mensch von besserer Einsicht, wie Paracelsus, diese Zustände nicht gleichgültig ansehen konnte, davon lag die Ursache in seinem Temperamente. Daß aber durch sein Schelten die Sache nicht besser gemacht wurde, ist auch natürlich, da seine Gegner hierdurch kein besseres Verständnis erlangten, sondern nur erbittert wurden. Es ist aber bekannt, daß wenn jemand den Gelehrtendünkel angreift, so heißt es, man verachte die Wissenschaft; huldigt man dem Priestertum nicht, so heißt es, man sei ein Feind der Religion. So erging es auch Paracelsus. Er lud auf sich den Haß der Dummheit und Habsucht, die im Gewande der Wissenschaft paradierten, und erntete, was er säte."

Und Paracelsus war den meisten Ärzten seiner Zeit doppelt überlegen. Zuerst schon durch sein positives Wissen und seine freie Naturbeobachtung, dann durch sein okkultes Wissen und durch seine mystische Erkenntniskraft. Auf den letzten Punkt, ohne den eine richtige Würdigung des Paracelsus und seiner medizinischen Schule gar nicht möglich ist, werden wir später noch zurückkommen. Jetzt genügt es, wenn wir bezüglich der reformatorischen Tätigkeit des Paracelsus, die sich auf naturwissenschaftlich-experimentelle Erfahrung begründete, Karl Sudhoff zu Wort kommen lassen, der in der Einleitung der „Sieben Defensiones" über Paracelsus folgendes schrieb:

„Er hatte die griechisch-arabische Medizin an ihrer Wurzel angegriffen, indem er die hippokratische Viersäftelehre nach zweitausendjähriger Herrschaft als haltlose Irrlehre erkannte und kennzeichnete, eine reformatorische Tat von grundlegender Bedeutung. Auf dem Boden rationeller Naturbeobachtung suchte er eine neue Grundlage für die Medizin zu schaffen mit Energie und Erfolg, wenn auch sein chemischer Vitalismus* als erster Versuch keinen endgültigen Wert beanspruchen kann, worüber auch bei ihm selbst kaum ein Zweifel bestand, wie er es in die bescheidenen Worte faßte: ‚vielleicht grünet, was jetzt herfür keimet, mit der Zeit!'" –

Worauf er aber mit Stolz und Entschiedenheit bestand und immer wieder hinwies, ist, daß der von ihm eingeschlagene Weg zur Wahrheit und Erkenntnis der allein Erfolg verheißende sei, der einzig zulässige für die wahre Heilkunde, der Weg des Lichtes der Natur, der vorurteilslosen und von allem Autoritätenkram freien Naturbeobachtung und Denkoperationen (ratio), der experimentellen Erschließung der Naturvorgänge – auf dem zu schreiten auch heute noch unser Stolz ist! „Experimenta ac ratio auctorum loco mihi suffragantur", so fixierte er seinen Standpunkt beim Antritt der Baseler Professur – *naturwissenschaftlich-experimentelle Erfahrung unter Kontrolle einer vernunftgemäßen Prüfung statt Autoritätenglauben* – diesen Leitsternen ist er auch sein Leben lang treu geblieben, sie sind auch heute noch die Gewährleister jeden wissenschaftlichen Fortschritts.

Dagegen wird wohl kein Vernünftiger etwas einzuwenden haben; nur dürfen wir nie vergessen, daß die Naturbeobachtung des Paracelsus eine viel weitumfassendere war als jene unserer heutigen Gelehrten. Gegenstand der Naturbeobachtung eines Paracelsus war die Erforschung der Naturkräfte in der *ganzen Natur,* sowohl im Makro- als auch im Mikrokosmos! Wer aber dieses Studium tiefgründig betreibt, der wird sehr bald zur Einsicht

* „Chemischer Vitalismus" ist übrigens ein falscher, einseitiger Begriff. Vitalismus bedeutet – es sei auf die grundlegenden Arbeiten des berühmten Biologen und Philosophen Hans Driesch hingewiesen – im wirklichen Sinne „Eigengesetzlichkeit des Organismus". – Diese Eigengesetzlichkeit verwendet chemische und physikalische Elemente als Material und „Mittel" für Aufbau, Entwicklung und Betrieb des Organismus.

kommen müssen, daß wir mit einer materialistisch-mechanistischen Erklärung sowohl beim Makro- als auch beim Mikrokosmos Schiffbruch erleiden. Darum fordert auch Paracelsus im ersten Kapitel seiner Schrift: Labyrinthus medicorum errantium (Vom Irrgang der Ärzte), daß das erste und höchste Buch, welches ein Arzt studieren soll, das Buch der Weisheit sei: „Das höchste und erste Buch aller Arznei heißt Sapienta, und ohne dies Buch wird keiner nichts Fruchtbares ausrichten. Denn im selbigen Buch ist der Grund und Wahrheit aller Dinge Erkenntnis, denn aus der Erkenntnis werden alle Dinge regiert, geführt und in ihre Vollkommenheit gebracht. *Und das Buch ist Gott selbst.* Denn allein bei dem, der alle Dinge geschaffen hat, bei demselbigen liegt die Weisheit und der Grund in allen Dingen, durch ihn wissen wir weislich zu handeln in allem dem, in dem wir wandeln sollen, und ohne ihn wissen wir keinerlei zu regieren, zu führen, zu gebrauchen, wie es sein soll, ohne ihn ist alles eine Narrheit. Zu gleicher Weise wie die Sonne auf uns scheint, also müssen auch die Künste von oben herab auf uns scheinen."

Paracelsus sagt des weiteren in seiner ersten Defension, daß althergebrachte, vererbte Theorien um ihres Alters willen keineswegs für unantastbar gelten dürften. In der Wissenschaft und besonders in der ärztlichen Praxis habe auch das Heute seine volle Berechtigung: „Was nützt der Regen, der vor tausend Jahre ist gefallen? Der nützt, der jetzt zugegen fällt! Was nützt der Sonnenlauf vor tausend Jahren dem jetzigen Jahr?" Er weist darauf hin, daß GALEN, AVICENNA, MESUE und SERAPION keine richtige Einsicht in das wahre Wesen und die tieferen Ursachen der Krankheiten gehabt haben und haben konnten, weshalb auch ihre Theorien unrichtig sind. Wenn nun ein Paracelsus aufgrund seiner tieferen Naturerkenntnis zu ganz anderen Anschauungen über das „Wesen der Krankheiten und deren Behandlung" gelangt ist, wie die eben genannten alten Ärzte, so ist es nicht erstaunlich, daß er zu seiner Zeit eben eine neue Medizin lehrte.

„Ihre Torheit muß ich baß an den Tag legen, von wegen der Erkenntnis meines Grundes und ihres Irrsales, und mich werden die hohen Schulen nicht umstoßen, und das gebe ich ihnen also zu erkennen.“ Aber Paracelsus will nicht nur die alten medizinischen (pathologischen und therapeutischen) Theorien durch seine neue Medizin (Krankheitsauffassung) überwinden, sondern ebenso die Therapie reformieren. Die Therapie ist eine praktische Sache, eine richtige Therapie muß sich durch ihre Erfolge als solche beweisen. Paracelsus sagt daher in seiner ersten Defension: „Die Arznei ist ein Werk, dieweil sie nun ein Werk ist, so wird das Werk seinen Meister bewähren. Jetzt seht aus den Werken, wie jeglicher Teil erkannt und beurteilt wird. Das Werk ist eine Kunst. Die Kunst gibt die Lehre des Werkes, also, daß die Kunst wirkt durch ihre Lehre das Werk zu machen. Nun ist die Frage, ob die Lehre der hochschuligen Aerzte die Kunst der Arznei sei oder ‚die meine‘? Das wird durch die Werke bewiesen.“

Und nun führt er ein treffendes Beispiel dessen an, was die theoretisch-dozierenden Schulmediziner und im Gegensatz dazu der kunstgerecht-praktische Arzt leisten:

„Es wäre ein Kranker vorhanden an einem Fieber, hätte seinen Termin von zwölf Wochen*, alsdann wäre es im Ende und Abzug. Und begab sich, daß der Kranke Arznei begehret, dieses Fieber vor seinem Termin zu vertreiben, so hat er zweierlei Ärzte vor sich, den Falschen und den Gerechten. Der Falsche handelt also: Fahet gemächlich und langsam an zu arzneien, vertreibt viel Zeit in Syrupis, in Laxativis, mit Purganza und Habermüßlein, mit Gersten und Kürbissen mit Citrulis, mit Julep (Syrup-Mixtur) und anderem solchem Geschmeiß, langsam mit der Zeit und oft dazwischen kritisiert, weiß selbst nicht womit er umgeht, und schleicht also mit der Zeit und mit seinen sanften Worten hindurch, bis er auf den Termin kommt, dann legt er den eigenen Abzug (der Krankheit) der Kunst zu. Aber den gerechten Arzt erkennet also: Diesen Termin umteilt er in zwölf Teile, den einen und den halben nimmt er zu seiner Arbeit.“

In dieser ersten Defension wendet sich Paracelsus auch gegen den Begriff der *unheilbaren* Krankheiten. Er läßt ihn nur bedingt oder eingeschränkt gelten:

* Das heißt, seine natürliche Dauer ohne ärztliche Behandlung wäre zwölf Wochen.

„Noch ist ein großer Unverstand, der mich dieses Werk zu schreiben mächtig ursacht: Als nämlich, daß sie sagen, die Krankheit, welche ich in diesem Werk begreife, sei unheilbar. Nun sehet da ihre große Torheit, wie kann ein Arzt sprechen, daß eine Krankheit nicht zu heilen sei, in der der Tod nicht sitzt? [Allein die sein unheilsam, in denen der Tod ist.] Also sagen sie von dem Podagra, also von den fallenden Siechtagen (Epilepsie) usw. O ihr tollen Köpfe, wer heißt euch reden, so ihr nichts könnt, noch wißt? Warum betrachtet ihr nicht die Rede Christi, der da sagt, die Kranken bedürfen des Arztes? Sind die nicht krank, die ihr verwerfet? Ich meine ja. Sind sie nun krank, wie sich beweist, so bedürfen sie eines Arztes. Bedürfen sie nun eines Arztes, warum sprecht ihr dann, ihnen sei nicht zu helfen? Darum bedürfen sie seiner, daß ihnen durch den Arzt geholfen werde. Warum sagen sie dann, ihnen sei nicht zu helfen? Darum sagen sie es, daß sie aus dem Irrsal der Arznei geboren sind, und der Unverstand ist ihre Mutter, der sie geboren hat. Eine jegliche Krankheit hat ihre Arznei; denn Gott will wunderbarlich mit den Kranken gesehen werden. Denn Gott ist der, der da geboten hat, du sollst den Nächsten lieben als dich selbst und Gott vor allen Dingen. Willst du nun Gott lieben, so mußt du auch seine Werke lieben; willst du deinen Nächsten lieben, so mußt du nicht sagen, dir ist nicht zu helfen, sondern du mußt sagen, ich kann es nicht, ich verstehe es nicht. Diese Wahrheit entschuldigt dich von dem Fluch, der wider die Falschen geht. Also merkt, wie gemeldet ist, daß weiter soll gesucht werden, bis die Kunst gefunden wird, aus welcher die rechten Werke gehen."

Als erkenntnistheoretisches Grundprinzip für eine rationelle, also vernunftgemäße Therapie, stellt Paracelsus – ähnlich wie bei der Erklärung über das Wesen des Organischen – die Forderung auf, daß die Heilkunst *nicht* aus *anderen* medizinischen Gebieten (zum Beispiel humoralpathologischen, pathologischen-anatomischen, chemischen, physikalischen, symptomatisch-typischen) *spekulativ* abgeleitet werde, sondern ganz *allein* aus vielseitigen *Erfahrungselementen* der Arzneiwirkungen an den kranken Individuen: *„Nicht aus der ‚spekulativen Theoria' soll ‚Practica' flie-*

ßen, sondern aus der Practica die Theorica.“ RADEMACHER war der erste, der diese fundamentale ärztlich-heilkünstlerische Erkenntnis wieder richtig erfaßte und zur Grundlage seines therapeutischen Handelns machte. Ein neuerer Arzt, der Däne JULIUS PETERSEN, hat dieser grundlegenden Erkenntnis folgenden Ausdruck verliehen: „Andererseits muß aber auf das bestimmteste betont werden, daß die Heilkunst in ihrer aktuellen Gestalt keineswegs ein bloßes Anhängsel der wissenschaftlichen Pathologie ausmacht, sondern ihr relativ selbständig gegenübersteht, daß sie ihr eigenes, selbsterworbenes Fundament und Material besitzt, um daraus Schlüsse und Gesetze selbständig abzuleiten.“ Daher gilt auch heute noch der Satz: „Heilen kann jeder, der weiß, was in einem bestimmten Krankheitsfall erfahrungsgemäß hilft.“ Und: „Kunst kommt vom Können“. Wer schwere Krankheiten wirklich heilen kann, ist eben ein Heiler, Heilkundiger oder Heilkünstler, er sei nun approbiert oder nicht.

Die andere Defension

betreffend die neuen Krankheiten und Nomina des vorgemeldeten Doctoris Theophrasti

Die Gegner des Paracelsus machten ihm den Vorwurf, daß er neue Krankheiten entdecke, dieselben mit neuen Namen belege und auch neue Mittel und Wege zu ihrer Heilung gefunden habe. Man sollte nun meinen, daß Paracelsus dafür eher des Lobes und der Anerkennung würdig gewesen wäre, wenigstens nach unserer Auffassung. So bleibt uns nur die eine Erklärung übrig, daß er deshalb mit diesen Neuerungen Anstoß erregte, weil sie mit den althergebrachten Theorien nicht übereinstimmten, und er dadurch seine Überlegenheit der alten Medizin gegenüber kundtat.

„Mir ist auch begegnet, daß ich den Krankheiten neue Nomina gebe, die niemand erkenne noch verstehe, warum ich nicht bleib bei den alten Nominibus. Wie kann ich die alten Nomina brauchen, dieweil sie nicht gehen aus dem Grunde, aus dem die

Krankheit entspringt, sondern es sind nur Uebernomina, die niemand weiß wahrhaftig, ob er die Krankheit mit denselbigen Namen recht nenne oder nicht. So ich denn solchen ungewissen Grund finde und erkenne, warum wollte ich mich von wegen der Nomina so sehr bemühen? So ich die Krankheit verstehe und erkenne, so kann ich dem Kind wohl selbst den Namen schöpfen. Was will ich sagen, Apoplexis oder Apoplexia? Oder was will ich mich kümmern Paralysis werde produziert oder korripiert? Oder Caducus fulgaris heißt Epilenta oder Epilepsia? oder was will ich, es sei Graecum, Arabicum oder Algoicum? Mich bekümmert das allein, den Ursprung einer Krankheit und seine Heilung zu erfahren und den Namen in daselbige zu concordieren."

Also, Paracelsus wollte die Krankheiten so benennen, daß man aus den Namen derselben ihre Art und Wesenheit (Ursprung) und auch das dem Ursprung entsprechende Heilmittel erfahren konnte. Das war ein genialer Gedanke mit einer enormen Tragweite auch für alle zukünftigen Praktiker! Aetiologie (Krankheitsursache) und Therapie (Behandlung) sollten bereits durch den Namen der Krankheit in unübertreffbarer Kürze angezeigt sein. So einfach dies auch im Prinzip klingt, so ist es doch nicht zu verwundern, daß die Gegner des Paracelsus dieses geniale System der Krankheitsbezeichnung nicht fassen konnten. Erst, wenn wir heute Theorie und Praxis der Homöopathie, die Erfahrungen Rademachers und die medizinische Astrologie des Paracelsus insgesamt zu Rate ziehen, können wir in den Geist der „Nomina" Hohenheims eindringen.

Paracelsus bezeichnete beispielsweise gewisse Krankheiten als *„Arsenikkrankheiten"*. Damit wollte er nicht nur jene Krankheiten kennzeichnen, die wirklich durch Arsenikvergiftungen entstehen, sondern auch eine ganze Reihe anderer Krankheiten, die ein ähnliches Bild der Symptome darstellen, die bei Arsenikvergiftungen bekannt sind. Der Homöopath spricht ja auch von zwei Reihen von Krankheiten, die einander sehr ähnlich sind. Die erste Reihe sind jene Krankheiten, die an gesunden Menschen durch Einnehmen von konzentrierten Arzneigaben *künstlich* hervorgerufen werden, zum Beispiel durch Chinarinde (Chinin),

Mercur, Arsenik, Phosphor, Sulfur, Jod, die aber bezüglich der Symptome ihr *Spiegelbild* in gewissen *natürlichen* Erkrankungen haben, für welche dann die verdünnten Arzneigaben derselben Mittel die richtigsten Heilmittel sind. Ein Fieber, das der Chinarinde in homöopathischer Dosis weicht, ist für den Homöopathen ein „China-Fieber"; ein Fieber, das dem Aconit weicht, ein „Aconit-Fieber" und so weiter. So fand auch RADEMACHER, daß eine Form der Gicht dem Kupfer, eine andere dem Eisen, eine dritte dem Kubischen Salpeter weicht, und man kann treffend von einer „Kupfergicht", „Eisengicht" und so weiter sprechen. Der Fachmann weiß dann sofort, was dies zu bedeuten hat.

Den geistigen Sinn, den kausalen Zusammenhang dieser prägnanten Krankheitsbezeichnung hat SCHULTZ *(Greifswald)* am Beispiel der „Arsenikkrankheiten" wie folgt dargelegt:

„Es existiert irgendeine Kraft oder ein Einfluß, der im menschlichen Organismus Krankheiten auftreten lassen kann, die einer Vergiftung durch Arsen sehr ähnlich sehen, ja, geradezu damit verwechselt werden können, wüßte man nicht, daß bei ihrer Entstehung eine Mitwirkung des Arsens als solchen selbst völlig ausgeschlossen sei. Vom Krankheitsstandpunkte aus betrachtet, muß es also *Arsenkrankheiten* geben, das heißt: ganz bestimmte pathologische Zustände, für die das Arsen das gegebene Heilmittel ist, eine Auffassung, die lange nach Paracelsus der deutsche Arzt Rademacher (eben aufgrund von Paracelsusstudien) sich zu eigen gemacht hat. Das also ist der Sinn der Paracelsusworte: So Euch einfällt Esthiomenum (Herpes esthiomenos, Lupus) Cancer, so wisset, daß am selbigen Orte liegt Arsenikus, der macht das. Nun heißt der Morbus arsenicalis, denn er ist so. Warum geschieht diese philosophische Austeilung in der Arznei, die einen jeden Arzt unterrichten kann? Darum geschieht sie, weil wenn dieser Name da ist, so ist auch die Eigenschaft des Namens da. Kennst Du den Arsenik seiner Natur nach, so weißt Du auch im Leibe den Arsenik zu erkennen. Wenn Du das nun hast, so sagt er Dir die Kur an, denn Arsenikus heilt Arsenikum. Anthrax Anthracum, wie oft Gift heilt Gift.

Wenn also Paracelsus von einer Krankheit sagte: dies ist helleborus niger (schwarze Nießwurz) und jenes ist chelidonium (Schöllkraut), so wußten er und seine Schüler sofort, was darunter gemeint war, ebensogut wie wenn ein moderner Homöopath – oft schon wenn ein neuer Patient zum ersten Mal sein Sprechzimmer betritt – sofort sagt: das ist eine ausgesprochene Pulsatilianatur oder jenes ein markanter Sulfurfall. Über derlei Dinge zu lächeln, zeigt nur die eigene Sachunkenntnis an. Hat man aber Praxis darin, so findet man diese Heilweise so selbstverständlich, als wenn man umgekehrt die Pflanzen nach den Krankheiten und Schäden, die sie heilen, benennt. Zum Beispiel Gichtrose (paenoia), Fallkraut (arnica montana), Augentrost (Euphrasia) usw.

Gerade in der Volksmedizin und volkstümlichen Kräuterheilkunde findet man derlei Benennungen sehr häufig. Und diese Namen geben entschieden mehr Aufschluß über die Tugenden und Kräfte der betreffenden Pflanze als deren lateinischer Name.“

Interessant ist nun die Begründung des Paracelsus, wie er dazu kam, neue Krankheiten zu entdecken und ihnen neue Namen beizulegen. Er sagt darüber in seiner zweiten Defension: „Das mich aber verursacht dazu und bringt, ist die, daß die *Astronomei,* so bei den Aerzten bisher nie fürgenommen ist worden, mich solche Krankheiten zu erkennen lernt. So die anderen Aerzte in der Astronomie dermaßen erfahren wären gewesen, sie (die neuen Krankheiten) wären zum höchsten vor mir längst erkläret und entdeckt worden. Dieweil aber die Astronomie von den Aerzten verworfen ist, mögen die Krankheiten und andere mehr mit ihrem rechten Grund weder erkannt, noch verstanden werden. Dieweil dann nun die Arznei der anderen Scribenten nicht aus dem Brunnen fließt, aus dem die (wahre) Arznei ihren Grund nimmt, des Grund und Brunnen ich mich berühmen mag: Sollte ich dann nicht Gewalt haben und schreiben anders, denn ein anderer Schreiber?“

Unter „Astronomei“ versteht hier Paracelsus offenbar die *Astrologie.* Man ersieht aus diesem Zitat auch sofort, daß er die Astrologie sehr hoch schätzt. Für Paracelsus bestand also die Astrologie nicht aus alten Regeln und Überlieferungen, sie war für ihn eine lebendige Wissenschaft und Wissensquelle. Sie führte ihn sowohl zur Entdeckung neuer Krankheiten als auch zur Erkenntnis der Ursachen derselben und auch der tieferen Ursachen der bereits bekannten Krankheiten. Dies ersehen wir deutlich aus einer Stelle im ersten Traktat des „Paramirums", wo Paracelsus sagt:

„Die Exaltation der *arsenischen Sterne,* so sie das Zentrum und das Angesicht der Erde berühren, so merkt: So sie also Wasser berühren, so vergiften sie durch ihren Arsenik das ganze Wasser." – Und an einer anderen Stelle, wo die „Entia astralia" besprochen werden, heißt es: „Etliche Gestirne sind der Natur, daß sie Hydroposin (Wassersucht) machen und Tumoren als Opperimenta (Auripigmentum, das natürlich vorkommende Schwefelarsen)."

Das heißt also: Es gibt Gestirne am Himmel, denen eine ähnliche Kraft innewohnt wie dem Arsen. Die Gestirne strahlen diese Kraft aus, die sich dann unter bestimmten Bedingungen als krankheitserregender Faktor hier auf Erden äußert, wodurch dann der menschliche Organismus von Krankheiten ergriffen werden kann, die sich mit gewissen Arsenikwirkungen vergleichen lassen.

Das klingt für viele moderne Wissenschaftler sicherlich höchst wundervoll oder „bombastisch". Aber lehrt die Spektralanalyse der Gestirne nicht ausdrücklich, daß wir beispielsweise in der Sonne alle chemischen Elemente, die wir auf Erden haben, auch vorfinden? Warum soll es dann nicht Gestirne geben, die eine vorwiegend arsenische Ausstrahlung besitzen? Für Paracelsus waren aber auch die Pflanzen nichts weiter als Verkörperungen planetarischer Einflüsse. Weshalb sollte dies nicht auch für die Metalle und Mineralien gelten? Die Geheimwissenschaften lehrten dies seit jeher! Denn für diese sind die Metalle und Mineralien sozusagen nur eine andere Oktave derselben Kräfte (Gestirneinflüsse), die sich im Pflanzen- und Tierreich sowie im Menschen offenbaren. Deshalb sagte Paracelsus: „Wer weiß, was Venus am Himmel ist, der weiß auch, was die Artemisa im Garten und das Kupfer auf der Erde für Tugenden und Kräfte hat. Wer

Mars am Himmel kennt, der kennt die Eigenschaften des Eisens, des Eisenkrautes und die Charaktereigenschaften von Menschen, die ausgesprochenen Marstypus haben."

So sind also die Bezeichnungen „Arsenik", „Mars", „Venus" für Paracelsus Sammelnamen für ganz bestimmte Eigenschaften und Kräfte, die wir *sowohl* im Makro- als auch im Mikrokosmos antreffen. „Arsenik" ist für Paracelsus ein viel weiterer Begriff wie etwa für den modernen Chemiker oder Pharmazeuten. Nur der Arzt, der auch Astrologie und Metaphysiker ist, wird Paracelsus richtig verstehen. Und zur Ehre der deutschen Wissenschaft sei es gesagt, daß sich nun auch in Deutschland Ärzte finden, die mehr oder weniger selbständig herausfanden, daß der Mensch als Mikrokosmos auf die Energieströme des Makrokosmos reagiert. Wir wollen hier diesbezüglich einige neuere Forscher zu Worte kommen lassen:

Der im Jahre 1907 verstorbene Breslauer Professor der Medizin OTTOMAR ROSENBACH hatte schon vor Jahren, ehe man die Wirkungen des Radiums und der radioaktiven Substanzen kennengelernt hatte, die Idee ausgesprochen, daß der tierische und menschliche Organismus als Transformator feinster, aus dem Kosmos stammender Energieströme aufzufassen sei. Diese feinsten kosmischen Energieströme werden auch nach ROSENBACH im Organismus zu den für uns wahrnehmbaren, gröberen Energieformen (Wärme, Nervenenergie, usw.) transformiert und somit befähigt, als Betriebsenergie zu fungieren.

Es liegt nahe, diese kosmischen Strömungen als einen Krankheiten veranlassenden oder mindestens unterstützenden Faktor anzuerkennen. Denn Störungen in den durch Gestirnstellungen und so weiter geänderten, ständig zufließenden kosmischen Strömungen könnten doch in den tierischen und menschlichen Transformatoren, wenn diese konstitutiv für solche Störungen empfänglich und nicht entsprechend regulationsfähig gebaut sind, organische Betriebs- und Stoffwechselunordnungen und damit direkt Krankheiten auslösen, oder andererseits dadurch den günstigen Nährboden für Ansiedlung entsprechender Bakterien bereiten und somit die Hauptursache in der kausalen Konstellation für das Auftreten leichter, schwerer und jeweils besonders gearteter Seuchen (Epidemien, Pandemien) sein. Daß also die Erforschung des Verhältnisses der Gestirnstellungen und der damit wechselnden Strömungsarten (Gravitation, Magnetismus und sonstige kosmische Strahlen) der kosmischen Energien (Astrophysik) zu den verschiedenen Epidemien – eine medizinische Astrologie – kein mittelalterlicher Blödsinn sei, sondern ein „exaktes" pathogenetisches Wissenschaftspostulat einer modernen, nüchternen Naturforschung darstellt, hat der praktische Arzt Dr. med. E. Nauss bereits im Jahre 1900 klar ausgesprochen.

Prof. Dr. Willy Helpach hob die Berechtigung einer wissenschaftlichen Fragestellung – Einfluß der Gestirne auf das psychophysische Leben der Erdbewohner – schon 1917 ausdrücklich hervor. Der Mensch lebt in Wahrheit in dem doppelten Kraftfeld der Gestirne und der Erde! Daher das Studium der sogenannten Erdstrahlen für den wahren, praktischen Arzt ebenso wichtig ist, wie jenes der Astrologie.

Wir werden auf die medizinische Astrologie des Paracelsus noch in dieser Abhandlung des näheren eingehen, wollen aber hier nochmals zurückkommend auf den „Arsenik" des Paracelsus darauf hinweisen, daß der „Arsenik" des Paracelsus ein Sammelname für alle im physischen und psychischen Menschen durch verkehrte Lebensweise und Nachlässigkeit angehäufte Schlakkenbildung ist. In diesem Sinne wirkt Arsenik als Gift auf Chylus, Lymphe und Blut. Geistig repräsentiert es die kulturellen „Schlacken", auf den Menschen bezogen bedeutet es die Kraft, die sich parasitisch in der Seele auslebt, wenn der Träger des „Logos", das Ich, faul im dumpfen Gewohnheitsleben versinkt. Es ist gut denkbar, daß Haß, Neid, Zorn, Geiz und Bosheit, wenn diese seelischen Disharmonien ganz von einem Menschen Besitz ergreifen, in ihrer verderblichen Wirkung dem gewöhnlichen Arsenik gleichkommen.

Noch einen besonderen Umstand führt Paracelsus in seiner zweiten Defension an, der ihn bewog, neue Krankheiten zu suchen; es ist dies *Wandelbarkeit der makrokosmischen Einflüsse.* Ein Gedanke von bewunderungswürdiger Tiefe, wie er wahrlich nur im Kopfe eines Genies wie Hohenheim aufblitzen konnte: Die ewigen Sterne sind nicht unveränderlich, auch sie haben Jugend und Alter! Anders muß daher der Einfluß eines alternden Gestirnes auf uns sein, wie der eines jugendlichen. Die Sache ist so schwerwiegend – gerade für die okkulte Medizin – daß wir wieder Paracelsus selbst zu Wort kommen lassen müssen:

„Damit ich auch weiter unterrichte, von wegen der neuen Krankheiten, so melde in dem oder anderen Wegen, sein auch etliche mehr Ursachen, so neue Krankheiten zu suchen zwingen: Als nämlich, der Himmel ist alle Tage in neuer Wirkung, verändert sich täglich in seinem Wesen; denn Ursache, er gehet auch in sein Alter. Denn zu gleicher Weise ein Kind, das geboren wird, das ändert sich gegen sein Alter je weiter, je ungleicher der Jugend, bis in den Terminum des Todes. Nun ist der Himmel auch ein Kind gewesen, hat auch einen Anfang gehabt und ist in das Ende prädestiniert, als der Mensch, und mit dem Tode umgeben und verfaßt. So sich nun ein jeglich Ding in das Alter ändert, so ändern sich auch dieselbigen Werke (Wirkungen); so nun Aenderung der Werke (Wirkungen der Gestirne) da sein, was nützt mich dann die Rute der jungen Kinder*? Darum rede ich von der jetzigen Monarchia, von wegen des Alters des Firmamentes, und der Elemente.** Weiter auch so ist vorhanden eine solche Menge des Volks und solche Vermischung unter ihnen durcheinander, mit allem Wandel der Menschen in fleischlichen Begierden, als vor nie gewesen, solange die Welt gestanden ist. Daraus folgt nun eine solche pressura gentium, dergleichen auch nie gewesen ist: Also folgt aus dem auch eine Arznei, die vorher nie gewesen ist. Darum mag sich der Arzt des nicht behelfen, der da spricht, ich behelfe mich der Bücher, die vor zweitausend Jahren geschrieben sind. Es sind nimmermehr dieselben Causae, es heißt jetzo baß,

* Als Gleichnis zu verstehen: Die Rute ist die Arznei.

** Obwohl hier Paracelsus nur die vier Elemente der Alten (Feuer, Luft, Wasser und Erde) im Auge gehabt haben kann, so ist dieser Gedanke nicht minder groß, als wenn der moderne Physiker von der Lebensdauer der Atome spricht. Es gibt radioaktive Emanationen, die nur eine Lebensdauer von wenigen Stunden besitzen, hingegen auch radioaktive Substanzen, deren Lebensdauer die Wissenschaft auf Millionen von Jahren berechnet hat. Daraus folgt, die Atome der chemischen Elemente sind nicht ewig. Da aber jedes Atom ein Sonnensystem im Kleinen darstellt, weshalb sollte dann der Makrokosmos ewig sein?

wie dann beide Philosophei des Himmels und der Elemente genugsam beweisen. Es sollen sich die vermeinten Doctoren der Arznei sich baß bedenken in dem, das sie richtiglich sehen, daß etwa ein heilkundiger Bauer ohne alle Schrift mehr gesund macht denn sie alle mit ihren Büchern und roten Röcken, und wan sie es mit den roten Kappen erführen, was die Ursache wäre, sie würden in einem Sack sitzen voller Aeschen, wie die in Ninive taten. Also weiß ich auf diesmal, daß ich nach Inhalt dieser Defension neue Nomina, neue Krankheiten aus bemeldeten Grunde wohl schreiben und geben mag."

Das heißt: Das Firmament ändert sich, die Elemente sind wandelbar, die Menschen verändern sich, die Zeiten sind heute anders als vor hundert Jahren; was Wunder, daß auch die Krankheiten sich ändern, daß neue Krankheiten auftauchen oder bei bisher anscheinend denselben Krankheiten (Krankheitsformen) die alten Mittel versagen.

Die dritte Defension

von wegen der Beschreibung der neuen Recepten

Noch größeres Geschrei als wegen der „neuen Nomina" der Krankheiten, die Paracelsus beschrieben, erhob sich unter Ärzten und Apothekern ob des Rezeptierens von Hohenheim. Sehr natürlich – denn seine ärztlichen „Kollegen" verschrieben zum Schmunzeln der Apotheker sehr komplizierte und teure Arzneien. Vierzig bis fünfzig verschiedene Stoffe (oft noch mehr) mußten zur Bereitung einer Arznei herhalten. So kamen die Arzneien in den meisten Fällen so teuer, daß die Kranken dabei verarmten, die Apotheker und Gewürzkrämer aber reich wurden. Daß Paracelsus diesem Unfug steuerte, wird ihm kein Verständiger von heute übelnehmen. Auch die lateinische Sprache verwarf Paracelsus.

Um Paracelsus in den Augen der Kranken unmöglich zu machen, verbreiteten seine ärztlichen „Kollegen" die Kunde, daß

Hohenheim giftige Arzneien verschreibe. Treffend und tiefgründig hat sich Paracelsus dagegen in seiner dritten Defension gewehrt:

„Aber über das und gemelt (was in der zweiten Defension gemeldet) ist, ist das Geschrei noch größer unter den unverständigen, vermeinten und erdichteten Aerzten, die da sagen, das meine Recepte, so ich schreib, ein Gift, Corrosiv und Extraktion sein aller Bösheit und Giftigkeit der Natur. Auf solch Fürgeben und Ausschreien wäre meine erste Frage, so sie in antworten tüchtig wären, ob sie wüßten, was Gift oder nicht Gift sei? Oder ob im Gifte kein Mysterium der Natur sei?"

„Denn in selbigen Punkten sind sie unverständig und unwissend in den natürlichsten Kräften. Denn was ist, das Gott erschaffen hat, das nicht mit einer großen Gaben begnadet sei, dem Menschen zu Gutem? Der Gift verachtet, der weiß nur nicht, das im Gifte ist. Denn das Arcanum, so im Gift, ist gesegnet dermaßen, daß ihm das Gift nichts nimmt noch schadet."

„Wenn ihr jedes Gift recht wollt auslegen, was ist, das nicht Gift ist? Alle Dinge sind Gift, und nichts ist ohne Gift, allein die Dosis macht, daß ein Ding kein Gift ist. Nun merket auf den Punkt, was dieses sei: Es ist nicht zu viel noch zu wenig. Der das Mittel trifft, der entpfacht (empfängt?) kein Gift. Und ob ich gleichwohl Gift brauchte, als ihr nicht beweisen möchtet, und aber so ichs brauchte und gib sein Dosin, bin ich auf das strafwürdig oder nicht?"

„Dazu auch dieweil die Kunst geben ist zu scheiden zwei widerwärtige Dinge von einander, warum sollt dann vorhin (von vornhinein) da Gift zu sein gesprochen werden. Besehet alle meine Recepte, ob es nicht mein erster Hauptartikel sei, daß das Gute von dem Bösen geschieden werde? Ist nicht diese Scheidung* meine Correction? Soll ich nicht ein solches corrigiertes Arcanum eingeben und gebrauchen, dieweil ich doch kein Arges in demselben finden mag und ihr noch viel minder?"

* Daher nannten sich die Geheimärzte des Mittelalters auch die scheidekünstigen Geheimärzte oder die Spagyriker.

„Also ist es mit der Arznei: dasjenige wird aus ihr, daß du aus ihr machet. Ist möglich aus Gutem Böses zu machen, so ist es auch möglich aus Bösem Gutes zu machen. Niemand soll strafen ein Ding, der seine Transmutation nicht erkennt, und der nicht weiß, was scheiden tut. Obgleich ein Ding Gift ist, es mag in kein Gift gebracht werden."

„Ich schreibe neue Recepte, denn die alten sollen nichts. Es sind auch neue Krankheiten vorhanden, begehren auch neue Recepte. Aber das habt acht in allen meinen Recepten: Ich nehme gleich was ich will, so nehme ich eben das, in dem das Arcanum (Heilmittel) ist, wider die Krankheit, wider die ich streite. Und merkt weiter wie ich ihm tue: Ich scheide das, das nicht Arcanum ist, von dem was Arcanum ist, und gebe dem Arcano seine rechte Dosis. (Vgl. Homöopathie!) Jetzt weiß ich, daß ein Recept wohl definert habe und daß ihr mir sie scheltet (nur) aus euern neidischen Herzen und eure untüchtigen Recepte fürsetzt. Will mich also hiemit defendiert und beschirmt haben, daß meine Recepte nach Ordnung der Natur administriert und appliziert werden, und daß ihr selbst nicht wißt, was ihr redet, sondern wie ein wütender unverstanden und unbesonnen eure Mäuler braucht."

„Wer ist, der da componiert hat das Recept der Natur? Hat es Gott nicht getan? Warum wollte ich ihm sein Compositum verachten? Ob er gleich (etwas) zusammensetzt, das mich nicht genug dünket. Er ist es, in dessen Hand alle Weisheit stehet, weshalb soll ich mich davor scheuen? Ein jedes Ding soll am richtigen Orte gebraucht werden, wozu es bestimmt ist. Gott ist selbst der Arzt und die Arznei."

In Summa: Paracelsus besaß Weisheit und eine tiefere Naturerkenntnis; seinen ärztlichen Gegnern mangelte es an beiden. Und diese waren es: „die in diesen Tälern, diesen Bergen, mit ihren höllischen Latwergen weit ärger als die Pest gehaust haben". Wie bis vor wenigen Jahrzehnten noch gewisse Allopathen Quecksilber in massigen Dosen verschmierten (und injizierten), so war es auch zu Paracelsus Zeiten:

„Ihr wisset, daß Argentum vivum nichts ist als Gift, und die tägliche Erfahrung beweist dasselbe. Nun habt ihr das im Brauch, daß ihr die Kranken damit schmiert, viel stärker als ein Schuster das Leder mit Schmiere. Ihr räuchert mit reinem Zinnober, ihr wascht mit reinem Sublimat, und wollt nicht, daß man sagt, es sei Gift, das doch Gift ist, und treibt solches Gift in den Menschen. Denn ihr wißt die Correction des Mercurii nicht, auch seine Dosis nicht, sondern ihr schmieret, solange es hinein möge."

Solche Ärzte sind also die wahren „Quacksalber" (d. h. Quecksilber-Salber). Sie trieben noch vierhundert Jahre nach Paracelsus bis in die Gegenwart ihr verderbliches Handwerk. Die vielfach geübten Quecksilberschmierkuren in allopathischer Dosis gegen die Syphilis waren ein Verbrechen gegen die Menschheit. Ein großer Teil der Tabetiker und Paralytiker verdankte ihr trauriges Ende diesen Kuren. Hier treffen die Worte HUFELANDS zu: *„Häufiger ist der Arzt weit schlimmer als die Krankheit."*

Die vierte Defension

von wegen meines Landstreichens

Wir haben bereits im biographischen Teil dieser Schrift die verständlichen, guten und nützlichen Motive von Paracelsus' Wanderleben genügend ausführlich erörtert, so daß wir hier auf diese „Defension" nicht weiter einzugehen brauchen. Aber Hand in Hand mit diesen Verunglimpfungen des Landfahrens eines Paracelsus stellten seine Gegner ihn als einen Trunkenbold und sittlich verkommenen Menschen hin. So schrieb J. G. ZIMMERMANN noch 1763 in seinem Buch „Von der Erfahrung":

„Paracelsus lebte wie ein Schwein, sah aus wie ein Fuhrmann, fand sein größtes Vergnügen in dem Umgang des liederlichsten und niedrigsten Pöbels und war die meiste Zeit seines Lebens hindurch besoffen. Auch scheinen alle seine Schriften im Rausche geschrieben."

Dagegen wenden sich zwei gute Kenner des Lebens und Wirkens Paracelsus mit sehr einleuchtenden Entgegnungen. RADEMACHER sagt bezüglich der angeblichen Völlerei Hohenheims:

„Ich bin mit Herrn Dr. F. JAHN einverstanden, daß er bei seinem tätigen Leben unmöglich ein eigentlicher Trunkenbold habe sein können. In lustiger Gesellschaft, wird er sich wohl zuweilen berauscht haben, nun das haben mehr Ärzte in ihrer Jugend getan, ohne daß es jemand eingefallen wäre, sie Trunkenbolde zu schelten. Überdies, wer sind Hohenheims Ankläger? G. VETTER und OPORINUS, zwei Schwachköpfe."

„Wenn aber K. SPRENGEL auf OPORINUS' Bericht sich stützend sagt: er habe gewöhnlich erst, wenn er betrunken nach Hause gekommen, seinen Schreibern diktiert: so will mir dies von einem so verständigen und übrigens auch unparteiischen Geschichtsschreiber nicht sonderlich gefallen. Er hätte sich ja aus den Fragmenten, welche sich in Hohenheims Nachlasse gefunden, überzeugen können, daß dieser nicht bloß einzelne Stellen, sondern ganze Bücher mehrmals überarbeitet, also Fleiß darauf gewendet, mithin sie wohl schwerlich in Betrunkenheit wird diktiert haben."

Und Rademacher sagt weiter, ein Kenner von Paracelsus Schriften möge selbst urteilen, ob seine so wahren und mitunter so schön ausgedrückten Gedanken in einem durch Trunkenheit verdumpften Gehirn erzeugt sein können.

Gleicherweise tritt P. RAYMUND NETZHAMMER für die Ehrenrettung des Paracelsus ein:

„Diesen wahrhaft böswilligen Unterschiebungen des ehemaligen Schülers OPORINUS', welche seinen Herrn zu einem Gewohnheitstrinker und wütenden Säufer stempeln wollen, ist als Widerlegung einfach die Tatsache der außergewöhnlich großen und unermüdlichen Arbeitsleistung Hohenheims entgegenzuhalten, die er als praktizierender Arzt, als fruchtbarer Schriftsteller und als experimentierender Chemiker aufweisen kann."*

Es ist umgekehrt wirklich erstaunlich, wie Paracelsus bei seinen vielfachen Wanderungen noch Zeit und Ruhe fand, eine derartige literarische Tätigkeit zu entfalten. Wenn unsere Leser nur

* Theophrastus Paracelsus, Das Wissenswerteste über dessen Leben, Lehre und Schriften (Verlaganstalt Benziger & Com. A.-G. Einsiedeln-Waldshut-Köln a. Rh. 1901).

das Verzeichnis der Schriften Hohenheims – wie wir sie später anführen werden – durchsehen, so werden diese selbst zu dem Schluß kommen, daß Paracelsus nur durch äußerste Ausnutzung seiner Zeit derartig produktiv sein konnte.

Wie etliche seiner Schüler, die ihn auf seinen Reisen durch längere Zeit begleiteten, bezeugen, schlief Paracelsus oftmals ganz bekleidet und mit Stiefel und Sporen angetan, stand aber schon nach drei Stunden Schlaf auf und diktierte ihnen dann seine Werke. Wenn jemand jedoch schwer betrunken heimkommt, so wird er wohl länger schlafen müssen und auch dann kaum fähig sein, wissenschaftliche Werke zu diktieren.

Und damit fällt die häßliche Lüge der angeblichen Trunksucht Hohenheims in ein Nichts zusammen. Es bleibt uns nur noch übrig, die angeblich sittliche Verkommenheit Hohenheims zu widerlegen. Prof. NETZHAMMER, der selbst als Lehrer der Mathematik und Chemie an der Lehr-und Erziehungsanstalt des Benediktinerstiftes Maria-Einsiedeln in der Schweiz wirkte und alle erdenklichen Quellen und Archive zu seinem Paracelsuswerke herangezogen hat, äußert sich darüber wie folgt:

„Daß Paracelsus nicht nur in seiner Eigenschaft als Gelehrter und Arzt Angriffen ausgesetzt war, sondern auch sein Privatleben, in welchem man ihn als einen gemeinen Säufer zu taxieren beliebte, herabgezogen wurde, ist teilweise bereits erwähnt worden. Wer würde sich nun nach jener Darstellung verwundern, wenn auch mit Rücksicht auf die Verwandtschaft der beiden Göttergestalten Bachus und Venus eine ganze Flut unsittlicher Beschuldigungen über den arg geschmähten Mann ausgegossen worden wäre? Doch wir begegnen keinem solchen Vorwurfe; in sittlicher Hinsicht liegt auch nicht der geringste Makel auf dem Bilde Hohenheims. Wie alle seine vielen medizinischen Schriften, in welchen gewisse Gegenstände mit einer ängstlichen Schonung des sittlichen Gefühles behandelt werden, durchaus einen tadellos züchtigen Geist bekunden, so konnten auch die schärfsten Beobachter Hohenheims, der seiner Lebtag ehelos blieb, in dessen Leben keinen unsauberen Stoff zur Kritik finden. Paracelsus beruft sich wiederholt darauf, daß er der Venus nicht gedient habe und beklagt gleichzeitig, daß ihm dies zum Vorwurf gemacht wurde. Die Tatsache, daß er kein Weib genommen, blieb vielen unverständlich und wurde durch die albernsten Hypothesen zu erklären versucht, welche weder mit seinem Vollbart (nach einem Paracelsusbild von Tintoretto) vereinbar sind, noch einen Halt finden in den genauen Untersuchungen seiner Überreste in Salzburg."

Die Tatsache der Ehelosigkeit des Paracelsus wurde von mißgünstigen Kollegen und Literaten auf das Märchen seiner angeblichen Entmannung zurückgeführt, wonach ihm in der Kindheit ein Schwein die Hoden abgebissen haben soll. RADEMACHER widerlegt auf vier Druckseiten dieses Märchen sehr gründlich. Wissensdurstige Leser seien also diesbezüglich auf RADEMACHER verwiesen, der in seiner „Erfahrungsheillehre" überhaupt eine sehr eingehende Widerlegung der Verunglimpfungen Hohenheims geleistet hat. So dürfte SUDHOFF recht haben, der in seinen Paracelsus-Forschungen II. S. 128 sagt: „Warum Paracelsus unbeweibt blieb, hat wohl tiefere Gründe, als der bibelkundige Mann seinen Zeitgenossen, denen das Heiraten damals mit zur reinen Lehre gehörte, kund zu tun für gut fand." Es ist wohl anzunehmen, daß Paracelsus als geborener Mystiker und in Anbetracht der schwierigen Mission, die er übernommen hatte, es für besser fand, nicht die Lasten und Pflichten eines Familienvaters auf sich zu nehmen. Im übrigen wäre das Eingehen einer Ehe eine Privatangelegenheit Hohenheims gewesen, die uns heute wenig berührt. Uns interessiert nicht das Privatleben des Paracelsus, sondern seine Wirksamkeit als Reformator der Heilkunst sowie seine Bedeutung als Philosoph, Okkultist und Mystiker. Und diese Seite des Paracelsus ist so groß und bedeutend, daß alles übrige dagegen, namentlich seine menschlichen Fehler und Schwächen, vollkommen in den Hintergrund tritt.

Die fünfte Defension

von der Entschlagung der falschen Ärzte und Gesellschaften

Wie heute gab es auch zu Paracelsus Zeit zwei Hauptgruppen von Ärzten: solche, die ihre Praxis vorwiegend aus Menschenliebe und Liebe zur Kunst ausüben, und solche, denen die ärztliche Praxis lediglich ein Mittel des Gelderwerbs, also ein „Geschäft" ist.

Paracelsus war der festen Überzeugung, daß, so wie ein wahrer Künstler seine besten Werke nur aus Liebe zur Kunst schaffen könne, so auch der Arzt seine höchste Stufe der Vollendung nur dann erreiche, wenn er aus reiner Menschenliebe handle. Er sagt:

„Wo nun ein Ding in den Eigennutz gerichtet wird, da fälschen sich die Künste, auch das Werk: Denn Kunst und Werkschaft müssen aus der Liebe entspringen, sonst ist es nichts Vollkommenes da. Denn zu gleicher Weise wie wir zweierlei Apostel haben, der eine liebet Christus von wegen seiner Eigennutz, darum ward ihm der Säckel des Eigennutzes zugestellt. Also hat er seine Ursache durch seinen Eigennutz Christum selbst zu verkaufen, auch von seines Eigennutzes wegen in den Tod zu gehen. So nun Christus hat müssen gedulden, daß er von wegen des Eigennutz hat müssen verkauft werden und verraten: Wie viel mehr die falschen Aerzte den Menschen verkrümmen und lähmen, erwürgen und töten, damit ihr eigener Nutz gemehret und nicht gehindert werde. Denn sobald die Liebe in dem Nächsten erkaltet, so mag sie dem Nächsten keine Frucht mehr tragen und was Frucht da getragen wird, die geht in Eigennutz. Also sollen wir wissen, daß zwei Arten Aerzte sind: Die aus der Liebe handeln und die aus dem Eigennutz, und bei den Werken werden sie beide erkannt, also, daß die Gerechten durch die Liebe erkannt werden, und die Liebe gegen den Nächsten nicht brechen, und aber die Ungerechten dieselben handeln wider das Gebot, schneiden (ernten) da sie nicht gesät haben und sind wie die reißenden Wölfe, schneiden, weil sie schneiden mögen, damit der Eigennutz gemehrt werde, unangesehen das Gebot der Liebe."

„Darum ist von nöten, daß man da einen Unterschied halte zwischen den Aerzten, die unter dem Gesetze Gottes wandeln, gegen denen, die wandeln unter dem Gesetz des Menschen, der eine dient in der Liebe, der andere in den eigenen Nutzen. Will mich also an dem Orte defendiert haben, daß ich mit den Pseudomedicis keine Gemeinschaft habe noch ihr einen Gefallen trage, sondern möchte ich fördern (könnte ich mitwirken) daß die Axt an dem Baum gelegt würde, es müßte bei mir nicht lange verzogen werden.“

„Die Arznei ist eine Kunst, die mit großem Gewissen* und großer Erfahrenheit gebraucht werden soll, auch mit großer Furcht Gottes; denn der Gott nicht fürchtet, der mordet und stiehlt für und für, der kein Gewissen hat, der hat auch keine Scham. Es ist eine Schande und Laster oder vielleicht eine Plage, daß man solche gottlose Leute nicht erkennen soll, und einen Baum, der nichts soll, abhauen und in das Feuer werfen.“

Man sieht, Paracelsus stellte sehr hohe Anforderungen an den ärztlichen Stand!

„Es soll sich niemand befremden lassen, daß ich in der Arznei den Eigennutz nicht preisen kann. Denn dieweil ich weiß, wie der Eigennutz so gar verderblich ist, also, daß die Künste durch den Eigennutz gefälscht werden, und allein auf den Schein und Kauf gerichtet wird, daß solches ohne Falsch nicht bestehen möge. Darum soll der Arzt aus Eigennutz nicht wachsen, sondern aus der Liebe. Dieselbige ist ohne Sorge, sorget nicht, was sie morgen essen will, sondern gedenkt wie die Lilien im Felde gekleidet werden und die Vögel gespeiset, viel mehr der Mensch, der da wandelt nach dem Willen Gottes.“

Paracelsus stellt also die ganze Heilkunde in ethischer Beziehung auf den rein christlichen Standpunkt. Dieser Standpunkt ist der höchste und gewiß schwer zu erreichen, aber zur Ehre des Paracelsus sei es gesagt: Er hat diesem Ideal eines christlichen Arztes mit aller Macht nachgestrebt und sich durch seine große Praxis keine Reichtümer erworben, sein geringes Vermögen aber nach seinem Tode zum größten Teil den Armen hinterlassen.

* Gewissenhaftigkeit, aber auch sicherem Wissen.

Wenn aber Hohenheim wohlhabenden Kranken gegenüber auf Bezahlung seines Honorars bestand, so war dies sein gutes Recht, denn erfahrungsgemäß werfen reiche Leute oft Unsummen für die Freuden einer Nacht hinaus, weshalb sollte ihnen dann der Arzt Zeit und Wissen umsonst zur Verfügung stellen?

Die sechste Defension

zu entschuldigen seine wunderliche Weise und zornige Art

Paracelsus war von Natur aus etwas derber und heißblütiger Art, seine Gegner sparten überdies ihm gegenüber nicht mit Kraftausdrücken und Verunglimpfungen. Es darf uns daher nicht wundern, wenn er in Wort und Schrift sich entsprechend wehrte und so als „Meister im Schimpfen" bekannt wurde. Hält man sich dies vor Augen, sowie die Zeit, in der er lebte, so erscheint die Schimpferei des Paracelsus in einem milderen Licht. Sonst müßte man des Paracelsus Meisterschaft im Schimpfen als etwas halten, für das es schwer eine Entschuldigung gibt. RADEMACHER, in summa ein großer Verehrer Hohenheims, versuchte sich auf letzteren Standpunkt der Unverzeihlichkeit aller derben Ausdrücke des Paracelsus zu stellen. Aber gleich darauf besinnt er sich und meint: „Was soll man dazu sagen? Es ist mir ein großes Rätsel, warum sich in allen Fakultäten und zu allen Zeiten Männer gefunden haben, die ein Vergnügen darin suchten, andere mit Schimpfreden zu verfolgen. Wären die Schimpfer immer Dummköpfe, so ließe sich das Ding allenfalls noch erklären; aber es sind mitunter recht gescheite Leute, und dadurch wird diese Erscheinung rätselhaft."

Übrigens ist RADEMACHER in seiner Beurteilung des Paracelsus in puncto Schimpferei sehr gerecht. Er sagt dann später: „Wenn ich auch glaube, Hohenheim wegen seines ungemessenen Schimpfens mit Recht tadeln zu können, so muß ich doch, um billig und wahr zu bleiben, diejenigen meiner Leser, die vielleicht der Meinung sind, er habe keinen Unterschied zwischen den Ärzten gemacht, sondern sie samt und sonders gelästert, auf den Schluß seiner Vorrede zur großen Chirurgie versöhnend hinweisen. Hier erklärt er ja, wie er gar wohl wisse, daß es kenntnisreiche Ärzte gäbe, welche wirklich heilmeisterisches Eigentum besäßen, diese zu belehren maße er sich gar nicht an, wenn er etwas scharf ausfalle, so könne sie das nicht irren; die unwissenden und ungeschickten Ärzte hingegen würden leicht begreifen, daß es nur auf sie gemünzt sei. –" Allerdings bemerkt RADEMACHER wieder dazu: „Ich denke aber, sie werden schwerlich dadurch gelehrter und geschickter geworden sein, also hätte er die Mühe sparen können."

Paracelsus aber wußte selbst, daß er kein Leisetreter war: „Damit ich aber mich verantworte, wie meine wunderliche Weise zu verstehen sei, merket also. Von der Natur bin ich nicht subtil gesponnen, ist auch nicht meines Landes Art, daß man was mit Seidenspinnen erlange. Wir werden auch nicht mit Feigen erzogen, noch mit Met, noch mit Weizenbrot, aber mit Käse, Milch und Haferbrot; es kann nicht subtile Gesellen machen, zudem das einem alle Tage anhängt, das er in der Jugend empfangen hat. Dieselbige ist nur fast grob sein gegen Subtilen, Katzreinen, Superfeinen, denn dieselbigen in weichen Kleidern, und die in Frauenzimmern erzogen werden, und wir, die in Tannzapfen erwachsen, verstehen einander nicht wohl. Darum so muß der Grobe grob zu sein geurteilt werden, ob derselbige sich selbst schon gar subtil und holdselig zu sein vermeint. Also geschieht mir auch; was ich für Seiden achte, heißen die anderen Zwillich und Trillich."

„Nun aber weiter merket auf, wie ich mich entschuldige auf das, so ich soll rauh Antwort geben. Die anderen Aerzte können wenig der Künste, behelfen sich mit freundlichen, lieblichen, holdseligen Worten, bescheiden die Leute mit Züchten und schönen Worten, legen alle Dinge nach der Länge, lieblich mit sonderlichem Abscheid dar und sagen: Kommen (kommet) bald wieder mein lieber Herr, meine liebe Frau. Gibt dem Herrn das Geleit usw. So sage ich: Was willst, habe jetzt nicht der Weile, es ist nicht so genötigt! Also haben sie die Kranken genarrt, daß sie ganz im Glauben sind, freundlich lieblos leben, Feder zu thütelen (zutunlich sein, schmeicheln) viel gramatzen (grand merci = großes Danksagen) sei die Kunst und die Arznei, heißen einen Junker, der erst von dem Krämerladen herläuft. Mein Fürnehmen ist, mit dem Maul nichts gewinnen, allein mit den Werken."

Die siebente Defension

wie ich auch nicht alles weiß, und könne, vermöge zu tun, das jeglichem Not sei und wäre

Der wahre Arzt ist bescheiden, er kennt aus Gründen tieferer Einsicht die Grenzen menschlicher Kunst und Macht, so auch Paracelsus:

„Das muß ich bekennen, das ich nicht mag einem jeglichen seinen Willen erstatten und erfüllen, wie er von mir gewiß und unzweifelhaft haben will, das ich nicht vermag noch in meinem Vermögen ist. Nun hat doch Gott die Arznei dermaßen nach ihren Willen nicht beschaffen, daß ich tue, gleich wie ein jeglicher will und daher läuft. Wenn dann Gott solchen Menschen nichts gönnen noch geben will, was soll ich dazu tun? so ich doch Gott nicht meistern noch gewaltigen kann, sondern er mich und alle andern. Also habt eine gemeine Verantwortung: Wären sie Gott angenehm oder zur Heilung ihm gefällig, er hätte die Natur ihnen nicht entzogen. Ist gleich ein Ding, als einer, der da will sein ein hübscher, feiner Gesell und für alle anderen fürbrechen (hervorstechen) und will, ihm sollen alle Frauen und Jungfrauen hold sein: und aber er ist krumm geboren, hat Buckel auf dem Rücken wie eine Laute und hat auch sonst keine Person am Leib: wie können die Frauen einem hold sein, dem seine eigene Natur nicht hold ist und hat ihn verderbt im Mutterleibe und nichts guts aus ihm gemacht? Damit ich aber euch bass unterrichte, so wisset, dem Gott nicht guts gönnet, was soll ihm dann die Natur guts gönnen? Wo die zwen Gunst nicht sein, was ist der Arzt? oder wer kann ihm schelten?"

Interessant ist des weiteren. wie einsichtsvoll Paracelsus die *Schwierigkeiten einer richtigen Diagnose* bei inneren Krankheiten einschätzt und, daß man sich dabei nicht übereilen soll:

„Nun sie sagen: so ich zu einem Kranken komme, so wisse ich nicht von Stund an, was ihm gebricht, sondern ich darf eine Zeit dazu, bis ich es erfahre. Es ist wahr: daß sie von Stund an urteilen, ist ihre Torheit schuld, denn am Auskehren ist das erste Urteil falsch und von Tag zu Tag wissen sie es je länger je minder, was es ist, und stellen sich selber zu Lügnern: So ich begehre von Tag zu Tag je länger je mehr zur Wahrheit zu kommen. Denn mit den verborgenen Krankheiten, ist es nicht als mit den Farben erkennen. Mit den Farben sieht einer wohl was schwarz, grün, blau usw. Wär aber ein Umhang (Vorhang) dafür, du wüßtest auch nicht: durch einen Umhang sehen braucht Schnaufen. Was die Augen geben, das ist wohl also in der Eile zu urteilen: was aber den Augen verborgen ist, das ist umsonst also für zu fassen, als ob es richtig wäre."

Endlich wehrt sich Paracelsus dagegen, daß er alles heilen solle:

„Das ich unmöglich Ding nicht heilen kann, warum wirft ihr mirs in Bart, so ihr das vermöglich (das Mögliche) nicht könnt heilen? und aber verderbt, daß ich wieder muß aufrichten? Wie kann ich ein abgehauenes Herz heilen, eine abgehauene Hand ansetzen? Wem ist es im Lichte der Natur je möglich gewesen, den Tod und das Leben zusammen zu fügen und vereinigen, also, das der Tod das Leben soll empfahen? Ist es doch nicht natürlich aber wohl göttlich: wie soll ich solches tun, so ihr nicht Wunden könnet heilen, in den der Tod gar nicht ist? als allein was ihr ihn zuher locket."

So hätten wir auszugsweise die sieben Defensionen des Paracelsus wiedergegeben, damit sind aber keineswegs alle Beschuldigungen, welche die Gegner Hohenheims in Umlauf brachten, widerlegt. Es gibt noch zwei Anschuldigungen, die wir entkräften müssen, um kein verzerrtes Bild von Hohenheim zu erhalten.

Paracelsus war als Teufelsbündner und Verächter des Christentums in Verruf gekommen. Zu der ersten Anschuldigung bemerkt Rademacher ironisch: „Daß man ihn für einen Teufelsbündner hielt, war ganz in Ordnung, denn sein Hauptlehrmeister der Abt J. Trithemius war auch als solcher bekannt: von diesem kann ich dem Leser ein Zauberstück mitteilen. In dem Theatro Diabolorum (Frankfurt a. M. 1565) heißt es fol. 112 also: Es meldet Philippus Melanchthon, wie es Manlius anzeigt in den Collectaneis Philippicis, daß der Abt von Sponheim, Johannes Trithemius, welcher ein großer Schwarzkünstler und Zauberer gewesen, einmal gereiset (nach Anzeige des Bilebaldi Pirchameri) und ist in eine Herberge gekommen, da nichts vorgerichtet war, da haben etliche scherzweise zu ihm gesagt: Ehrwürdiger Herr, Lieber, verschaff uns ein gutes Gericht von Fischen. Er hat nur an das Fenster geklopft, von stunden ist einer hereingekommen mit einer großen Schüssel voll gesottener Hechte."

Ob dergleichen wahr oder möglich ist, darüber mit dem großen Haufen und den Vertretern der offiziellen Wissenschaft zu streiten, ist für den wahren Okkultisten eine Zeit- und Kraftverschwendung. Ich weise nur darauf hin, daß vor etlichen Jahren ein Engländer berichtete, er sei mit einem indischen Fakir im Schnellzug gefahren, dessen rätselhafte Leistungen er tags zuvor im Haus eines angesehenen Inders bewundert hatte. Dort ließ der Fakir nämlich auf Wunsch die seltensten Früchte durch magische Herbeibringungen (Apporte) kommen. Nun hegte der Engländer Zweifel, ob diese „Wunder" nicht mit Hilfe von Helfershelfern zustande gekommen waren. Da fragte ihn der Fakir, was für ein Getränk er momentan wünsche. „Eine Flasche Rheinwein", sagte der Engländer. Der Fakir langte seine Hand zum Fenster des in voller Fahrt befindlichen Schnellzuges nur einen Augenblick hinaus und übergab dann dem Engländer die gewünschte Flasche Rheinwein.

Ich überlasse es dem Leser, eine Lösung für solche „Wunder" zu finden. Derlei Phänomene nur durch Suggestion erklären zu wollen, ist heute im Zeitalter der Materialisationsphänomene bereits eine überlebte Sache. Wer sich aber etwas tiefer mit den Geheimwissenschaften befaßt hat, wird zwei Möglichkeiten einer „Erklärung" finden. Erstens der Fakir konnte vermittels Kryasakti Gegenstände seines Wunsches oder seiner Vorstellung materialisieren. Oder er hatte sich gewisse unsichtbare Wesen unterworfen, die ihm nun dienten, einerlei, ob wir diese Wesen als Engel oder Dämonen bezeichnen wollen. Die Kabbalisten lehren ausdrücklich, daß es der Mensch soweit bringen könne.

Es ist also immerhin möglich, daß ein TRITHEMIUS ein praktischer Kabbalist war, wie man dies ebenso von ALBERTUS MAGNUS annimmt. (Trotzdem wurde der letztere 1934 heiliggesprochen!) Weshalb sollte also auch ein Paracelsus nicht Macht über gewisse Elementarwesen, Dämonen etc. gewonnen haben und vermittels dieser gewisse „Wunder" vollbracht haben, die ihn allerdings wie einen TRITHEMIUS und ALBERTUS MAGNUS in den Ruf eines Zauberers brachten. Da aber für die Kirche im Mittelalter jeder Mensch mit magischen Kräften – sofern er nicht ein Heiliger war, was zu seinen Lebzeiten gefährlich war und posthum der kirchlichen Instanz unterstand – diese nur vom Teufel bekommen haben konnte, so war es leicht möglich, Paracelsus als Teufelsbündner hinzustellen. Vielleicht erklärt dies auch, daß einundzwanzig seiner Schüler dem Henker verfielen! Doch dies alles sind, wie gesagt, noch keine stichhaltigen Beweise dafür, daß Paracelsus wirklich ein Schwarzmagier war. Galt doch sogar die Beschäftigung mit der Alchimie – zu gewissen Zeiten des Mittelalters – als eine Teufelskunst, wiewohl viele Geistliche, Äbte, Bischöfe, Kardinäle, ja sogar Päpste sich nachweisbar praktisch mit Alchimie beschäftigten und manche Klöster sehr guteingerichtete alchimistische Laboratorien besaßen.

Paracelsus hatte sich viel mit Alchimie und Spagyrik befaßt, also war er ein Anhänger der schwarzen Kunst oder ein Teufelsbündner. So war die damalige Logik. – Weil ich gerade bei der Alchimie des Paracelsus angelangt bin, diese mit der Teufelsbündnerei im engen Zusammenhang steht, so lohnt es sich doch, ein wenig näher auf diesen Punkt einzugehen.

Gewöhnlich wird heute von den Wissenschaftlern die Ansicht vertreten, daß Paracelsus eher ein Gegner der Alchimie – sofern man darunter bloß die Goldmachkunst verstände – gewesen ist, ja, daß er den Satz prägte: *„Der wahre Gebrauch der*

Alchimie ist nicht Gold zu machen, sonder edle Arzneien." Derlei Stellen kann man tatsächlich in den Schriften des Paracelsus finden, ja sogar solche, wo er die Alchimisten Narren nennt, die leeres Stroh dreschen, oder bekennt, daß er es nicht zur vollen Meisterschaft in der Alchimie gebracht habe. Dann aber stößt man wieder auf rein alchimistische Abhandlungen des Paracelsus, die für den Kenner kaum einen Zweifel übriglassen, daß er die Kunst doch praktisch besessen habe.

Wie sind derlei Widersprüche zu erklären? Entweder Paracelsus nahm „mit der linken Hand das, was er mit seiner rechten gegeben hatte". Dieser Finte bedienten sich viele Adepten. Er wollte dadurch vor der Welt nicht als Adept gelten, um Ruhe zu haben vor zudringlichen Schülern, die ihm nur des Goldmachens wegen folgten und von ihm mühelos das Geheimnis der Herstellung des Steins der Weisen erhalten wollten.

Oder Paracelsus schrieb vor Erreichung der Meisterschaft der Alchimie anders als nachher. Dies finden wir bei einigen wahren Adepten. Vor Erlangung der „Perzeption des Magisterium" klingen die Schriften solcher Adepten sophistisch, oft gegnerisch, nach Erlangung der Perzeption und namentlich nach glücklicher Darstellung des Lapis philosophorum verfaßten diese Adepten ganz andere Schriften, die zwar, wie es nicht anders sein kann, für den Laien noch immer dunkel erscheinen, für den Kenner aber beweisen, daß ein wahrhaft Wissender sie schrieb.

Daß Paracelsus wirklich den Stein der Weisen besessen hatte, dafür sprechen mehrere Umstände. So zum Beispiel findet sich in der englischen Auflage von Dr. Franz Hartmanns „Leben und Lehren des Paracelsus", Seite 6, eine Stelle, die wie folgt lautet: „Es ist wahrscheinlich, daß Paracelsus unter den Tataren zwischen 1513 und 1521 weilte, weil er, übereinstimmend mit Van Helmonds Berichten ein Jahr später in Konstantinopel war und hier den Stein der Weisen empfing."

„Der Adept, von dem Paracelsus den Stein empfing, war in Übereinstimmung mit dem „aurum vellus" (gedruckt zu Rorschach 1590) ein gewisser Solomon Trismosinus (der eigentlich Pfeiffer hieß) und ein Deutscher oder Landsmann des Paracelsus war. Es wird des weiteren gesagt, daß dieser TRISMOSINUS auch im Besitze des Lebenselixiers* war, und es wird versichert, daß dieser TRISMOSINUS von einem französischen Reisenden zu Ende des siebzehnten Jahrhunderts gesehen wurde."

Man lese des weiteren die Weissagung des Doctoris Philippi Theophrasti Paracelsi anno 1546 (1541?), welche auch in HANS KAYSERS „Schriften Theophrasts von Hohenheim genannt Paracelsus", Seite 459, abgedruckt ist. Da aber diese Prophezeiung auch in politischer Beziehung sehr interessant ist, so sei sie hier besonders zum Troste des deutschen Leserkreises ganz wiedergegeben:

„Daß ich in meinem Grabe nicht gelassen werde**, sondern man wird mich wiederum gegen Morgen legen und ich sage Euch: Drei große Schätze sind verborgen. Als einer zu Meiden in Friaul. Der andere zwischen Schwaben und Bayern, den Ort nenne ich nicht, zu verhüten großes Uebel und Blutvergießen. Der dritte zwischen Spanien und Frankreich, und denen sie beschaffen sein, werden dadurch zu einem solchen Triumph geführt, darob sich jedermann verwundern wird. Item bei dem Schatze zwischen Schwaben und Bayern wird man überaus erfahrene Kunstbücher finden, dabei Edelsteine, auch ein Karfunkel lieget. Hierüber schreibe ich von dem Alter derer, welchen sie bescheret und sie finden werden. Als der erste seines Alters zweiunddreißig Jahre, der andere fünfzig, der dritte achtundzwanzig. Und sollen balde nach Abgang des letzten österreichischen Kaisertumes*** gefunden werden, und wird geschehen, daß eben zur selben Zeit ein gelber Löw von Mitternacht kommen wird, der wird dem Adler nachfolgen und mit der Zeit übertreffen. Er wird auch ganz Europam, und eins Teils Asiam und Afrikam in seine Ge-

* Wer den goldmachenden Stein, das berühmte rote Pulver der Alchimie besitzt, der kennt auch dessen flüssige (aufgelöste) Form, das wahre aurum potabile oder das Lebenselixier.

** Ist auch eingetroffen! Im Jahre 1752 wurden die sterblichen Überreste des Paracelsus vom Friedhof zu St. Sebastian in Salzburg ausgegraben und in einer Seitenkapelle der St. Sebastianskirche beigesetzt, wobei das heute noch dort bestehende würdige Grabdenkmal errichtet wurde.

*** Auch dieser Teil der Paracelsus-Prophezeiung hat sich bereits erfüllt. Die österreichisch-ungarische Monarchie wurde durch den Weltkrieg zertrümmert.

walt bekommen, er wird christlicher guter Lehre sein, dem alles bald beifallen wird. Erstlich wird er viel Mühe haben, des Adlers Klauen aus dem Reich zu bringen, und ehe denn solches geschieht, werden in allen Landen große Verwirrungen und viel Widerwärtigkeit entstehen. Es werden die Untertanen wider ihre eigenen Herren sterben*, daß große Aufruhr dadurch sollen erwecket werden, doch soll das Haupt bleiben und die Bosheit gestraft werden."

„Bei diesem wirds nicht verbleiben, sondern es wird ein großes Feuer angehen und wird darunter groß Verderben geschehen, aber Gott wird den Gerechten beistehen und ihn helfen, doch soll ein Fünklein der Gerechten bleiben, und dasselbe wird hernachmals groß sein, daß man es mit großer Furcht wird annehmen, das wird was tot ist wiederum lebendig machen. Die Feinde Christi werden sich mächtig erzeigen und sie werden groß Verderben mit sich bringen, daß es sich mit uns wird ansehen lassen, als ob es würde aus sein. Wenn nun der Feind in seinem höchsten Glück stehen wird, so wird Gott der Allmächtige durch ein kleines Häuflein, so dem starken Löwen aus Mitternacht nachfolgen wird, denselben grausam samt seiner Clerisei ganz ausrotten, doch werden sich viel bekehren und an seinen Namen und Allmacht glauben. Wenn nun dieser Löwe des Adlers Zepter bekommen wird, werde jedermann darauf sehen, und ihm folgen, dieser wird mächtig von Taten und Wundern sein, und werden ihn die Untertanen, so ihn jetzt nicht kennen, mit großen Freuden aufnehmen."

„Ferner, daß der obgemeldete Schatz zwischen Bayern und Schwaben gefunden wird, welcher mächtig an Barschaft mehr denn zwölf Königreich, allda ein Karfunkel als ein Ei (das heißt so groß wie ein Ei), welchen kein Kaiser bezahlen** kann, lieget."

„Aber der andere Schatz zwischen Spanien und Frankreich ist

* Soll wohl heißen: „streben oder sich erheben".

** Eine typische Redewendung der Alchimisten des Mittelalters. Dieser „Karfunkel" ist der Stein der Weisen, von dessen höchster Form 1 Gramm 30 Kilo Quecksilber in Gold verwandelt. Die Bezeichnung „Karfunkel" für den Lapis philosophorum rührt daher, daß er in seiner höchsten Form (etwa als Stein 5.–6. Ordnung) im Dunkeln leuchten soll.

wohl sehr groß und mächtig, doch ist der vorige weit darüber, und soll im Eintritt des Löwen, der von Mitternacht kommen wird, welcher den Adler tragen und führen wird, offenbar werden, und alsdann wird erst gedacht werden, was ich Theophrastus gewesen bin usw. Wenn alsdann gemeldeter Löwe von Mitternacht seinen Lauf vollführet hat, und des Adlers Klauen gleichsam stumpf gemacht, alsdann wird allenthalben Fried und Einigkeit kommen, zuvor aber wird er Zeichen schicken, daß die vorlaufenden Boten die Zukunft des Herrn ankünden werden."

„Noch eins bitt ich, Theophrastus, daß Ihr mir alle keine Schuld geben wollet, daß ich am Tage offenbare und anzeigen tu, dann ich nicht wider den Willen Gottes sterben kann, sondern habe seinen Willen in der Natur verrichten müssen, und ist der Schatz und die verborgenen Heimlichkeiten, die ich offenbaren müssen, daß dieser Schatz die andere weit übertreffen tut, an gemeldeten Ort zwischen Schwaben und Bayern, als einen geheimen verwahrsamen Ort, da liegt meine höchst geheime Kunst als die rechte Transmutatio Metallorum, des kurzen Wegs, des Universals, des plusquam perfecti hochwürdigen Auripotabilis et lapidis Philosophorum. Wem nun solches zu finden, die rechte Tür aufzuschließen von Gott beschaffen ist, der wird an diesem Ort einen Karfunkelstein samt anderen Edelgesteinen finden, und er liegt in einem Trühlein verschlossen, welches mit Menschenhänden gemacht ist, alles von lauteren Edelgesteinen und Golde, der Schlüssel liegt obendarauf und in einem güldenen Sarge, und der güldene in einem silbern, und der silberne in einem zinneren Sarg vergraben, und liegt an einem Ort, welches Gott hie haben wollen. Aber Gott der Allmächtige wird durch den, der dieses finden wird, in allem Glück und Sieg mit seiner göttlichen Macht stärken und ihm Gewalt verleihen, damit alles Böse unterdrückt werde, und alles Gute eröffnet, und daß er ersprießlich sein wird, dadurch auch die nötigen Dinge erlanget werden mögen durch den Gott, durch welchen die Welt erschaffen worden, auch wieder zerbrechen kann, auch durch den Sohn und Heiligen Geist, wahrer Gott, hochgelobet in alle Ewigkeit, Amen. Actum Salzburg Anno 1546 (1541?)."

Paracelsus starb am 24. September 1541 in Salzburg, also könnte die Jahreszahl 1546 nur das Jahr des Erscheinens dieser Prophezeiung sein. MATTHIESSEN bezeichnet sie aber als eine Fälschung!

Ja, wenn dem so ist, wenn Paracelsus wirklich den Stein der Weisen besessen, so müßte er doch auch bei seinen Lebzeiten damit Proben seiner wunderbaren Fähigkeiten, unheilbare Kranke zu heilen und unedle Metalle in Gold zu verwandeln, gegeben haben, sonst wären Zweifel an all diesen Traditionen und Prophezeiungen durchaus möglich und angebracht.

Worauf wir entgegnen: Wenn Paracelsus den Stein der Weisen (den er übrigens in seinem auffallend großen, abschraubbaren Schwertknopf* verwahrt haben soll) in verzweifelten Fällen bei einzelnen Kranken angewandt hat, so hat davon wohl niemand etwas erfahren. Er gab ihn, vermischt mit irgendeinem Teeaufguß oder aufgelöst in Wein** dem Kranken zu trinken. Was kümmerte es die Kranken aber, durch welches Pülverchen oder welchen Trunk sie gesund wurden?

* Sehr hervorstehend ist dieser Schwertknauf auf dem Paracelsusbild von Hirschvogel und dem Paracelsusbild eines Flugblattes von Balthasar Sennichen, wo auf dem Schwertknauf das Wort „Azoth" steht, was Kennern der Alchimie genug sagt.

** Im „Testamentum Philippi Theophrasti Paracelsi" findet sich diesbezüglich folgende Stelle: „Zuo Augspurg hat ein fürnemer Burger, bei dem Theophrastus zu herberg gelegen, ein Tochter 14 Jahre alt gehapt, welche dermahn sehr krank gewesen. Als jr nun kein Medicus helfen künden, hat Theophrastus in abwesen der Eltern, ein Becher mit Wein bringen lassen, sein medicin darin gethan, und dem töchterlein zu trinken gebenen, dauvon es als bald mit Verwunderung der Eltern gesunt worden und lebt auff diese Stund noch in ehelichem stand, das hab ich von der frawen und jhrem mann selbst gehört, als ich etlich mal bei ihnen beiden zu herberg gelegen bin."

Noch auffallender ist eine Kur Hohenheims, welche er in Ingolstadt vollbrachte und worüber Johann Rist, Holsatus im „Philosophischen Phönix", Danzig 1682, Seite 75–80, wie folgt berichtet: „Hohenheim war bei einem Ratsherrn abgestiegen, der zugleich Gastwirt war; er traf dort dessen von Geburt an gelähmte Tochter, welche ihm ihr Leid klagte. Hohenheim empfahl ihr, eine Messerspitze seines „Azoth des roten Löwen" in einem Löffel Wein nach der Mahlzeit zu nehmen und darauf kurz zu schwitzen. Das Ergebnis dieser Behandlung war, daß am Abend das dreiundzwanzigjährige Mädchen in das Zimmer der Eltern trat, sich vor Paracelsus niederwarf, obgleich sie vorher noch niemals einen Schritt gegangen war!"

Nun ist der rote Löwe nichts anderes als die rote Tinktur oder das große Elixier, auch Stein der Weisen genannt, welchen Paracelsus, neben seinen berühmten Laudanum-Pillen, in seinem abschraubbaren Schwertknauf stets bei sich trug.

Anders steht die Sache mit der Goldmacherei. Da ist wohl anzunehmen, daß Paracelsus hie und da Proben seiner Kunst geliefert habe. Wirklich finden wir bei STRUNZ: Theophrastus Paracelsus, S. 121 bis 124 einen längeren Brief eines ehemaligen Paracelsusjüngers, der ihn auf seinen Reisen begleitete, abgedruckt, der sehr dafür spricht, daß Paracelsus doch den Stein der Weisen besaß. Die betreffende Stelle lautet:

„Noch eins, und damit zum Beschluß, sagt einmal, Franz, wir haben nicht Geld, gab mir einen rheinischen Gülden, sprach: Gehe herfür in die Apotheken, laß dir ein Pfund Merkurii abwägen, und bringe mir ihn her. Ich tät das, brachte ihm den samt dem übrigen Gelde (denn damals war der Merkurius nicht teuer). Da setzte er vier Ziegel auf dem Herde zusammen, daß die Luft unten geringes herum gehen konnte, und schüttete den Merkurius in einen Tiegel, setzte ihn zwischen die vier Ziegel, ließ mich Kohlen darum schütten, darnach auch lebendig Feuer, und wieder Kohlen drauf, und ließens also sein mählich angehen, gingen in die Stuben, denn es die Zeit kalt war; über eine gute Weile sprach er, unser servus fugitus möcht uns draußen entfliehen, wir müssen sehen was er macht. Wie wir kamen, wollt er schon rauchen und wegfliehen, sprach er: Geh hin, nimm das Keulgeln (Kügelchen) zwischen die Kluft und halte es eine kleine Weile hinein, es wird bald zergehen, wie denn geschah. Nun sprach er: Nimm die Kluft wieder heraus, und decke den Tiegel und gib ihm gut Feuer und laß es stehen. Wir gingen davon in die Stuben, hatten das im Tiegel vergessen, über eine halbe Stunde sprach er: Wir müssen traun sehen, was uns Gott bescheert hat, hob die Stürze vom Tiegel, das vollbracht ich, es war aber das Feuer gar abgegangen, und im Tiegel alles gestanden, sprach er: Wie siehet es? Ich sprach: es siehe geel wie Gold. Ja, Gold sollte es auch sein, sprach er, ich hub es heraus, zerschlug den Tiegel da es erkühlet, nahm auch heraus, es war Gold, er sprach, nimm es, trag es zum Goldschmiede über der Apotheken, und heiß mir Geld dafür geben, ich tät es, der Goldschmied wug es, es wug ein Pfund weniger ein Lot, und ging, und holete Geld, brachte einen ebenen Beutel von Karteken gemacht, voller rheinischer Gülden und sprach: Den bringe deinem Herrn, und sprich, es ist nicht gar, ich will ihm das andere wohl schicken, wenn ich habe. Ich brachte es ihm, es ist gut, sprach er, er wird mirs wohl schicken. Es war ein Keulchen einer ziemlichen Haselnuß groß, in rot Siegelwachs eingemacht, was aber darin, weiß ich nicht, gedurfte aus Scham wegen, als ein Jünger, nicht fragen, ich glaub aber, daß ers darumb tat, daß ich ihn umb etwas ansprechen sollte, denn er hatte mich sonst lieb, ich glaube, er hätte mir etwas mitgeteilt, so ich ihn gebeten hätte."

Dieser Bericht über das Goldmachen des Paracelsus läßt nun auch eine Mitteilung seines Famulus OPORINUS, der ihn jahrelang auf seinen Fahrten begleitete, in einem andern Lichte erscheinen. OPORINUS schrieb: „Item von Geld war er manchmal so entblößt, daß ich wußte, er besaß keinen Pfennig mehr, am Morgen aber zeigte er mir den Beutel wieder voll gespickt, so daß ich mich oft wunderte, woher ihm das Geld käme." Wenn aber dies alles wahr ist, so wird nun mancher Leser fragen: wieso kam es, daß Paracelsus meist in armseliger, defekter Kleidung daherkam? Es bleibt nur eine Erklärung dafür: Er tat es *absichtlich,* um nicht Diebe und Räuber anzulocken.

Aber nicht nur durch die Goldmacherei kam Paracelsus in den Ruf eines Zauberers und Teufelsbündlers, sondern auch durch die Anschuldigung, er sei ein Verächter des Christentums. Nun läßt sich aus vielen Stellen seiner Schriften erweisen, daß Paracelsus zwar kein Kirchenchrist, wohl aber eine tiefreligiöse Natur war, folglich mußte diese Anschuldigung einen anderen Grund haben.

RADEMACHER meint dazu: „Er machte sich die Geistlichen zu Feinden; was Wunder? daß ihn diese als einen unchristlichen Menschen ausschrien. Im zweiten Traktat De pestilitate setzt er Klöster und Hurenhöfe in eine Kategorie. In dem Buche De caduco matricis § 1 gehet er den Geistlichen, die damals meist Vorsteher der milden Sitzungen waren, selbige aber wohl nicht zum mildesten verwalten mochten, hart zu Leibe. Er sagt: im Spital liegen die Gesunden im Bette, und die Kranken, Durstigen, Preßhaften im Stalle. Er gesteht es, schon früher die Geistlichen ermahnt zu haben, sie sollen ihre feinen Hemden den Kranken geben, und ziehen die schmutzigen selbst an, und was er ihnen noch weiter vorwirft, ist auch nicht viel tröstlicher als diese Ermahnung. Er schließt endlich also: ‚Thut was Ihr wollt, so Euch Kristus nicht bewegen mag, was wollt Euch denn bewegen mein Schreiben, das ihr weder lesen noch hören werdet. Also steckt der Teufel in Euch, und nicht der heilige Geist, den Ihr Euch fälschlich anlüget.'"

Abgesehen von diesen unangenehmen Wahrheiten, die er den Geistlichen vorhält, findet sich in dem nämlichen Paragraph eine Stelle, die allein hinreichte, ihn nach damaligen Begriffen als einen Verächter des Christentums zu bezeichnen. Sie lautet: „Ihr wollt mir es für unkristlich achten und auslegen, so ich es mündlich rede und sage; es sei nützer, du wäschest den Armen ihre Schäden und bindest denselben ihre Wunden, denn daß Du in den Metten stehest plärren, und in der Prim, und in der Terz, Vesper, Complet. Ihr sagt ich sei unkristlich darum und handle wider den kristlichen Glauben? Und ich bin es, der es von Kristo hat, du sollst speisen, tränken, kleiden, und hat der Metten nicht gedacht."

Trotz solcher „unchristlicher" Äußerungen ist aber Paracelsus nie aus der katholischen Kirche ausgetreten und starb auch nach kirchlichen Begriffen als guter Christ. In seinem Testament befiehlt er erstlich sein Leben und Sterben und seine arme Seele dem Schutz und Schirm des Allmächtigen und ist zweifellos der Hoffnung, der ewig barmherzige Gott werde die Martern, die Leiden und das Sterben unseres Heiligmachers Jesu Christi an ihm armseligen Menschen nicht unfruchtbar sein und verlorengehen lassen. Dann verlangt er für sich gemäß des alten Brauches die gottesdienstliche Feier des Ersten, Siebenten und Dreißigsten in der Pfarrkirche, an welchen Tagen einem jeden armen Menschen vor der Kirche ein Pfennig auf die Hand gegeben werden soll.

Ziemlich richtig gewertet hat P. Raymund Netzhammer die Stellung des Paracelsus sowohl zur katholischen als auch zur protestantischen Kirche. Aber diese Wertung ist nur möglich, wenn man die theologischen Schriften Hohenheims, ja seine *eigene theophrastische Theologie* kennt. NETZHAMMER sagt: „Wer sich auf dem Gebiete der katholischen und protestantischen Theologie auskennt, dem wird sofort klar, daß er sich hier einem Manne gegenüber sieht, der nicht nur in medizinischen, sondern auch in religiösen Fragen auf eigenen Füßen zu stehen wagte; mit anderen Worten, wir haben auch hier unsern selbständigen Paracelsus mit seinem Wahlspruch: ‚es solle der, dem Gott Gabe und Reichtum gegeben hat, keines andern, sondern sein selbst eigener Herr sein'. Noch weit mehr als in der Medizin scheint Paracelsus, der sich bisweilen der hl. Schrift Doktor schreibt, auf dem Gebiete der Theologie keine Autorität anerkennt, sondern sein eigenes Denken und Philosophieren für sich als maßgebend erachtet zu haben. Daß er mit diesem Prinzipe freier, jede Autorität, auch die der Kirche, verleugnender Forschung den Boden der katholischen Glaubenslehre verließ, weiß jeder Gebildete. Aber nicht nur durch dieses Prinzip als solches, sondern noch weit mehr durch die praktische Durchführung desselben entfernte er sich vom Glauben seiner Väter, er bekämpfte die hierarchische Einrichtung der Kirche, ihre Schlüsselgewalt, ihr Mönchtum, ihre Zeremonien, ihre äußeren Gebete und Andachten, er verwarf die Predigt unter den Christen, welche sich aus der Schrift belehren sollen und verwies die Apostel und Prediger unter die Heiden. Das kaiserliche Gesetz galt ihm nur für die Halsstarrigen, denn nach ihm stehen die Bekehrten nicht unter des Kaisers, sondern unter dem evangelischen Gesetz usw. Durchliest man aufmerksam die handschriftlich erhaltene Theologie des Paracelsus, so wird man keinen einzigen Glaubensartikel in unverfälscht reiner katholischer Lehre dargestellt finden."

„Es soll damit durchaus nicht geleugnet, sondern im Gegenteil hervorgehoben werden, daß Theophrastus von manchen Lehren und Sakramenten eine sehr hohe, aber leider nur allzu mystische Auffassung hatte."

Selbstredend mußte ein PATER RAYMUND NETZHAMMER die „allzu mystische Auffassung" eines Paracelsus als eine bedauernswerte Sache hinstellen. Aber der wirklich freie Forscher wird gerade in dieser mystischen Auffassung des Paracelsus dessen ursprünglichste und wertvollste Wesensart erkennen. Ja man kann getrost weitergehen und sagen: nur wer Paracelsus als Mystiker richtig erkannt hat, besitzt den wahren Schlüssel zur Erschließung seiner genialen Persönlichkeit sowie seiner Werke und seines Wirkens.

Und hier muß betrüblicherweise festgestellt werden, daß von modernen Paracelsusforschern nur Dr. Franz Hartmann, E. Schlegel und Hans Kayser den Mystiker Paracelsus voll erfaßt und uns zugänglich gemacht haben. Es ist nämlich ungenügend, Paracelsus nur als Naturphilosophen, Naturforscher, Chemiker und Alchimisten, Reformator der Medizin, ja selbst als Okkultisten zu betrachten. Er war gewiß dies alles, aber er war noch weitaus mehr: er war ein Mystiker!

Mag also ein moderner Paracelsusforscher noch so schulgelehrt sein – solange er nicht das wahre Wesen der Mystik erkannt hat, ja selbst ein praktischer Mystiker ist, so lange taugt er nicht zum echten Paracelsusforscher, so lange versteht er Hohenheims Schriften nur halb, so lange ist er auch für die wahren Jünger Hohenheims kein kompetenter Forscher. Dies Urteil mag vielen als zu hart erscheinen, aber es deckt sich durchaus mit jenem von Hans Kayser, der nur zwei kompetente Paracelsusforscher anerkennt: Dr. Franz Hartmann (der bekannte Okkultist und Theosoph) und E. Schlegel, der als bedeutender praktischer Arzt und Homöopath in Tübingen gelebt hat.

Vielleicht aber fragen jetzt viele Leser: Was versteht man unter Mystik? Hans Kayser hat dies in ein paar Sätzen trefflich beantwortet. Er beginnt mit einem Zitat des Meister Eckhart: *„Gott zu wissen ist weniger wichtig, als in Gott zu sein.“*

„Jeder Mystiker strebt, bewußt oder unbewußt, nach der Einheit. Das heißt nach Vereinigung mit dem Höchsten oder mit Gott. Dies ist oft das einzige Merkmal, sicher das einzige Kriterium, wenn es sich darum handelt, ob dieser oder jener unter die Mystiker zu zählen sei. Von dieser These aus gewinnt das Wort ‚Mystik‘ eine völlig andere Bedeutung. Der Bogen spannt sich plötzlich in ungeheurer Weite. Eckhart, Tauler, Seuse – bisher die Grundpfeiler unserer deutschen Mystik – treten von ihrem ungewollten Podium herab, die religionsgeschichtlichen Schranken fallen, eine Reihe von Persönlichkeiten schließen sich in magischer Kette zusammen, und der Blick der Seele wird zurückgeleitet auf die ältesten Zeiten des Menschengeschlechtes, von wo uns nur eine gewaltige Symbolik der noch erhaltenen Kunstdenkmäler von der uralten Sehnsucht nach Einheit Kunde geben – eben jener Einheit, die das erstrebenswerte nie vollkommen erreichte Ziel der echten Mystiker aller Zeiten und Völker war."

Paracelsus schreibt in seinen „Figurae Magicae" (Band X, Appendix, S. 191): „Allein ein einige Zahl ist, in der wir auf Erden sollen wandeln, das ist, Eins, und mehr sollen wir nicht zählen: Gottheit hat Drei: weicht aber von der dreien in Eins! Also wir Menschen, so Gott in der Zahl, Eins sich ändert zu zählen: Also wir Menschen auf Erden dergleichen in Eins und in dasselbig Eins uns ergeben und sein sollen. In der Zahl ist Ruh und Fried, und in keiner anderen mehr: Was mehr ist, das ist Unruh, Zank, ja, eins wider das ander. Denn so ein Rechner ein Zahl setzt, und zählet mehr denn Eins, wieviel sind der Häupter, wie weit ist die Zahl? Das ist der Not und Wurm, der uns naget."

„Der Ursprung der Mystik liegt in dem Einheitsgefühl von Gott und Natur, von Makrokosmos und Mikrokosmos, Welt und Mensch. Kein Monismus: im Gegenteil, der Mystiker bleibt sich einer unüberbrückbaren Zweiheit während seines Erdenlebens jederzeit bewußt, aber er glaubt an die Wechselwirkungen von ‚Oben' und ‚Unten', an eine Wahlverwandtschaft des äußerlich Gegensätzlichen, an eine Einheit der Harmonie im Weltall, welcher sich auch alle Lebewesen einfügen müssen. Nur der einzige Funke seines göttlichen Selbstbewußtseins gibt ihm die Berechtigung, sich für eins zu halten mit seinem Schöpfer. Die Einheit wird aber, solange wir an die Materie, den Makrokosmos im Mikrokosmos, gebunden sind, nur sehr unvollkommen erlebt werden können, und hier, an diesem Wegweiser, trennt sich wahre Mystik ebenso von Schwärmerei als vom Materialismus, Theismus, Deisismus usw. Mystik ist Sehnsucht, Streben nach Einheit, das Bewußtsein eines körperlichen und zum Teil seelischen Verknüpftseins mit dem Weltall. Ihr Ursprung liegt in der Naturphilosophie und reicht bis in die ältesten Zeiten aller Völker hinauf, die ersten Mythen sämtlicher Kulturvölker deuten alle ohne Ausnahme auf astralen Ursprung, mit anderen Worten: Die ersten Versuche der Menschheit, sich über die Rätsel des Daseins schlüssig zu werden, entspringen eben jenem kosmischen Zusammengehörigkeitsgefühl. Mystik wird aber geboren aus der Intuition eines Zusammenhangs des Weltganzen, alle echten Mystiker verbinden Natur mit Religionsphilosophie, ja die Mystik steht in ihrem Streben nach Einheit hinter jeder Religion, Wissenschaft, Kunst. Mystik hat nie und nimmer mit den gleichzeitig und später herrschenden religiösen und wissenschaftlichen Systemen übereingestimmt, deshalb waren ihre Apostel stets die Außenseiter, die wenigen, nie die vielen."

„Der Mystiker ist Synthetiker, die anderen sind Analytiker. Er ist überall da, wo der Materialismus und das rationelle Denken versagt, fängt da an, wo die andern aufhören. Der Ursprung des mystischen Denkens liegt, wie wir sahen, in der Identität von Natur und Geist, weshalb wir mit gutem Recht Paracelsus einen Mystiker nennen dürfen. Paracelsus sagt: *„Und das ist ein groß, das sie bedenken sollen, nichts ist im Himmel noch auf Erden, das nicht sei im Menschen."*

Aber die Mystik des Paracelsus war durchaus nicht eine ausschließlich beschauliche oder rein kontemplative; es steckt in ihr im Gegenteil bereits ein aktives Element, wie dies das nachstehende Gebet des Paracelsus kundtut:

„O heiliger Geist,
weise mir was ich nicht weiß,
und lehre mich was ich nicht kann,
und gib mir was ich nicht habe.
Gib mir die meinigen fünf Sinne,
daß du, heiliger Geist, wohnest drinnen;
mit den sieben Gaben sollst du mich begaben,
und soll deinen göttlichen Frieden haben.

O heiliger Geist!
Lehre und weise mich,
daß ich recht leben kann
gegen Gott und meinen Nächsten. Amen!“

Diesem Gebet liegt Demut, aber auch der Wunsch nach Weisheit und zwar nach höchster Weisheit zu Grunde, jener Weisheit, die den Menschen nicht nur Einsicht in alle Geheimnisse der Natur und Gottheit gibt, sondern auch Stärke! Nur mystisch veranlagte Seelen werden dies herausfühlen, anderen wird es verborgen bleiben. Gepriesen sei die göttliche Weisheit, die es so eingerichtet hat, daß höchstes Wissen und damit höchste Macht sich nur auf jene herabsenkt, die wie Hohenheim wahrhaft demütigen Herzens sind.

Die Schriften des Paracelsus

Dr. Michael Benedikt Lessing, einer der Paracelsus-Biographen, schreibt in seinem bereits zitierten Werk: Paracelsus, sein Leben und Denken:

„Wie wenig Paracelsus auch an irdischen Gütern hinterlassen hat, so ist doch das Vermächtnis, welches er der Nachwelt in seinen Schriften zurückließ, desto reicher und unvergänglicher. War seine Person schon bei Lebzeiten eine Zielscheibe zahlreicher Verfolgungen gewesen, so mußten nach seinem Tode selbst seine Werke dazu dienen, die Sünden der Welt zu tragen, indem unwissende und eigennützige Scharlatane sich seines ehrwürdigen Namens bedienten, um ihre abgeschmackten und nichtsnutzigen Produktionen durch den Empfehlungsbrief Paracelsischen Ruhmes im Publikum einzuschwärzen. Wundern wir uns nicht mehr, daß wir unter den Werken des Vater Hippokrates die echten von den unechten nicht zu unterscheiden wissen! Ist ja dem Paracelsus, den nur drei Jahrhunderte von uns trennen, ein gleiches Los geworden, ein bis jetzt nicht hinlänglich gewürdigter Beweis für die Bedeutsamkeit seiner Stellung und seines Einflusses bei den Zeitgenossen. Im allgemeinen kann man die in den jetzt vorhandenen (Huserschen) Ausgaben unter seinem Namen existierenden Werke als sein Eigentum betrachten, während man in die Angaben älterer Literaten mit Recht Zweifel setzen muß. So behauptet z. B. Val. Antaprassus Siloranus, Paracelsus habe 53 Bücher über Medizin, 235 über Philosophie und Valentinus de Rhetiis sagt sogar, er habe 230 Bücher über Philosophie, 46 über Medizin, 12 über Staatskunst, 7 mathematischen Inhalts und 66 über Nekromantie geschrieben. Dergleichen Annahmen verlieren um so mehr an Wahrscheinlichkeit, als man schon bei seinem so unsteten und so vielen Verfolgungen ausgesetzten Leben es kaum für möglich halten sollte, eine so umfangreiche schriftstellerische Tätigkeit zu entwickeln, wie die drei Foliobände, die wir heutzutage noch im Ganzen als seine rechtmäßigen Werke ansprechen können."

Wie bekannt, schrieb Paracelsus selbst nur wenig, sondern diktierte seinen Schülern seine Werke. So kommt es, daß der größte Teil seiner Schriften in der Handschrift seiner Schüler vorliegt. Auffallend ist es, daß nur wenige seiner Werke vor seinem Tode gedruckt wurden. Der größte Teil seiner Schriften wurde erst nach seinem Tod veröffentlicht. Es war keine leichte Aufgabe; denn die Manuskripte befanden sich in großer Unordnung. Mitunter fehlten ganze Seiten, und es war oft nicht leicht, die Zusammengehörigkeit der vorhandenen zu finden.

Da unternahm es JOHANN HUSER, Doktor der Medizin zu Großglogau, Kölnischer Leibarzt, im Auftrag des Erzbischofs PRINZ ERNST VON KÖLN, die vorhandenen Paracelsus-Schriften zu überprüfen. Es kostete HUSER große Mühe, alle Paracelsus-Handschriften wie auch jene Manuskripte, die seine Schüler schrieben, zu sammeln und zu ordnen. Endlich war diese große Arbeit geleistet und es erschien die berühmte HUSER'sche Gesamtausgabe der Werke des Paracelsus zu Basel in den Jahren 1589–1590. Diese Ausgabe enthält folgende Schriften:

Band I

1. *Liber Paramirum I.* Das Buch von den fünf Ursachen aller Krankheiten. (Autograph, d. h. von Paracelsus selbst niedergeschrieben.)
   a) *De Ente Astrorum.* Krankheiten, die ihre Ursachen in astralischen Einflüssen haben.
   b) *De Ente Veneni.* Psychische und physische Gifte, Selbstgifte und Unreinigkeiten.
   c) *De Ente Naturali.* Einflüsse aus der äußeren Natur. Temperamente.
   d) *De Ente Spirituale.* Geistige Einflüsse, Willenseinflüsse. Schwarze Magie und Hexerei (Hypnotismus und Suggestion).
   e) *De Ente Dei.* Krankheitsursachen aus Gottes Gerechtigkeit (Karma).

2. *Liber Paramirum II.*
   a) *De origine morborum ex tribus substantiis.* Krankheitsursachen aus den drei Substanzen (Prinzipien) Sal, Sulphur et Mercur (Stoff, Energie und Bewußtsein). Nach Handschrift des Paracelsus.
   b) *De origine morborum ex tartaro.* Krankheitsursachen aus Ausscheidungsprodukten (Harnsäure usw.).
   c) *De origine morborum matricis.* Frauenkrankheiten. (b und c nach Handschriften der Schüler Hohenheims.)
   d) *De morbis invisibilibus.* Unsichtbare Krankheitsursachen, Mißbrauch des Glaubens, Einbildung. Mystizismus. Teufelswerk (nach Handschriften anderer).
3. *De Generatione Hominis* oder: *Von der Entstehung empfindender Dinge in der Vernunft* (Autograph).
4. *De Statu Humano.* Von den Eigenschaften des Menschen (Autograph).

Band II

1. *Liber Paragranum I.* Philosophie der Medizin (Autograph).
   a) *Philosophia* Nach Handschrift des
   b) *Astronomia* *Doktor Joh. Montanus.*
   c) *Alchemia*
   d) *De virtute medici.* Die dem Arzte nötigen Tugenden (c und d Autograph).

   Ein ander Paragranum (Autograph).

   Chronika des Landes Kärnten (Autograph).

Defensiones und Verantwortung wegen etlicher Verunglimpfungen seiner Mißgönner (Autograph).

Labyrinthus Medicorum Errantium, darinnen es die Bücher anzeigt, aus welchen der Arzt seine Kunst suchen und lernen soll (Autograph). *Das Buch vom Tartaro,* das ist vom Ursprung, Ursach und Heilung des Sands und Steins (Autograph). *Epistel der Landschaft Kärnten an Theophrastum* (Autograph).

Band III

De Viribus membrorum, Kräfte des Organismus, zwei Bücher, samt einem Fragment *De Conservatione quatuor Elementorum in hominine.*

a) *De viribus spiritualim.* Geistige Kräfte. Lebensgeist.

b) *De viribus membrorum interiorum.* Kräfte der innerlichen Organe.

c) *De viribus membrorum externis.* Kräfte der äußerlichen Organe.

De Primus Tribus Essentiis. Ein Büchlein. Die drei Eigenschaften der Natur. Der „Archäus" (das ist die Lebenskraft).

De Pestilitate. Von Ursprung und Heilung der natürlichen Pest.

a) und b) Der Mensch als Astralwesen, Elementarwesen und geistiges Wesen.

c) Zauberei „Mumia".

d) Geistige Einflüsse.

e) Beschwörungen, Anrufungen, Verhexte Personen.

Ein Büchlein von der Pestilenz an die Stadt Sterzingen.

Zwei Bücher über die Pest.

Drei andere Bücher von der Pestilenz.

Alle diese Schriften sind nach Manuskripten des *Doktor Joh. Montanus* u. a.

Einige *Fragmente de Peste* (Autograph).

De Morbis ex Tartara (Lateinisch).

Brief an Erasmus von Rotterdam.

Antwort des Erasmus.

Liber de Icteriis (Gelbsuchten).

Diese vier Schriften nach Handschriften von *Doktor Joh. Montanus.*

Liber Paragraphorum (Latein). Enthält Abhandlungen und Rezepte über verschiedene Krankheiten. Phthisis, Lepra, Paralysis, Asthma, Podagra, Fieber, Kopfweh, Zahnweh usw. (Autograph).

Band IV

Das sechste Buch in der Arznei. De Morbis ex Tartaro. Enthält Abhandlungen über Podagra, Chiragra, Arthritis, Lythiosis, Calcutus usw.

Das siebente Buch in der Arznei. De Morbis Amentium, das ist von Krankheiten, die den Menschen der Vernunft berauben.

a) Fallsucht, Manie, St. Veitstanz, Coma, Melancholie, Wahnsinn, Besessenheit, Liebestränke.

b) Heilung der obigen Krankheiten. Geistige Wirkung des Fluches, des Zornes. Zauberei vermittelst Wachsfiguren. Aurum potabile. Mondsucht. Erblicher Wahnsinn. Geschlechtstrieb. Oleum auri et argenti Quinta essentia.

Das neunte Buch der Medizin. De Contracturis, d. i. von krummen und lahmen Gliedern.

a) Beschreibung.

b) Heilung.

Elf Traktate über verschiedene Krankheiten. Wassersucht, Schwindsucht, Marasmus, Gelbsucht, Kolik, Lähmung, Schlagfluß, Lethargie, Irrsinn, Besessenheit, Tobsucht, Würmer, Ruhr, Gicht, Schlag, Stuhllauf, Epilepsie und Wechselfieber.

Liber de Podagraciis.

Im ersten Teil wird erläutert, woher der Arzt seine Kunst nehmen soll, im zweiten wird der Ursprung des Podagras enthüllt.

Alle diese Schriften nach Manuskripten des Paracelsus.

Andere zwei Bücher von Podagra (nach gedrucktem Exemplar).

Vom Ursprung, Ursach und Heilung, Morbi Caduci, das ist der fallenden Sucht. (Fallsucht, Korallen usw.) Nach Handschrift des *Dr. Joh. Montanus.*

De Caduco matricis (Frauenkrankheiten. Geistige Medizin, Arcana). Teilweise Autograph, teilweise nach Manuskripten von Schülern des Paracelsus.

Band V

Von der Bergsucht und anderen Bergkrankheiten. Lungensucht, Schwindsucht, Asthma, Metallvergiftungen (nach Manuskripten von Schülern des Paracelsus).

Neun Tabellen. Theoricae Figurae Universalium Morborum. Schemata der Universalkrankheiten. Verschiedene Abhandlungen über Epilepsie, Wassersucht, Krampf, Starrkrampf, Geschwüre, Fieber usw. (Autograph).

Practica partienlaris de Lithiasi, Steinkrankheit (nach fremdem Manuskript).

Consilia medica. Briefliche Ratschläge an verschiedene Personen (größtenteils aus den Manuskripten anderer).

Fragmente zum I. bis V. Band.

a) Verzauberungen. Teuflische Einflüsse. Verzweiflung. Schreckbilder im Traume usw. Fernsehen im Traume. Ahnungen. Astralleben.
b) Alchimie und Philosophie.
c) Epidemien.
d) Verschiedene Abhandlungen über spezielle Krankheiten.

Anhang zum V. Band

Erklärungen zu den Aphorismen des Hippokrates (nur teilweise aus dem Autograph).

Unterricht im Aderlassen und Schröpfen (nach den Manuskripten des *Dr. Montanus*).

De Urinarum ac Pulsuum Indiciis, Lebellus item De Physiognomia. Über Harn, Puls, Physiognomie usw. (nach den Manuskripten des *Dr. Montanus*).

Ein ander kurzes Büchlein de Urinis (aus den Manuskripten des *Dr. Montanus*).

In Librum de Urinarum ac Pulsuum Indiciis.

Fragmente de Urinis (Autograph).

Weitere Fragmente de Urinis.

De modo Pharmacandi (aus den Manuskripten des *Dr. Joh. Montanus*).

Band VI

Archidoxen (zehn Bücher aus „Theophrasti eigenen Handschriften").

I. und II. *Von den Geheimnissen des Mikrokosmos.*

III. *Von den Geheimnissen der Elemente.*

IV. *Von den Geheimnissen der Quinta essentia.*

V. *Von den Geheimnissen der Arcana.* (Urstoff, Prima materia, Lapis philosophorum, Mercurius vitae, Tinctura, Lebensgeist).

VI. *De mysteriis extractionen magisteriis.* (Aus geistiger Erkenntnis der Geheimnisse wissenschaftliche geheime Kenntnisse zu erlangen.)

VII. *De mysteriis specisicorum.*

VIII. *De Elixiriis et Quinta essentia.* Sonnenäther, Elixir proprietatis, subtilitatis, dulcedinis, Lebensbalsam.

IX. *De mysteriis extermis* (was man äußerlich lernen kann).

X. *Die praktische Anwendung der göttlichen Geheimnisse.* (Dieses Buch ist nicht veröffentlicht worden, wegen des Mißbrauches, der damit getrieben werden könnte.)

Liber de Renovatione et Restauratione. Vom „Primum Ens" mineralibus, gemmis, herbis, liquoribus. Die geistigen Heilkräfte von Mineralien, Edelsteinen, Kräutern, usw. (Autograph).

Liber de longa Vita. Vom langen Leben (Autograph).

De Vita Longa Libri V (lateinisch und einige Fragmente de Vita Longa (deutsch, beide aus anderen Manuskripten). Aurum potabile. De perlis, Quinta essentia usw.

De Preparationibus. Über die Heilkräfte verschiedener Dinge. Chemikalien, Salze, Korallen, Magnet, Metalle, Edelsteine, Kristalle usw. (aus Manuskripten von anderen).

Spiritus Vitrioli. Wie derselbe gemacht wird (aus Manuskripten von anderen).

De Natura Rerum. (Neun Bücher aus fremden Manuskripten.)

I. *De Generationibius Rer. Nat.* (Ausgeburten der Phantasie und des Willens.) Homunculi. Monstra. Basilisken. Renonendi. Monstra. Basilisken. Renovatio und Ressurrectio.

II. *De Crescentibus Rer. Nat.* Wachstum des Goldes Arcanum Sanguinis.

III. *De Conservationibus Rer. Nat.* Magnet. Oleum sulphuris.

IV. *De Vita Rer. Nat.* Geheimnis des Lebens. Der Balsam (Geist) des Lebens. (Geist, Leben der Metalle).

V. *De morte Rer. Nat.* Tod und Abtötung.

VI. *De Resurrectione Rer. Nat.* Wiederbelebung, Auferstehung.

VII. *De Transmutationibus Rer. Nat.* Umwandlung der Form, Calcination, Sublimation, usw.

VIII. *De Separationibus Rer. Nat.* Scheidekunst, Coagulation.

IX. *De Signatura Rer. Nat.* Signaturen. Gezeichnete Personen. Physiognomik. Chiromantie. Wünschelrute. Schatzgraben. Signaturen der Tiere, Pflanzen, Planeten. Pyromantie, Hydromantie, Nekromantie. Geisterspuk.

De Tinctura Physicorum. Vom Lebenselixier (aus Manuskripten von anderen).

Coelum Philosophorum seu Liber Vexationem. Dazu bemerkt Dr. Franz Hartmann: Es vexiert jeden, der den Inhalt äußerlich und buchstäblich nimmt. Dasselbe behandelt die „sieben Planeten", d. h. die sieben Prinzipien, dargestellt durch die alchimistischen Zeichen ☿ ♃ ♂ ♀ ♄ ☽ ☉. Ferner den *„mercurius vivus"* (das organisierende Prinzip in der Natur), die *„coagulatio mercurii"*. Kristallsehen, alchimistische Gerätschaften, Begriff der Alchimie, Edelsteine, Smaragd, Diamant, Rubin, Saphir, Topas, Amethyst, Karfunkel, Hyacinth, Magnete und Kristalle.

Thesaurus Thesaurorum Alchemicus. Der größte Schatz der Alchimisten. Vom gelben Schwefel. Vom roten Löwen. Vom grünen Löwen, usw.

De Transmutationibus Metallorum. Über die Metallverwandlung (Autograph). Dazu bemerkt Kayser: „Genaue Rezepte!" Es sei aber jedermann gewarnt, dieselben wörtlich zu nehmen, nichts als Schaden und Zeitverlust kann daraus resultieren.

De Gradationibus. Wozu Kayser abermals bemerkt: „Alchimistische Gradationsprozesse mit genauen Anweisungen." Hier gilt dieselbe Warnung wie vorher. Sagt doch Paracelsus selbst im VI.

Band, S. 366 *(De Tinctura Physicorum)*: „Denn ein jeder soll dem andern so viel glauben, als er im Feuer erfahren hat.“ Das heißt also, nur durch eigenes praktisches Arbeiten findet man in der Alchimie heraus, was Wahres und Falsches darüber in den Büchern geschrieben wurde.

Cementum super Venerem et Martem (Autograph). Wer hier unter Venus und Mars Eisen und Kupfer versteht, ist sicher auf dem Holzwege!

De Lapide Philosophico Medicinale. Vom medizinischen Stein der Weisen. (Von HUSER als echt bezweifelt.)

Ratio extrahendi ex omnibus metallis Mercurium. Lateinisch (aus anderen Manuskripten).

Band VII

Intimatio Theophrasti.

Ermahnung.

De Gradibus et Compositionibus Receptorum. Bereitung und Anwendung von Arzneimitteln. (Das 6. und 7. Buch ex Autographo.)

Herbarius Theophrasti. Kräuterkunde, Korallen, vom Magneten (Autograph).

Von den natürlichen Dingen. Terpentin, Nießwurz, Persiconia, Salz. Vom Johanniskraut (Hypericum perforatum), Magnet (Autograph).

Vom Terpentin und vom Honig (aus den Manuskripten von Dr. JOH. MONTANUS).

Vom Ebenholz (De Xylohigeno), von Brüchen (de Reptura) und *von der Präparation der „Mumia“* (aus den Manuskripten von Dr. JOH. MONTANUS).

Die Tugenden der Pflanzen. Beschreibt die Heilkräfte der verschiedenen Pflanzen (aus dem Manuskript von OPORINUS).

Liber Principiorum (aus dem Manuskripte von Dr. JOH. MONTANUS). Kröten, Spinnen, Würmer, Krebse, usw.

De Thermis. Von den natürlichen Bädern. Kalte und warme Bäder, Mineralquellen, Heilquellen.

Vom Bade Pfäffers.

Thessalus secundus. De Gradibus. Lateinisch. Arzneikunde und Rezepte (aus dem Manuskripte von Dr. JOH. MONTANUS).

Scholia in Libros de Grad. et Compositionibus (teilweise ex Autographo). Bemerkungen und Erläuterungen zum Vorhergehenden.

Fragmenta de Reherbaria (Autograph). Heilkräfte der Pflanzen. Prima Materia, usw.

Fragmenta de Thermis (Autograph). Heilquellen. Erklärung von Ausdrücken.

Band VIII

Philosophia ad Atheniensis (nach einem frühen Druck).

a) Von der Erschaffung der Welt.

b) Von der Trennung der Elemente.

c) Von den Geschöpfen.

Dazu bemerkt HANS KAYSER, daß SUDHOFF die Echtheit dieser Schrift aus „inneren Gründen" bezweifelt. KAYSER ist aber der Ansicht, daß es aus dem Geiste Hohenheims gar keine verwandtere Schrift geben kann, wie gerade diese!

Fragmentum Principii Operis Anatomiae Theophrasti (zum Teil ex Autographo).

Philosophia de generationibus quator elementorum (Autograph). Was aus den vier Elementen hervorgebracht wird.

a) Die Luft, Winde, Stürme, Regenbogen.

b) Das Feuer. Die Sonne, das Licht. Nacht. Dunkelheit. Sternschnuppen, usw.

c) Die Erde und ihre Produkte.

d) Das Wasser und was sich darin bildet. Mineralien, Salze, Steine.

De Generatione Hominis. Von der Erzeugung des Menschen und dessen Abstammung aus den drei Reichen der Natur (Materie, Seele, Geist).

De Meteoris. Die prima Materie des Himmels und der Erde. Die Astralwelt und ihre Bewohner. Regen, Blitz, Donner, kosmische Erscheinungen.

De Mineralibus. Entstehung der Mineralien. (Aus dem Manuskripte von *Dr. Johann Montanus*).

Anhang zum VIII. Band, enthaltend das Dritte, Vierte und Fünfte Buch von den natürlichen Wassern (Autograph).

Band IX

Philosophia occulta I (außer dem 6. Buche alles Autograph).

1. De Lunaticis. (Über den Irrsinn.)
2. De Generatione Stultorum. (Entstehung der Narrheit.)
3. Liber de Nymphis, Sylphis, Pygmaeis et Salamandris et Caeteris Spiritibus. (Buch über Elementargeister.)
4. De Mala et Bona Fortuna. (Vom Glück und Unglück im menschlichen Leben.)
5. De Vera Influentia Rerum. (Geistige Einflüsse der Dinge.)
6. De Inventione Artium. (Ursprung des Wissens.)
7. De Votis Alienis.
8. De Sanctorum Auctoritate. (Die Heiligen der Kirche und ihre Wunder.)
9. De Superstitionibus et Ceremoniis. (Von abergläubischen Dingen und Ceremonien.)

Philosophia occulta II. (Fragmenta Librorum philosophiae.) Außer 1 und 3 alles Autograph.

1. De Sagis et carum Operibus. (Von den Hexen, Zauberern und deren Werken.)
2. De Daemoniacis et obsessis. (Von Dämonen und Besessenen.)
3. De Somniis et Euntibus in Somno. (Träume und Visionen.)
4. De Sanguine ultra Mortem. (Vom Zustand des Blutes nach dem Tode.)
5. De Animalus Hominum post mortem apparentibus. (Von den Erscheinungen Verstorbener.)

6. De Virtute Imagination. (Die Macht der Einbildung oder „Suggestion".)
7. De Characteribus. (Sinnliche und übersinnliche Kennzeichen.)
8. De Homunculis. (Homunculi und Monstrositäten.)
9. De Natis Animalibus ex Sodomia. (Von den Tieren, die aus der Sodomie entstehen. Wobei Dr. FRANZ HARTMANN der Ansicht war, daß es sich dabei nur um Tiere auf der Astralebene handle, die dabei gezeugt werden.)

Philosophia occulta III. (Nach den Manuskripten des *Dr. Joh. Montanus.*)

a) Über Einweihungen.
b) Über Beschwörungen.
c) Über magische Formeln und Zeichen.
d) Geistiges Sehen und Erscheinungen im Traume.
e) Von den siderischen Geistern unter der Erde (Gnomen).
f) Von den Wirkungen der Vorstellung (Imagination).
g) Von vergrabenen Schätzen unter der Erde.
h) Von der Besessenheit. Wie der Mensch vom Teufel besessen wird.
i) Teufelsaustreibungen.
k) Hexengewitter.
l) Schwarze Magie.

De Imaginibus (aus dem Manuskripte von Dr. JOH. MONTANUS). Die Macht der Phantasie auf das Gemüt. Vom Glauben. Der heilige Geist. Homunculi. Kristallsehen.

Philosophia Theophrasti. Fünf Traktate.

a) Einfluß der verschiedenen Zeiten auf die Krankheiten.
b) Entstehung und Erhaltung der vier elementaren Körper.
c) Vom Fleische und der Mumia (Astralkörper).
d) Vom Unterschied der Körper und Geister.
e) Vom Schlafen und Wachen der Leiber und Geister.

Liber de Fundamento Scientiatum et Sapientiae. Vom Grunde der Weisheit und Wissenschaften (nach dem Manuskripte von Dr. JOH. MONTANUS).

Handelt von der wahren Erkenntnis der Wahrheit (Theosophia) oder Gotteserkenntnis, aus welcher alles wirkliche Wissen entspringt. Zweifache Natur des Menschen. Der Mensch als Engel und als Tier. Glaube, Erkenntnis.

Fragmenta zu obigem Buch.

Anhang zu Band IX

1. *Voraussagungen.*
2. *Von der Sonnenfinsternis.*
   Periodizität der geistigen Erleuchtung und Verdummung. Die Weisheit und ihre Offenbarung im Menschen.
3. *Fragmenta astrologica.*
   Erklärung der himmlischen Zeichen. Geborene Genies. Künstler und Propheten.

Band X

Astronomia Magna oder Philosophia Sagax der großen und kleinen Welt (nur das vierte Buch ist Autograph, die anderen entstammen dem Manuskripte Dr. JOH. MONTANUS).

Erklärung der ganzen Astronomey (teilweise Autograph, der übrige Teil aus den Manuskripten von Paracelsus Schülern).

Practica in Scientiam Divinationis (Autograph).

Eine andere Erklärung der ganzen Astronomey (Autograph).

Anhang zu Band X

Azoth, sive de Ligno et Lines Vitae (aus den Manuskripten anderer).

Archidoxis Magica (aus den Manuskripten anderer).

Auslegung der magischen Figuren im Carthäuser-Kloster zu Nürnberg (Autograph).

Auslegung magischer Figuren (Prognostikation) und der Lichtenberg'schen Weissagungen.

Zu Band X gehörig.

Fasciculus Prognosticationum Astrologicorum (meistens Autograph). Sammlung von Praktiken, Kometenschriften und Prognostiken.

Philosophia Sagax = Astronomia Magna heißt auf deutsch: die scharfsinnige Philosophie oder große Astronomie. Über dieselbe urteilt HANS KAYSER wie folgt: „Die Philosophie Sagax ist eben deswegen das reichste und tiefgründigste Werk Hohenheims, weil sie am reinsten diese eigenartige, uns heutigen Menschen ziemlich fremde, Psyche des spätgotischen Menschen verkörpert. Gerade weil Paracelsus hier nicht vom ‚Ewigen' und nur vom ‚Natürlichen' schreiben will und sich in echt gotischer Weise trotzdem bemüht, die verborgenen Zusammenhänge gleichnisweise zu perzeptieren, hinter die Kulissen des Schöpfers zu sehen, kurz, den Himmel ‚magice, nicht astrologice' zu stürmen, d. i. die dem magischen Bewußtsein wohl erkennbare Verknüpfung des Weltganzen begrifflich am Leitfaden von zu Naturgesetzen symbolisierten Naturvorgängen zu erfassen, wird die *Philosophia Sagax* zum bedeutendsten Abschluß des paracelsischen Lebenswerkes. Sie ist, makrokosmisch gedacht, die Philosophie der Astrologie im weitesten Sinne, mikrokosmisch repräsentiert sie die erstmalige philosophische Darstellung der dritten menschlichen Wesenheit: des Astralkörpers, und zwar mit einer Gründlichkeit und einem Umfang, in dem es weder vor noch nach Paracelsus je wieder geschehen ist."

Den Mittelpunkt dieser Philosophie Sagax bilden drei Figuren oder besser gesagt Tabellen oder Schemata, die auch in HANS KAYSERS Werk über Paracelsus abgedruckt und erklärt sind. HANS KAYSER sagt darüber: „Werden diese drei Schemata verstanden, so hat man Paracelsus verstanden. Die Figur 3 umfaßt die ganze paracelsische Philosophie, sie scheint die Skizze zu einer Symphonie zu sein, in der Hohenheim das Gewirre der sichtbaren und unsichtbaren Welt in die Gesetze eines wohlgeordneten Kunstwerkes zu bannen versuchte. Beethovens Neunte hatte das Glück, einen Richard Wagner als Interpreten zu finden und so aus halbjahrhundertjährigem Schlummer geweckt zu werden. Die *Philosophia Sagax* schläft schon vierhundert Jahre lang in der Vergessenheit und wartet noch heute eines Apostels, der von ihr aus zu einem Verkünder einer neuen Naturanschauung wird."

Welche Schwierigkeiten aber solch ein Verkünder einer neuen Naturanschauung aufgrund der *Philosophia Sagax* zu überwinden hätte, geht aus einer Fußnote KAYSERS hervor, worin er sagt: „Es ist wohl überflüssig zu bemerken, daß die ‚Nomina' dieser drei Figuren, ebenso diejenigen der ‚Figura Scientiarum Astronomiae' nicht wörtlich verstanden werden dürfen. Die meisten dieser Namen sind nur symbolische Bezeichnungen dynamischer Kräfte und Effluvien, die das Weltall durchströmen. Eine adäquate Übersetzung in unserem heutigen Wortschatz ist noch nicht möglich."

Wobei KAYSER noch hätte hinzufügen können, daß die große Mehrzahl dieser dynamischen Kräfte und Effluvien höchst okkulter Art sind und auch heute noch für die moderne Naturwissenschaft ebensowenig existieren wie die Gnomen, Sylphiden, Undinen und Salamander, deren Leben und Treiben Hohenheim so anschaulich beschreibt, daß man nicht anders schließen kann, als Paracelsus habe diese Elementargeister selbst beobachtet und belauscht.

Ist dem so, was nützt es dann, die Weltanschauung eines Paracelsus in das Prokrustesbett der materialistischen Philosophie und Naturwissenschaft zwängen zu wollen? Dieser Versuch muß ebenso jämmerlich versagen, als wenn man Goethes Faust erklären wollte, ohne selbst Okkultist oder Mystiker zu sein, wie es Goethe zweifellos war.

Ich hoffe, daß es nunmehr dem Leser einleuchtet, daß kein Professor der materialistischen Schulweisheit, er sei so gelehrt wie er wolle, es mit Erfolg unternehmen kann, Paracelsus zu erfassen, oder gar zu erläutern, zu „kommentieren", solange er nicht selbst Okkultist oder Magier (das heißt praktischer Okkultist) und schließlich Mystiker geworden ist. Dann, und nur dann mag er es wagen, an Paracelsus als kompetenter Kritiker heranzutreten, andernfalls setzt er sich mit all seiner Schulweisheit nur dem homerischen Gelächter aller Wissenden aus. Ebenso wie die Zeit der materialistischen Faustkommentare endgültig vorbei ist, kommt jetzt die Zeit, wo die materialistischen Paracelsuszergliederer endgültig verschwinden müssen. Greift daher in den nächsten Jahren wieder ein hochgelehrter Professor zur Feder, um Abhandlungen über Paracelsus zu schreiben oder seine Ideen zu kritisieren, so wird man ihm nur ruhig lächelnd erwidern können: „Verehrtester, was Sie da schreiben, klingt zwar recht schön und gelehrt, aber gestatten Sie eine Frage: Sind Sie selbst praktischer Astrologe?“ – „Nein.“ – „Dann bitte ist das, was Sie über die Astrologie des Paracelsus schreiben, für den Kenner keinen Schuß Pulver wert.“ – „Sind Sie selbst praktischer Alchimist?“ – „Nein.“ – „Dann, bitte, enthalten Sie sich jeder Beurteilung der alchimistischen Schriften Hohenheims.“ – Und so nach dieser Formel weiterfragend wird man in wenigen Minuten diesem Professor klargemacht haben, daß er auch für die Medizin des Paracelsus, insbesonders, soweit sie sich direkt auf Magie stützt, kaum kompetent ist. So müssen wir Okkultisten dem nicht immer kompetenten Professorentum gegenübertreten, dem schließlich nur übrig bleibt, über Paracelsus als Chemiker, Pharmazeut, Botaniker, Chirurg, Anatom – kurz über das greifbare und demonstrierbare Wissen Hohenheims zu schreiben. Das ist schon des öftern mit mehr oder minder gutem Erfolg geschehen, sogar Doktordissertationen wurden darüber verfaßt. Es ist in solchen Schriften gewiß sehr viel Schätzenswertes vom Standpunkt der Schulwissenschaft vorhanden. Es sind dies aber alles mehr oder minder mißglückte Versuche. Der Riesengeist des Paracelsus läßt sich nicht auf etlichen 60–80 Druckseiten eingehend beurteilen. Wäre dies der Fall, dann wäre Paracelsus eben kein ärztliches Universalgenie. So bleibt uns nichts übrig, als allen modernen Paracelsusforschern die Worte SUDHOFFS entgegenzuhalten:

„An Universalität naturwissenschaftlichen Denkens und Schaffens, an Originalität und Genialität des weltumspannenden Geistes hat das ärztliche Deutschland in allen Jahrhunderten seines Standes in der Wissenschaft keinen Größeren, den es ihm (Paracelsus) voranstellen könnte. Die heutige Moderne sieht ihn an als Vorläufer, als fernblickenden Seher in vielen Dingen – die Moderne eines künftigen Jahrhunderts wird ihn als ahnenden und wahrheitsverkündenden, voraussehenden Propheten auf neuen Gebieten erkennen, deren natur-wissenschaftliche Zusammenhänge der heutigen Forschung noch verborgen sind.“ So schrieb SUDHOFF 1903 und 1904. Sechs Jahre später erklärte er: „daß für ihn Hohenheim umso größer wird, je gründlicher er die ganze Geschichte der Medizin kennen lerne“.

Wozu der Okkultist nur noch bescheiden hinzuzufügen hätte: Paracelsus erscheint uns desto größer, je gründlicher man sich mit der Medizin des Paracelsus praktisch befaßt hat.

Und ich fordere hier alle wahren Paracelsusjünger auf, zu bekennen, ob es nicht eine unumstößliche Wahrheit ist, daß man Paracelsus (und auch das Wahre und Falsche in dessen Schriften) *erst dann* zu erfassen beginnt, wenn man selbst im Sinne des Paracelsus im Laboratorium und am Krankenbett praktisch gearbeitet hat. Es wird aber heute wenige Menschen geben, die dies getan haben, und so bleibt die Hebung der Schätze, die in den Paracelsusschriften enthalten sind, der Wissenschaft der Zukunft vorbehalten, vorausgesetzt, daß diese sich vom Materialismus endgültig abgewandt hat. Daß Letzteres der Fall sein wird, dafür sprechen heute bereits viele Anzeichen.

Nun noch einige Worte über die *theologischen Schriften* und das *„religiöse System“* Hohenheims. HUSER hat vor dreihundert Jahren die zahlreichen theologischen Schriften des Paracelsus absichtlich nicht in seine Sammlung aufgenommen, weil er befürchtete, damit bei seinem Mäzen, dem Erzbischof von Köln, der diese Paracelsusauflage subventionierte, Anstoß zu erregen. In der neuen Paracelsus-Ausgabe von SUDHOFF und MATTHIESEN hat SUDHOFF in fünfzehn Bänden den medizinisch-philosophischen Teil, MATTHIESEN in zehn Bänden den theologischen Teil der paracelsischen Schriften herausgegeben. Es ist dies mithin die vollständigste Paracelsusausgabe, die je erschienen ist.

Daß die Theologie des Paracelsus eine mystische ist, darauf hat schon P. RAYMUND NETZHAMMER hingewiesen. Lange vor Netzhammer tat dies Dr. FRANZ HARTMANN.

Die offizielle Theologie wird also über des Paracelsus Theologie nicht sehr erbaut sein. Desto mehr aber die mystische Theologie.

Hier sich näher mit dieser mystischen Theologie des Paracelsus zu beschäftigen, fällt nicht in den Rahmen dieser Schrift. Worauf wir aber noch hinweisen wollen, ist die auffallende Übereinstimmung der okkulten Philosophie des Paracelsus mit jener der Inder. Dr. FRANZ HARTMANN war unseres Erachtens der erste, der auf diese merkwürdige Tatsache hinwies. Er sagt, daß es jedem Leser der Werke des Paracelsus, soferne er auch die Schriften und Lehren der östlichen Adepten kennt, ins Auge springen muß, wie ähnlich diese beiden Systeme sind. Ja in manchen Punkten herrscht vollkommene Übereinstimmung. So zum Beispiel in den Aufschlüssen, die Paracelsus bezüglich der siebenfältigen Zusammensetzung des Menschen gibt, ferner bezüglich der Eigenschaften des Astralkörpers, sowie der erdgebundenen Elementarwesen. Dies alles waren Dinge, die vor Paracelsus im Westen unbekannt waren, welche sich aber vollkommen mit den Aufklärungen decken, die über diese Gegenstände in der „Entschleierten Isis" von H. P. BLAVATSKY und in SINNETS „Esoterischem Buddhismus" und anderen Büchern, die von den östlichen Adepten unserer Zeit inspiriert sind, gegeben wurden. Der einzige Unterschied besteht darin, daß Paracelsus beispielsweise bei Beschreibung der Elementar- oder Naturgeister anstelle der östlichen Bezeichnungen Namen einführte, die mit der germanischen Mythologie harmonierten, um auf diese Weise von seinen Landsleuten leichter verstanden zu werden. Dr. FRANZ HARTMANN ist der Ansicht, daß Paracelsus während seines Aufenthalts in der Tatarei (zwischen 1513–1521) entweder dort mit östlichen Adepten zusammenkam oder möglicherweise von der Tatarei sogar nach Indien kam und auf diese Weise direkt von östlichen Eingeweihten unterrichtet wurde. Es besteht aber ebensogut die Möglichkeit, daß Paracelsus als Mystiker direkt vom Urquell des Lichtes eingeweiht wurde. Da aber alle echten Mystiker aus dieser Quelle ihre Erkenntnis schöpfen, so darf es uns nicht wundern, daß sie wesentlich dasselbe lehren.

Damit sei aber dieser Abschnitt über die Schriften des Paracelsus abgeschlossen. So kurz er auch ist, so kann sich doch jeder vorurteilslose Leser daraus ein Bild machen, wie ungeheuer produktiv und vielseitig Paracelsus als Schriftsteller war und welch schwierige und hohe Gebiete der menschlichen Erkenntnis er behandelte – und dies alles soll er im Rausch geschrieben haben!

Jawohl, er schrieb die meisten seiner Schriften im Rausche göttlicher Begeisterung und hoher Inspirationen; wenn aber dieser Rausch von gewissen Paracelsusforschern mit einem gewöhnlichen Weinrausch verwechselt wird, so stellen sie sich dadurch in den Augen der Wissenden ein ebensolches Armutszeugnis aus, wie jene „Alchimisten", die da glauben, der spiritus vini phil. eines Paracelsus sei ein simpler Weingeist, Aceton oder dergleichen gewesen. Fürwahr, man kann ruhig sagen: Wer am Buchstaben kleben bleibt, wird nie den Geist der Schriften Hohenheims erfassen!

Grundlinien der Medizin des Paracelsus

„Aber wer versteht Paracelsus? Niemand vollständig. Es hieße die ganze Fülle seiner zeitfremden Vorstellungen, seiner Symbole und selbstgeschaffenen Ausdrücke durchdringen."

E. Schlegel.

Aus dem Inhaltsverzeichnis der Schriften Hohenheims wird der verständige Leser wohl von selbst ersehen haben, daß die Medizin des Paracelsus eng mit seiner Philosophie verknüpft ist. Diese aber ist die *okkulte Philosophie der wahren Eingeweihten* und umfaßt Gott, Natur und Mensch oder Makro- und Mikrokosmos in einem grandiosen Erkenntnissystem, von dessen Erhabenheit und Tiefe unsere Schulweisheit sich nichts träumen läßt. Es ist sicherlich keine Übertreibung, wenn man sagt, daß das Licht der Erkenntnis, welches uns aus den Gesamtschriften Hohenheims entgegenstrahlt, der aufgehenden Sonne zu vergleichen ist, dergegenüber die Sterne gewöhnlicher Wissenschaft naturgemäß verblassen müssen.

Paracelsus war sozusagen ein medizinisches Universalgenie, und daher umfaßt sein System der Medizin – wenn man überhaupt bei Hohenheim von einem solchen reden kann – alle Heilfaktoren und Systeme von den natürlichen und einfachen Volksheilmitteln bis zu den Arkana der hermetischen Medizin, deren Gipfelpunkt der Stein der Weisen ist; vom einfachen Sympathiemittel seiner „Mumia" bis zu den höchsten Formen der wahrhaft okkulten Medizin, den rein geistigen und magischen Heilungen. Diese Fülle von Heilkräften, die alle in der Medizin des Paracelsus abgehandelt werden, legen zwar ein glänzendes Zeugnis von Hohenheims umfassendem Wissen und seiner vielseitigen Praxis ab, jedoch machen sie es zur Unmöglichkeit, die Medizin des Paracelsus in einem Buche erschöpfend darzulegen.

Das wird keinem Autor gelingen, sowenig als man ein Jahrtausend zu einem Tage zusammenpressen kann. Alles, was die kompetentesten Autoren, wie zum Beispiel Dr. Franz Hartmann, in ähnlichen Fällen leisten konnten, war nur die Grundlage oder

Grundlinie, vielleicht richtiger gesagt, die *Grundprinzipien* der Medizin des Paracelsus in wuchtigen Strichen zu skizzieren. Diesen Weg will auch ich jetzt betreten; denn wer sich eingehend mit Paracelsus beschäftigen will, muß diesem Studium wohl zwanzig bis dreißig Jahre seines Lebens widmen, und selbst nach dieser gewiß nicht kurzen Spanne Zeit wird nur der wirklich Begabte, ja nur der Auserwählte, die höheren Mysterien der Medizin des Paracelsus klarer erkannt haben, aber nie der Durchschnittsmensch, der da meint, mit dem Intellekt allein die Tiefen eines Paracelsus auszuschöpfen.

Das mag zwar für viele entmutigend klingen, besonders für jene, die unsere großen Erfolge auf rein naturwissenschaftlichem und technischem Gebiet als die höchsten Leistungen des menschlichen Geistes bewundern. Aber schon WACHTELBORN hat im Vorwort zur zweiten Auflage von Dr. FRANZ HARTMANNS „Medizin des Paracelsus" darauf hingewiesen, daß das geistige Licht, das in unseren rein äußerlichen kulturellen Leistungen zum Ausdruck kommt, doch nur dem Mondlicht zu vergleichen ist. Unser vielgepriesener Verstand, der Vater unserer modernen Kultur und Wissenschaft, ist also vom rein geistigen Standpunkt aus betrachtet nur ein sekundäres Licht. Dem primären Lichte – dem Sonnenlicht – entspricht das Licht der direkten geistigen Erkenntnis oder der Weisheit. Dieses Licht, das in der Tiefe unserer Seele, vielmehr in der Gottheit selbst wurzelt, war von jeher der Führer der wirklich großen Menschen; von ihm empfingen sie ihre Weisheit und wurden zu Weisen und Erleuchteten – wie Paracelsus.

Um also Paracelsus voll und ganz zu erfassen, muß zuerst in unserer Seele das Urlicht der direkten geistigen Erkenntnis oder der Weisheit aufleuchten! Dann wird uns auch der wahre Sinn der vielen dunklen Stellen in den Schriften Hohenheims klarwerden, dann werden wir aber auch einsehen, daß Paracelsus bezüglich der göttlichen Mysterien des Lebens und des Todes, sowie der Geheimnisse der wirklich okkulten Medizin, der Alchimie usw. nicht anders schreiben durfte, als er es tat, damit das Heilige nicht profaniert werde.

Die vier Säulen der Medizin des Paracelsus

Auf vier Säulen ruht nach Hohenheim die wahre Medizin. Daß dies nur ein Gleichnis ist, braucht wohl nicht betont zu werden. Man könnte diese vier Säulen ebensogut vier Quellen nennen, aus denen das Wissen und Können des wahren Arztes entspringen soll. Es sind dies:

1. *Philosophia*
2. *Astronomia*
3. *Alchemia*
4. *Tugend*

Wir wollen im folgenden diese vier Säulen etwas näher betrachten:

Philosophia

Ich weise darauf hin, daß Paracelsus unter „Philosophia" nicht die wechselnden Systeme der Schulphilosophie verstanden hat, sondern jene höhere Erkenntnis, die aus Liebe zur Weisheit entsteht und die sich im Menschen offenbart, wenn er sich ganz der Wahrheit hingibt. Dann senkt sich die Wahrheit zu ihm hernieder und es wird in ihm das Licht der Weisheit entzündet, *und solch ein Mensch sieht dann die Dinge, wie sie wirklich sind, und nicht, wie sie uns bloß erscheinen.**

„So ist", wie Paracelsus im Paragranum I. Seite 24 schreibt, „die Philosophie (Weisheitsliebe) der Schlüssel zur Erkenntnis der Wahrheit. Alles, was nicht aus dieser Erkenntnis kommt, ist Selbstbetrug, denn unser Verstand, sowie ihn die Hirnschale beschränkt, ist zu schwach, um einen Arzt zu gebären. Der Arzt muß ohne Augen sehen und ohne Ohren hören können. Das was den Sinnen verborgen ist, enthüllt sich dem Auge des Glau-

* „Wenn ihr keine Philosophie in euch selbst habt, so könnt ihr ‚die Wahrheit' nicht sehen, denn sie zeigt euch das Wesen der Dinge, die äußerliche Beobachtung lehrt nur den äußeren Schein." (Paragranum I. Tract. I.) Die Werke Paramirum und Paragranum enthalten viel zur philosophischen Begründung des medizinischen Systems von Hohenheim.

bens*, und aus der Kraft des Glaubens entspringen die Werke. Die Philosophie ist (die Erkenntnis) der unsichtbaren Natur. Wer Sonne und Mond kennt, der weiß auch wie sie aussehen, selbst wenn seine Augen verschlossen sind. Er hat Sonne und Mond in seinem Gemüt, so wie sie am Firmamente stehen. So soll der Arzt den Menschen mit geistigem Blick durchschauen können, als ob er durchsichtig wäre, wie destillierter Tau, in dem sich kein Fünklein verborgen halten kann, oder wie eine klare Quelle, auf deren Grunde man jeden Kieselstein sehen kann. Im Spiegel des Kranken soll er die Krankheit erkennen, ganz so wie sie ist, und nicht nach der eigenen Phantasie."

Schon aus diesem einen Zitat ersehen wir, daß sich die Philosophie des Paracelsus nicht auf irgendwelche wissenschaftliche Theorie, Hypothese oder philosophische Spekulation stützt, sondern offenbar auf die wenn auch seltene Fähigkeit des geistigen Schauens und der mystischen Anschauungsform.**

Wer diese Gaben besitzt, wird natürlich eine ganz andere Anschauung vom Wesen der Krankheiten als auch vom Wesen der Menschen in bezug auf Geist, Seele und Körper bekommen, als wie der simple Durchschnittsmensch, dem die höheren Sinne und Erkenntniskräfte noch nicht erschlossen sind. Ein Philosoph im Sinne Hohenheims muß auch zu ganz anderen Schlußfolgerungen bezüglich der Stellung des Menschen zu Gott und der Natur kommen, sowie dessen Beziehungen zu der ihn umgebenden Außenwelt mit all ihren materiellen und geistigen Kräften als ein Repräsentant der Schulweisheit.

Und so paradox es klingt, ein solcher Philosoph wird auf dem

* Es ist hier von keinem Kirchenglauben die Rede, sondern von der mystischen Kraft des Glaubens.

** Wir haben in dieser Schrift bereits an verschiedenen Stellen betont, daß die Dominante des Wesens von Paracelsus seine mystische Anschauungsform war, ja, daß Paracelsus geradezu ein Mystiker war. Da mag in manchen Lesern die gewiß berechtigte Frage aufgetaucht sein, ob ein Mensch mit stark mystischem Einschlag überhaupt zum Naturwissenschaftler tauge? Diese Frage hat der Engländer Whewell in seiner berühmten Geschichte der induktiven Naturwissenschaften bereits beantwortet, indem er bezüglich Kepler sagte: „Der mystische Teil seiner Ansichten von der Natur scheint auf seine Entdeckungen keinen nachteiligen Einfluß gehabt, sondern vielmehr seine Erfindungskraft und seine ganze geistige Tätigkeit noch mehr aufgereizt zu haben." Was hier von Kepler gesagt wurde, gilt ebensogut für Paracelsus.

Wege der Schauung und mystischen Durchdringungskraft schließlich zu einer derartig erweiterten und vertieften Naturerkenntnis kommen, daß ihr gegenüber auch unsere heutige hochentwickelte Naturwissenschaft zurücktreten muß, weil, so genial auch ihre Methoden, so fein auch ihre Instrumente sein mögen, sie damit doch nur die physische Ebene des Universums, oder die Schale der Natur, ergründen kann.

Wollen wir daher das Wesen der Philosophie des Paracelsus in wenigen Worten präzisieren, so müssen wir sagen: sie stellt eine durchgeistigte Auffassung des Makro- und Mikrokosmos sowie der Entwicklungsgeschichte des ganzen Universums dar und ist in diesem Sinne die höchste Naturerkenntnis, zu welcher sich der erleuchtete menschliche Geist emporschwingen kann.

Auf die ärztliche Kunst angewandt, ist die Philosophia des Paracelsus nach SCHLEGEL: Die Zusammenfassung aller Krankheitsmomente in der Ätiologie und in der Ausgestaltung des Einzelfalles, die vernunftgemäße Tendenz zur Verwirklichung der Heilung unter Bewahrung des ärztlichen Spürsinnes und Scharfsinnes nach allen Richtungen und einer hohen Beweglichkeit der ärztlichen Vernunft in der Anpassung an alle Lebenslagen.

Will ein Arzt seinen Beruf nicht als bloße technische Aufgabe auffassen, wie der Chirurg, oder als Handwerk, wie so viele Internisten und Spezialisten, die nach irgendeinem Schema oder mit irgendeinem Präparat der chemischen Großindustrie schablonenhaft arbeiten, so muß er sich die Philosophie des Paracelsus zur Grundlage seiner Weltanschauung und vertieften Naturerkenntnis machen. Dann wird er auch wissen, daß es nicht nur materielle, sondern auch geistige und moralische Krankheitsursachen gibt, und er wird die Besessenheit ebenso heilen können wie eine rätselhafte Epidemie, die aus vergifteten Gestirneinflüssen herrührt, oder eine andere Krankheit, die für die Schulweisheit heute noch ein Rätsel ist. Denn Paracelsus fordert vom Arzte, daß er mehr wisse und sehe als der Alltagsmensch:

„Von dem nun, das unsichtbar ist, soll der Arzt reden und das sichtbar ist, soll ihm in Wissen stehen, gleich wie einem der kein Arzt ist, der erkennt die Krankheit und weiß was sie ist, bei den

Zeichen: Nun ist er aber darum kein Arzt: *Der ist ein Arzt, der das unsichtbare weiß, das keinen Namen hat, das keine Materie hat und hat doch seine Wirkung.*"

Wie turmhoch steht hier Hohenheim in der Auffassung der ärztlichen Wissenschaft und Kunst gegenüber der offiziellen Medizin der Hochschulen, die alle Krankheiten im Menschen mehr oder minder auf greifbare (physikalisch-chemische) Ursachen oder Bakterien zurückführen will.

Astronomia

Daß die Astronomia des Paracelsus etwas ganz anderes ist als jene Wissenschaft, die man heute als Astronomie bezeichnet, dürfte wohl jedem klar sein, der nur etwas von den Geheimwissenschaften versteht.

So definiert Dr. FRANZ HARTMANN die Astronomie des Paracelsus „als die richtige Erkenntnis des Ganges der Gestirne" im Menschen selbst sowie „der Einflüsse, die von außen kommen. Damit ist gemeint die Kenntnis der Kräfte, die seinen innerlichen Organen die Fähigkeit verleihen, ihre Funktionen zu verrichten".

Hier stoßen wir bereits auf eine sehr okkulte Sache: *der Gang der Gestirne im Menschen selbst.* Paracelsus sagt: „Im Menschen ist das Firmament mit gewaltigem Laufe leiblicher Planeten und Sterne, die da geben Exaltationen, Konjunktionen und Oppositionen (von Kräften) und was da im Innern vor sich geht, das findet schließlich seinen Ausdruck im leiblichen Firmament (d. h. im materiellen). So kann man durch die Erkenntnis des Innern den Grund der äußerlichen Erscheinungen kennen." –

„Alles hat sein Maß und seine Zahl, nichts ist zwecklos geschaffen. Ein Kind, das mit zehn Jahren eines natürlichen Todes stirbt, hat seinen Lebenslauf ebensogut vollendet als ein hundertjähriger Greis, und wer die Auffassung des Himmels im Menschen kennen würde, der würde die Vorherbestimmung des Menschen kennen. Mit dem Kinde wird geboren sein Firmament und alles, was dazu gehört, und wenn wir vom Firmament reden, so meinen wir damit nicht ein leeres, sondern eines, das im Kinde vollkommen ist. So wie nun eine aufgezogene Uhr ihre bestimmte Zeit zum Ablaufen hat, so bestimmt das Ens Naturae im Menschen die Dauer seines Lebens. Der Geist vollendet in jedem Organ seinen Lauf, so wie die Planeten am Himmel, deren Schein zunimmt und abnimmt, was aber alles nicht materiell, sondern geistig geschieht."

Ich habe bereits darauf hingewiesen, daß sich dies alles ganz merkwürdig mit den Aussagen der *„Seherin von Prevorst"** deckt. Ernste Forscher mögen also dort nachsehen, was die Seherin über den „Himmel im Menschen", dessen „Sonnen und Lebenskreis", über „die innere Rechnung" sowie „Vorherbestimmung der Lebensdauer bei Geburt eines Menschen" usw. sagt. Von dieser inneren Astrologie haben sogar viele moderne Astrologen keine Ahnung. Es ist dies durchaus kein Vorwurf, sondern nur wieder ein Grund mehr zur Annahme, daß des Paracelsus geistige Sinne ähnlich geöffnet waren wie jene der *Seherin von Prevorst.* Sonderbar ist nur, daß Paracelsus gerade diesem „inneren Firmament" die größte Bedeutung zumißt.

Hier schon sehen wir, daß die Astronomie des Paracelsus mit astrologischen Ideen sehr verflochten ist, ja HANS KAYSER weist in seinem Wörterbuch darauf hin, daß bei Paracelsus die Astronomie oft gleichbedeutend mit der Astrologie und umgekehrt ist. Wollte man die Astronomie des Paracelsus streng für sich definieren, so müßte man in Übereinstimmung mit HANS KAYSER sagen, daß die Astronomie des Paracelsus die Wissenschaft ist, die sich mit dem Vergleich des Mikro- und Makrokosmos beschäftigt, um die Natur des ersteren physiologisch zu erläutern und das vernünftige Prinzip der Tätigkeit beider zur Erkenntnis zu bringen.

Paracelsus selbst sagte: *„Die Astronomie ist der obere Teil der Philosophie"*, wozu Dr. FRANZ HARTMANN erläuternd bemerkt: Durch die Philosophie wird das Wesen der Dinge in den Dingen erkannt. Die Astronomie des Paracelsus ist die Erkenntnis des

* „Die Seherin von Prevorst" von Dr. Justinus Kerner.

Verhaltens der Prinzipien, das heißt der Gesetze ihrer Offenbarungen als Kräfte und Tugenden.

Rademacher hingegen sieht in der Astronomie des Paracelsus durchaus keine Astrologie, sondern genau dasselbe, was hundert Jahre später Sydenham *„Constitutio epidemica“* nannte. Rademacher sagt diesbezüglich in seiner Erfahrungsheillehre: „Daß allgemeine, aber unbekannte Ursachen eine gleichmäßige Eigentümlichkeit der Krankheiten bewirken, und diese gleichmäßige Eigentümlichkeit von Zeit zu Zeit sich verändert, wußte Hohenheim so gut wie Sydenham, ja seine Beobachtung ist minder einseitig als die des Sydenham, der sie fast einzig auf akute Fieber beziehet. Ich vermute, daß nächst der erkennbaren Grundfeste der geheimärztlichen Heillehre, die Beobachtung der epidemischen Konstitution das größte Geheimnis der scheidekünstigen Sekte sein müsse.“

Hierzu sei gesagt, daß die Epidemienlehre Rademachers durchaus mit der Astrologie vereinbart werden kann, ja höchstwahrscheinlich gerade in dieser ihre beste Erklärung findet. Rademacher war aber selbst kein praktischer Astrologe; dies diene zu seiner Entschuldigung, daß er die Astrologie verwirft. Hätte er vollends Wachtelborns Gesetz der Seuchen gekannt, so hätte er wohl den Gestirneinfluß gerade bei Epidemien nicht leugnen können und einsehen müssen, daß die astrologische Medizin des Paracelsus im wesentlichen Epidemienlehre ist! Sie entspringt, wie auch Hans Kayser bestätigend sagt, der Überzeugung, daß die Ursache allen Lebens auf unserer Erde, so auch die schließlichen Ursachen der Entstehung vieler Krankheiten kosmischer Natur sind, die Krankheiten also, wie Paracelsus sich ausdrückt, vom Himmel beeinflußt werden.

Und damit sind wir zur vielumstrittenen Kernfrage gekommen: Welche Stellung nimmt die Astrologie im medizinischen System des Paracelsus ein, und was hielt er selbst von der Astrologie?

Es lassen sich nämlich Dutzende Stellen aus den Werken Hohenheims zitieren, die einmal *für,* dann wieder *gegen* die Astrologie sprechen: Wer schafft uns da Klarheit?

Soweit ich die neuere Literatur, die diesbezüglich in Betracht kommt, überblicken kann, gebührt HANS KAYSER bei Klärung dieser sicherlich nicht leichten Frage besondere Anerkennung. Er hat sich sehr eingehend damit in seinem bereits mehrfach erwähnten Buche „Schriften Theophrasts von Hohenheim" auseinandergesetzt und – was besonders für uns wichtig ist – KAYSER kennt die Astrologie nicht nur dem Namen nach, sondern er hat sich selbst praktisch mit Astrologie befaßt. Nur solch ein Kritiker ist nach unseren bisherigen Ausführungen „kompetent". Deshalb erteilen wir HANS KAYSER das Wort:

„Praktisch die wichtigste Stellung nimmt die Astrologie im medizinischen System Hohenheims ein. Die älteren Universalhistoriker der Medizin, Anhänger sowie Gegner des Paracelsus, waren sich über dessen Astrologie vollkommen einig. Erst mit HÄSER beginnt die Verwirrung, die in den Behauptungen unserer bekanntesten heutigen Paracelsusforscher den Höhepunkt erreicht.

Im 16. Jahrhundert und in den früheren Jahrhunderten gehörte die Astrologie zum notwendigen Wissen eines jeden gelehrten Arztes. Man hielt den Menschen für ein getreues ‚Konterfei' des Himmels, die Erde galt als ein lebendes Wesen, wie die Planeten und alle Himmelskörper. MARSILIUS FICINUS spricht zum Beispiel von Haaren, Zähnen und Knochen unseres Wandelsternes. Sogar in neuerer Zeit vergleicht G. H. VON SCHUBERT Planeten-Ellipsen mit dem Menschenkörper, und die zum Sonnensystem gehörigen Planeten (da ungefähr die eine Hälfte vor-, die andere rückläufig sei) mit dem Arterien- und Venensystem des Menschen. FECHNERS Zendavesta ist für all diese Anschauungen nur ein mehr oder weniger auf die Formeln der Wissenschaft gebrachter Sammelbegriff. Es ist einleuchtend, daß diese Vermenschlichung der Erde aufs engste mit dem astrologischen Glauben an eine Beseelung der Gestirne und des Weltalls zusammenhängt und daß nur diese Kopulierung einen fruchtbaren Boden für die astrologisch eingestellten Ärzte bilden konnte. Wenig bekannt dürfte sein, daß der heute noch im Publikum in großem Ansehen stehende Heil- oder Animalmagnetismus in der direktesten Luftlinie von der alten Astrologie abstammt. Sein Begründer, FRANZ ANTON

Mesmer, faßte seine aus dem Studium der Mystiker erworbenen astrologischen Kenntnisse in seiner Doktor-Dissertation ‚De influxu planetarum in corpus humanum' (Wien 1776) zusammen, wurde darob zwar ausgelacht, was ihn aber nicht davon abhielt, seine Theorie des Magnetismus auf dieser Arbeit zu begründen und sie später, nachdem ihm der Wiener Boden etwas heiß geworden, in Paris auszubauen."

„Eines der vielen Medien, durch die eine Gestirnswirkung auf den Menschen möglich ist, und die sich wohl alle auf einen ‚vapor', nämlich den Astralgeist (den Tinkturgeist J. Böhmens) zurückführen lassen, ist der ‚Spiritus Vitae' (Lebensgeist), durch ihn steht der Mensch in Konnex mit der astralen Welt. Man muß wohl beachten, daß die Sterne die Krankheiten nicht in oder an sich haben, sondern sie den Menschen nur zufügen (inklinieren)*. Sämtliche Geisteskrankheiten kommen vom Gestirn. Der 2. Traktat des *Paragranum ‚De Astronomia' (Band II,* Seite 41 ff.) behandelt fast nur das Verhältnis der Gestirninfluenz zu den Krankheiten insgesamt. Auch die Hysterie steht nach der paracelsischen Theorie unter dem ‚Himmel'. Die Schrift: *‚De Caduco Matricis' (Band IV,* Seite 365 ff.) ist voll von astrologischen Beziehungen der Gestirne zu den Matrix-Krankheiten. Man darf wohl mit gutem Gewissen behaupten, daß die gesamte Pathologie sowie Therapie Hohenheims ohne ein vorheriges gründliches Eingehen auf dessen Stellung zur Astrologie (im weiteren Sinne) gar nicht verstanden werden kann. Dabei verargen ihm sogar seine günstigsten Beurteiler wie *Kopp* u. a. den astrologischen ‚Aberglauben'. Was Wunder, wenn Paracelsus das Unglück hatte, *entweder gar nicht oder nur ganz einseitig verstanden worden zu sein!"*

„Im *Lib. de Imaginibus (Band IX,* Seite 377) schreibt Paracelsus, nachdem er Ptolemäus den ‚besten Astronomus'** genannt

* Vielleicht könnte man auch sagen: Disharmonische Gestirnstellungen erregen im Menschen disharmonische Schwingungen. Disharmonie ist aber gleichbedeutend mit Krankheit. Natürlich spielt hierbei das Radixhoroskop eine große Rolle, eine ebenso große die ethische Entwicklungsstufe des betreffenden Menschen usw.

** Ptolemäus war aber auch ein vorzüglicher Astrologe! Die meisten seiner Divinationsregeln kann man auch heute noch in der Astrologie anwenden.

hat: ‚Denn das rechte und höchste Geheimnis der Astronomiae geht aus der Magica und bedarf keiner Rechnung, auch weder Schreiben noch Lesen: Und ist also leicht und gering, daß es auch die Bauern mögen lernen.‘ Auch hier wieder das Zurückgehen auf den Ursprung der astrologischen Weltanschauung, welche der bloßen Intuition schon das verdankte, was später dem von den Zusammenhängen mit der Natur losgelösten Verstand erst nach mühseligen und komplizierten Rechnungen zu erreichen möglich war. Die alten Astronomen und mit ihnen die Mystiker blickten tiefer als unsere neuen Himmelsbeschreiber oder Astronomen; ihre gesamte Astrologie und Physik beruhte auf der richtigen Idee von der Konformität des universellen Geschehens (in den Gestirnen) mit den partiellen (in den Gliedmaßen) des Individuums, sowie auf dem Gesetz, daß in den leichten Regionen sich das früher auswirkt, was in den schwerer beweglichen später.“*

Paracelsus verwirft nur die *Astrologia judiciaria,* also die ordinäre Sterndeuterei, welche die Zukunft des Menschen *bis ins kleinste Detail* vorhersagen will: „Und sollt Euch der Meinung entschlahen, daß Ihr so lang geacht habet und Judicia gesetzt dem Menschen auf die Natur der Sterne. Welches wir wohl belachen mögen“ *(Paramirum).* Und: „Billiger wird gesprochen, der Mars schlägt dem Menschen nach, denn der Mensch dem Mars . . . der Mensch nimmt nix aus dem Ascendenten: er nimmts aus dem Limbo und ist aus der Hand Gottes gemacht“ (ebenda Lib. II, cap. 7). Aber das Wechselverhältnis zwischen den großen kosmischen Bewegungen und den Veränderungen des Menschengeschlechts sowie den Zusammenhang in allen Teilen der Schöpfung, das ist die *„natürliche Astrologie“,* anerkennt Paracelsus sehr wohl: „Der die unteren Sphär kann, ist ein Philosophus, der die oberen kann, ein Astronomus . . .“

* Baader: Über Divinations- und Glaubenskraft, Ges. Ausgabe, Bd. 4, S. 71. Die Baadersche Lehre vom Weltgebäude darf als der letzte und interessanteste Versuch betrachtet werden, diese der heutigen Weltansicht gerade entgegengesetzte Weltansicht mit allen Mitteln der philosophischen Spekulation zu begründen und zu rehabilitieren. Eine gute Zusammenfassung der in allen Baaderschen Schriften zerstreuten Lehre gibt „Baaders Lehre vom Weltgebäude“, Frankfurt a. M. 1866.

Auch sonst folgt er in vielen Ansichten den alten astrologischen Überlieferungen und Theorien. Erst mit dem Austritt des Kindes aus der schützenden Hülle des Mutterleibes ist dem Makrokosmos die Möglichkeit gegeben, auf den neuen Erdenbürger zu wirken. „Und merket aber hierbei, daß in der Stunde der Empfängnis den Geistern solcher Gewalt nicht ist, *als in der Stund, in der das Kind aus Mutterleib geboren wird.*"

„Ebenso wie Paracelsus in seiner Lehre vom Menschen dessen Wesen scharf in ein „viehisches" und „himmlisches" = „englisches" teilt, gibt er auch nur eine Wirkung auf das „Vieh" im Menschen zu, also auf dessen sinnliche Empfindungen. *Ein weiser Mann regieret jedoch das Gestirn, „einen viehischen Menschen aber regieret, meistert, zwinget, nötigt das Gestirn, also daß er dem Gestirn muß nachgeben zu gleicher Weis wie der Dieb dem Galgen, der Mörder dem Rad, der Fischer den Fischen, der Vögler den Vögeln, der Weidmann dem Gewild" (De Signat. Rer. Nat.). „So die Ding nit viehisch wären und sich die Leut hielten im Weg des Herrn, so könnten die Pythones und Augures Coeli* (die Astrologen) *die Ding nicht anzeigen:* Dobei erkennen die unsinnige Art derer, die als in solchen Gestirnen wandeln, auf und ab, hin und wider, das alles nit christlich ist" (Lib. de Lunacitis). In *„De Vera Influentia Rerum" (Band IX,* Seite 137 bis 139) gibt Paracelsus die Wirkung des Gestirns auf das „Vieh" (das Tierische im Menschen) zu, leugnet sie aber in bezug auf die Seele, das Göttliche im Menschen.

„Also ist der Himmel allein des Viehes Herr und denselben gewaltig und nicht des (Göttlichen im) Menschen. Denn das sollet ihr wissen, daß Gott die Planeten und alle andere Gestirn des Himmels nit darum hat erschaffen, in der Meinung, daß sie den Menschen regieren und derselbigen Herr sein sollen: Sondern zum Dienste des Menschen, daß sie ihm als andere Kreaturen dienen sollen. So groß ist menschliche Weisheit, daß sie unter ihr hat alle Gestirne, Firmament und den ganzen Himmel. Und gleich wie er Macht hat über die Erden, also auch über den Himmel: Und gleich wie ihm unterworfen sein Schaf, Küh etc., also auch Sonn, Mond und alle Sterne."

Paracelsus erkannte bereits, *daß Gedankenkräfte die Gestirneinflüsse beherrschen können.* „So sag ich euch in Wahrheit, daß die Gedanken tun, was Gestirn und Elemente nicht vermögen, sondern die Gedanken herrschen und regieren wider diese alle ... Dieselben übertreffen das natürliche Licht und aus den Gedanken gebiert sich ein Motor, der nicht elementarisch, noch astrologisch ist. So nun die Gedanken dermaßen gewaltig sind und regieren das Gestirn und Elemente durch den neugeborenen (wiedergeborenen) Geist, sollten sie dann nicht auch ein anderes Werk tun als Gestirn und Elemente vermögen zu tun? Das ist natürlich, die Gedanken machen einen neuen Himmel, ein neues Firmament, dazu auch eine neue Kraft, aus welcher neue Künste fließen ... Einer, der da für sich nimmt eine neue Sache zu tun, der macht ihm einen neuen Himmel und aus demselben geht das Werk, das er tun will." (*X. Band,* Seite 161).

Fassen wir also des Paracelsus Verhältnis zur Astrologie zusammen, so ergibt sich für uns zweierlei. Erstens – wie SCHLEGEL treffend sagt: „Das wunderbare Geheimnis der Gestirne hat auch Paracelsus mächtig angezogen. Ihm widmet er seine edelsten Gedanken, und wie Dantes Göttliche Komödie, so widerhallt der geistvolle Bau seiner Werke in allen Räumen vom Ruhme der Himmelslichter. Der große Italiener beschließt die drei Abteilungen seiner Gesänge jedesmal mit dem Worte ‚Sterne'. Hohenheim widmet ihnen eines seiner reichsten und schönsten Bücher: *‚Die große Astronomie', den 10. Band** der HUSERschen Ausgabe."

Und zweitens: Auch Paracelsus lehrt nur einen *bedingten Gestirneinfluß, eine Anschauung, zu welcher sich die moderne Astrologie auch immer mehr und mehr durchringt.* Die Quintessenz dieser Lehre vom bedingten Gestirneinfluß lautet: *Der geistig-wiedergeborene Mensch ist frei vom bösen Gestirneinfluß.* Paracelsus sagt ausdrücklich, daß auf den geistig wiedergeborenen Menschen Aszendent und Planeten keinen schlimmen Einfluß

* Magna Astronomia oder Philosophia Sagax, von welchem Buch Hans Kayser sagt: „Die Philosophie der Astrologie, vielleicht die einzige, die bis heute geschrieben wurde, enthält die Philosophia Sagax.

ausüben können. Da aber die Menschheit noch lange nicht aus lauter geistig wiedergeborenen Menschen besteht, so ist es für den Arzt sicherlich von vielfachem Nutzen, sich mit der Astrologie vertraut zu machen.

Und noch etwas muß besonders betont werden: Erst wenn man sich die Mühe nahm, selbst ein praktischer Astrologe zu werden, mag man darangehen, die Astrologie eines Paracelsus einer „kritischen Prüfung" zu unterziehen. Dann aber wird man sicherlich erkennen, daß Paracelsus schon wußte, was er wollte, als er sagte: *„Die Astronomie ist der obere Teil der Philosophie."*

Alchemia

Ebenso wie die *Astronomia* (oder Astrologie) des Paracelsus ist auch dessen *Alchemia* für die moderne Wissenschaft noch ein unbekanntes und unverstandenes Terrain, das nur ungern betreten wird.

Genauso wie bei der Astrologie des Paracelsus lassen sich auch bezüglich seiner Alchimie Dutzende von Stellen aus seinen Werken zitieren, die einander widersprechen. Zum Beispiel: Weil Paracelsus sagte: die vornehmste Aufgabe der Alchimie sei nicht Gold zu machen, sondern veredelte höchst wirksame Arzneien, schlossen übereifrige „Paracelsusforscher", es gebe in Wirklichkeit gar keine reelle Goldmachkunst und alle Alchimisten seien Betrüger oder betrogene Betrüger gewesen.

Daß dieses leichtfertige Urteil in Wahrheit ebenso irreführend ist wie jenes, wonach Hohenheim auch jeden Gestirneinfluß abgeleugnet habe, ist für jeden, der sich nur einigermaßen mit der Geschichte der Alchimie befaßt hat, eine feststehende Tatsache.

Hohenheim verwirft die Alchemia nur als *goldmacherisches Glücksspiel.* Am Schlusse des zweiten Buches *„De Causis Morbor Invisibilium" (Bd. I,* Seite 268) vergleicht er den Glauben der Alchemisten mit dem der Wiedertäufer: „Derselbig weiß nichts und sucht für und für. Gerät ihm eins, so fehlen ihm zwanzig, wenn einmal eine Wahrheit kommt, so geschieht es nimmer."

Aber sonst ist er auf „die Kunst“ gut zu sprechen: „Wer kann der Alchimia feind sein, so sie nicht schuldig ist? *Sondern der ist schuldig, der sie nicht recht kann**, der sie *nicht recht braucht.“ (Labyrinthus Medic.* im *Band II,* Seite 212 ff.) Wie steht es nun mit Hohenheims praktischer Alchimie?

Ein Schüler Hohenheims erzählt in MICHAEL NEANDERS Orbis Terrae Partium (Lipsiae 1586 und 59), daß sein Lehrer Goldmacher gewesen sei. Teile dieses Briefes haben wir bereits in diesem Band abgedruckt. Auch JOACHIM NEANDER (Antiquis Medicinae Natalit. Bremae 1623, p. 336) zweifelte keinen Augenblick, daß Paracelsus künstlich Gold gemacht hat, ebensowenig der doch sonst so einsichtsvolle OL. BORRICHIUS.

In der Vorrede des heute allerdings etwas selten gewordenen Werkes „Commentaria über Gebers Werke“ (Wien 1792) wird erzählt, „daß Theophrastus Paracelsus in einer fürnehmen Stadt im Württemberger Lande einen ganzen Zentner Blei in das wahre Gold tingieret und verwandelt, ja er soll des Reichtums genug gehabt haben, daß er auch denjenigen, so ihn als einen vortrefflichen Medicum zu Rate gezogen, seinem adeligen Gemüte nach frank und frei geholfen habe“. –

Natürlich sind diese „Anekdoten“ noch keine streng wissenschaftlichen Beweise, dessen ist sich auch HANS KAYSER wohl bewußt, er überläßt daher die Beurteilung dieser „Anekdoten dem großgünstigen Leser“. Wir schließen uns diesbezüglich HANS KAYSER an.

Anders steht es mit gewissen Hinweisen in alten Handschriften oder gar in vertraulichen Aufzeichnungen, die von Hohenheim selbst stammen. Eine aus dem siebzehnten Jahrhundert stammende Handschrift „Ernstliche und gründliche Unterweisung über die Universale Medicina vom Stain der Weysen, wie selbige

* Arnoldus de Villa nova sagt auch: „Die Narren aber, wann sie verstehen nach den Buchstaben und bloßen Worten die Sprüche der Philosophorum, sind recht blind und finden nichts denn eine Lüge, und dann sagen sie: Die Weisheit ist falsch, denn wir haben sie versucht und nichts gefunden. Und dann sind sie wie die Verzweifelten und verachten die Bücher und die Weisheit, und darum verachtet auch sie die Weisheit wiederum, dann unsere Weisheit von den Verborgenheiten der Natur hat keinen Feind, dann den, so sie nicht weiß noch verstehet.“

aus dem rechten Ursprungsgrund und natürlichen Wurzel gemacht werden soll", läßt darauf schließen, daß auch Paracelsus Besitzer des Steines der Weisen oder des Lebenselixiers war. Ein Satz dieser Handschrift lautet nämlich: „Wie obgemeldet dannenhero Paracelsus den *roten Lewen* (die rote Tinktur oder den Stein der Weisen) besaß." Paracelsus selbst hat in seinen Schriften *„De lapide Philosophorum" und „De Tinctura Physicorum"* angedeutet, seine schwierigsten, überraschendsten Kuren eigentlich mit verschiedenen durch den Lapis philosophorum besonders heilkräftig gemachten Kräutertinkturen vollbracht zu haben.

Schließlich weise ich noch auf die Abhandlung SINDBADS „Das Lebenselixier in Bulwers Romanen . . ." hin, worin steht:

„Es war mir nun durch eine Verkettung günstiger Umstände möglich, Einblick in fünf Paracelsusbriefe zu nehmen, die in einer wenig zugänglichen Handschriftensammlung in Abschrift vorliegen." Einer dieser Briefe „eröffnet dem Herrn Bartholomaeo Krondorfer und dem Signor Jana das Geheimnis, wie Metalle zu gutem Sol und Luna mögen gebracht werden".* Ein Satz dieses Briefes enthält die Prophezeiung: „So wird doch meine Wahrheit in den besten Zeiten dieser Welt blühen und den Unverständigen kund getan werden, damit sich auch die Landstreicher mit ihrer Practica verkriechen können und das Licht meiner Wahrheit scheinen wird."

Der zweite Brief (an Meister Ulrich Beck in Wien gerichtet) beginnt: „Lieber, guter, vertrauter Freund, damit Du . . . folget ein Modus, so ich Theophrastus Bombast selbst gearbeitet an der Tinctur und dieses schenke ich Dir mein Discipel, wenn Du zum End der Tinctur kommst, zum neyen Jahr und zum seeligen Andenken, daß Du magst alles so im Himmel und Erden und vier

* Aber man glaube deshalb nicht, daß Paracelsus darin eine so klare Darstellung des Rezeptes zum Stein der Weisen gab, daß nun jedermann danach arbeiten könne. Paracelsus sagt diesbezüglich in seinen Schriften: „Sucht, sucht, spricht der höchste Spagyrus, so werdet ihr finden, klopfet an, so wird euch aufgetan. Denn es wäre Sünd und Schand, daß man einem solchen (jeden) schlimmen Vogel das Muß ins Maul stieße und hieß ihn nicht selbst danach fliegen, wie ich und alle andere vor mir haben tun müssen. Darum gehe der rechten Kunst nach, so wirst du in derselbigen vollkommene Erkenntnis bekommen." Diese Stelle spricht sehr deutlich dafür, daß Hohenheim endlich nach langem Suchen den Stein der Weisen gefunden hat.

Elementen ist, erfahren und durch dieses einzige Mysterium so Du die Tinctur hast, ersehen kannst, was unter und ober der Erden ist."

Ich glaube, für den denkenden Leser genügen diese Hinweise aus verschiedenen Quellen, sie verdichten sich immer mehr und mehr zu der Annahme, daß Paracelsus *doch* ein *wahrer Adept der Alchimie* war, das heißt, nicht nur Bücher über den Stein der Weisen geschrieben, sondern das große Elixier oder die rote Tinktur auch tatsächlich besessen hat.

Wenn aber Paracelsus sagt, der eigentliche Zweck der Alchimie sei nicht das Goldmachen, sondern die Bereitung veredelter Arzneien, so hat er auch damit recht. Denn alle Besitzer des Steins der Weisen stimmen darin überein, daß sie die medizinischen Tugenden des Lapis Philosophorum *höher* einschätzen als dessen metallveredelnde Kraft. Irgendein Krösus oder Milliardär kann Gold in Hülle und Fülle besitzen, *aber keinen Tropfen des Lebenselixiers!* Und mit all seinem Gold kann ein solcher Mensch sich oft nicht einmal seine verlorene Gesundheit und Jugendkraft erkaufen, geschweige sein Leben verlängern. Alles dies soll aber durch vernünftigen Gebrauch des Lebenselixiers möglich sein, wie wir noch ausführlicher hören werden.

Ganz allgemein versteht Paracelsus unter Alchimie die Kunst, das zu vollbringen, was die Natur allein ohne Hilfe des Menschen nicht fertigbringt. Die Natur bringt zum Beispiel Getreide hervor, aber der Bäcker macht Brot daraus. Somit ist der Bäcker ein Alchimist. Wer aus Pflanzen und Metallen hochveredelte Arzneien, die sogenannten Arcana der spagyrischen Ärzte, herzustellen vermag, der ist ebenfalls ein Alchimist.

SCHLEGEL sagt über die *„Alchimia"* des Paracelsus: „Der Paracelsische Grundbegriff der Alchimie ist nichts anderes, als die künstliche Vervollkommnung des von der Natur gebotenen rohen Materials.* In uns selbst ist ein solcher Alchimist, der schei-

* In dieser ganz allgemeinen Formel ist aber auch die eigentliche Alchimie mit enthalten. Die Adepten sagen doch alle bezüglich des Lapis philosophorum: „Dort, wo die Natur aufhört, fängt die Kunst (der Alchimie) an." Die Natur erzeugt Gold, der Alchimist das übervollkommene Gold.

det purum ab impuro (wie die oft gebrauchte Formel lautet) und besorgt damit die Verdauung. Er ist der größte Chemiker, unablässig beschäftigt, Stoffe zu trennen und zusammenzusetzen. Was er meisterhaft im verborgenen tut, das vollbringt die menschliche Alchimie in der Außenwelt. Auch der Schmied, der aus rohem Eisen eine Axt macht, ist in diesem Sinne ein Alchimist. Daß der Arzt alles auf diesem weiten Gebiete kennen und verstehen soll, ist eine berechtigte Forderung; dieselben Kräfte wirken ja außen und innen. Auch ist die Bereitung und Verfeinerung der Arznei ein Zweig dieser alchimistischen Tätigkeit. Ohne alle Schwierigkeiten läßt sich diese „Säule" Hohenheims wiederfinden in den modernen Naturwissenschaften. Sogar der *„Archäus"* (der innere Schmied und Chemiker) kommt heutzutage zu Ehren, indem seine Tätigkeit in der physiologischen Pathologie belauscht wird. (= Die Abwehrtätigkeit des Organismus gegenüber den äußeren Schädigungen.)

Jetzt erst verstehen wir Hohenheim, wenn er sagt: „Die Alchimie ist die Kunst, die Lebenskraft ist der Künstler. Durch sie wird das Brot im Magen verdaut und in Blut und Fleisch verwandelt, was nicht durch den Backofen geschehen kann. Darum ist die Alchimie eine von Gott eingesetzte Kunst, und die rechte Kunst der Natur. Die Sudelkocherei aber ist von den Apothekern erfunden. *Ein Doktor ohne alchimistische Kenntnisse ist ebensowenig ein wirklicher Arzt, als das Spiegelbild eines Menschen ein wirklicher Mensch ist."*

Daß aber Paracelsus nicht nur ein Alchimist, sondern auch nach heutigen naturwissenschaftlichen Begriffen ein hervorragender Chemiker war, dem die Chemie viel verdankt, ist heute in wissenschaftlichen Kreisen wohl allgemein bekannt. So, zum Beispiel, schreibt PROKSCH in seiner Studie „Paracelsus als medizinischer Schriftsteller": „Der Ehrenplatz, den die Naturforscher und Chemiker JOH. FRIEDR. GMELIN und HERMANN KOPP dem Paracelsus in der Chemie zuerkannt haben, ist seither meines Wissens weder von Chemikern noch von Ärzten in Zweifel gezogen, sondern allgemein anerkannt worden; auch GOETHE nennt Paracelsus als den, der ‚den Reigen derjenigen anführt, welche auf den Grund der chemischen Farbenerscheinungen und Veränderungen zu dringen suchen'. Wäre auch noch weniger als die Hälfte von alledem richtig, was GMELIN und KOPP dem Paracelsus an Erfindungen und Entdeckungen zuschreiben, so müßten auch dann noch die großen Verdienste des Paracelsus um die Chemie ihn als einen der bedeutendsten Männer seiner Zeit erscheinen lassen."

Im übrigen müssen wir uns jedoch hüten, an die Alchimie Hohenheims bloß den Maßstab der modernen Chemie zu legen. Die Alchimie Hohenheims umfaßt sicherlich weitaus mehr als sogar die klassische Alchimie der bloßen Metallverwandlung und Herstellung edler spagyrischer Arzneien, sie umfaßt auch weitere Gebiete als irgendeine moderne Chemie und Biochemie, denn sie kennt auch die Einwirkungen des Geistes und der Seele auf den Körper oder die Stoffumwandlungen, die in unserem physischen Körper durch die transmutierenden Kräfte der Seele und des Geistes vor sich gehen. *Damit wären wir in das höchste Gebiet der Alchimie, in die Alchimie der Seele und des Geistes gekommen.*

Daß es eine solche gibt, daß also durch rein seelische Kräfte (durch die Kräfte des Gemütes) oder durch rein geistige Kräfte (zum Beispiel durch die Kräfte der Imagination oder Einbildung) schließlich auch materielle Veränderungen und Umwandlungen im physischen Leib vorkommen können, wußte zwar Paracelsus schon vor vierhundert Jahren; unsere moderne Wissenschaft hat derlei nun auch beobachtet und wiederentdeckt, wie jeder weiß, der die Phänomene der Hysterie und Hypnose studiert hat. Aber nur wenige erleuchtete Wissenschaftler wie zum Beispiel Prof. Dr. CARL LUDWIG SCHLEICH haben daraus die richtigen philosophischen Schlüsse gezogen!

Die Quintessenz dieser Erkenntnis, welche Quintessenz sich aber mit der Philosophie der Veden, sowie mit der okkulten Philosophie aller Zeiten deckt, läßt sich kurz dahingehend zusammenfassen, *daß sich Geist in Kraft und Kraft in Stoff umwandeln kann.* Daraus folgt für uns die wichtige Erkenntnis, daß Umwandlungen der Materie nicht nur durch stoffliche Mittel oder durch chemisch-physikalische Energien erzeugt werden können, sie können vielmehr ebensogut – *ja unter Umständen weitaus rascher* – durch seelische und geistige Kräfte hervorgerufen werden. Ein herrlicher Beweis für die Kontinuität aller Ebenen des Universums von der höchsten geistigen Ebene bis zur tiefsten, die wir als die Welt der grobstofflichen Erscheinungen kennen, ein herrlicher Beweis aber des weiteren für die Superiorität oder Überlegenheit der geistigen und seelischen Kräfte über die Materie. Man kann also sehr wohl von einer seelischen und geistigen Alchimie reden, und zwar nicht nur im Sinne der Mystiker, die darunter nur eine Umwandlung der niederen seelischen und geistigen Kräfte in höhere verstanden, sondern direkte im metaphysisch-physikalischen Sinne. Nebenbei bemerkt soll es tatsächlich Adepten geben, die auch Metalle bloß durch ihre seelischen und geistigen Kräfte transmutieren können.

Dies alles vorausgeschickt, sind wir nun soweit, um auch Dr. Franz Hartmann richtig zu verstehen, wenn er sagt: „Vielleicht ließen sich die Grundzüge der Alchemie des Paracelsus in folgenden sieben Punkten zusammenfassen.

1. Jedes Ding ist eine Einheit von Substanz, Energie und Bewußtsein, in der sieben Prinzipien oder Daseinszustände unterschieden werden können. Das zunächstliegende, dessen sichtbarer Ausdruck der materielle Körper ist, ist der ätherische Leib oder Ätherkörper. Dieser ist die Werkstätte der höheren Prinzipien (der Seele), und der Sitz oder Träger der Lebenskraft, durch welche die Lebenstätigkeit des materiellen Körpers vermittelt wird.

2. Die Seele mit dem von ihr gebildeten Astralkörper ist nicht nur innerhalb, sondern auch außerhalb des sichtbaren Körpers. Sie wird von keinem physischen Körper begrenzt, hat aber ihre eigene Daseinssphäre *(Aura)* oder Individualität. Jedes lebende Wesen hat eine materielle, eine ätherische, eine astrale und eine geistige Aura und ist von ihnen wie von konzentrischen Kugeln umgeben. Diese Sphären werden durch die Ausstrahlungen ihrer Prinzipien gebildet und sind je nach dem Entwicklungsgrad der einzelnen Prinzipien voneinander verschieden.

3. Die „Seele“ eines Dinges wirkt nicht nur im Körper, sondern durch diese Ausstrahlungen auch auf andere gleichartige Prinzipien in anderen Formen ein und nimmt die Ausstrahlungen anderer in sich auf.* Die Wirkungsweise eines Dinges erstreckt sich, soweit als seine Daseinssphäre reicht. Da der göttliche Geist eines Menschen jedoch keine Grenzen kennt (wenigstens nicht innerhalb der Sphäre unseres Planeten), so ist auch die Entfernung kein Hindernis für die Gedankenübertragung zwischen zwei gleichgesinnten (gleichgestimmten) Seelen.

4. Die materiellen Ausstrahlungen bringen materielle Wirkungen hervor, die ätherischen ätherische, die astralen astrale, die geistigen geistige, und da das Höhere auch wieder auf das Niedere wirkt, so gehen aus diesem Gesetze zahllose Wirkungen und Gegenwirkungen hervor.

5. Jede Kraft entwickelt sich aus ihrem Zentrum. Die von lebenden Wesen ausgehenden Kräfte enthalten Lebensgeist; die von einem geistigen Mittelpunkte ausgehenden Strahlen können geistige (magische) Wirkungen hervorbringen.

6. Aus der Vermischung ähnlicher Ausstrahlungen entspringt die Berührung, aus dieser die Liebe, und aus dieser die körperliche Vereinigung.

7. Dieses Gesetz existiert für alle Wesen und auf allen Stufen des Daseins und seine Wirkungen sind durch die äußerlichen Bedingungen, unter denen es tätig ist, voneinander verschieden.“

„In diesem Gesetze“ – sagt Dr. Franz Hartmann in seiner „Medizin des Paracelsus“ – „liegt der Schlüssel zum Verständnisse aller chemischen, physiologischen und pathologischen Vorgänge, Arzneiwirkungen, Heilungen usw., die jeden, der dieses Gesetz nicht kennt, trotz allen Beobachtungen, Probieren und Studieren unverständlich sind, sich aber für den, der es in sich selbst

* Deshalb kann die bloße Gegenwart eines reinen, guten Menschen auf andere fördernd, ja heilend wirken, umgekehrt, die eines niedrigen, schlechten Menschen unter Umständen schädigend. Man liest in indischen Büchern (und auch in der christlichen Mystik), wie die Ausstrahlungen der Heiligen ungemein wohltuend auf ihre Umgebung einwirkten. Diese Ausstrahlungen können schließlich auch objektiv werden: Heiligenschein (Aura) Geruch der Heiligkeit.

erkennt, von selbst versteht; denn wer nach ‚Wahrheit' in äußerlichen Dingen sucht, der findet nur die Wirkungen des Gesetzes, nicht aber die ‚Wahrheit' selbst, die der Grund aller Dinge ist. Wer aber in sich selbst das Gesetz erkennt, und dem Gesetz gemäß handelt, der erkennt ‚Die Wahrheit' und den Grund."

Paracelsus sagt diesbezüglich *(Archidoxis Lib. I. Prolog.):* „So wollen wir gedenken, die Geheimnisse der Natur dort zu suchen, wo das Ende zeigt den Grund der „Wahrheit" und nicht allein diesen Grund, sondern die Geheimnisse angibt und mit der höchsten Liebe den Menschen erfüllet. Das ist der Schatz, das *Summum Bonum* (auch der wahren Alchimisten), und aus diesem Grunde schöpfen wir unsere Medizin."

Mithin ist die „Alchemie" des Paracelsus *etwas weitaus Umfassenderes,* als es ein Professor der Chemie, der kein Okkultist und Mystiker ist, auch nur ahnt. Sie erstreckt sich von der Physis bis zum Geist, von der Außenwelt bis in unser innerstes Zentrum. Im Grunde genommen sind wir alle seelische und geistige Alchimisten, in uns selbst findet täglich – wenn auch unbewußt – die Transmutation unserer seelischen und geistigen Kräfte in höhere oder niedere Formen statt und schließlich wird sogar der physische Leib zum Spiegelbild der in ihm waltenden spirituellen Kräfte. – „Es gibt eine Gerechtigkeit schon hier auf Erden, daß aus Geistern Gesichter werden", sagt ein alter Spruch.

Tugend

Hohe Anforderungen stellte Paracelsus an die Tugend des Arztes, worunter aber nicht nur die ethische und moralische Tauglichkeit zu diesem menschenfreundlichen Beruf gemeint ist, sondern auch die *natürliche Befähigung* zum Arzt.

Netzhammer schreibt darüber: „Die Stiefel und die Sporen (die Paracelsus meist trug) weisen auf Hohenheims unermüdliche Berufstätigkeit als praktischer Arzt hin, welche ihn nicht nur zu den Reichen, sondern auch zu den Armen in die entlegensten Täler und höchsten Alpenhütten führte. Wahrhaft hoch und heilig hielt er seinen Beruf und predigte offenkundig nicht nur seinen Zunftgenossen die Tugend als eine der großen Hauptsäulen der Medizin, sondern bestätigte sie selbst, denn er fordert oft genug für den Arzt, daß auch bei ihm die Worte mit den Werken übereinstimmen müssen. Wohltuend berührt vor allem Theophrasts überall auftretende Sorge für die Armen, welche er besonders vom Arzt geheilt sehen will. Der höchste Grund der Arznei ist ihm überhaupt die Liebe: wen man aber lieben wolle, den müsse man zuerst erkennen; denn das sei einmal wahr: wer Gott nicht kennt, der liebt ihn nicht, wer Mariam nicht kennt, der liebt sie nicht, wer die Heiligen nicht kennt, der liebt sie nicht und wer den Armen nicht versteht noch kennt, der liebt ihn nicht. Darum muß der Arzt achten, daß diese Liebe nicht bresthaftig wird, denn sonst werden die Früchte mangelhaft werden."

„Mit welch farbenreichem Kleide umgibt nicht Paracelsus diese Gedanken über Liebe und Barmherzigkeit in seinem Gruße an die Reichen, wo er mit begeisterten Worten den barmherzigen Samariter auslegt und auf das große Spital Gottes auf Erden hinweist, in welchem Reiche und Arme krank liegen, die Reichen in den großen Sälen und die Armen in den Winkeln, beide aber bei gleicher Küche! An einer anderen Stelle führt er aus, man solle sich nicht wundern, daß er auf jenen zeigte, der von sich gesagt hat: Ich bin mild und eines demütigen Herzens, denn dieser allein ist des Arztes Lehrmeister. Und weil der Arzt derjenige ist, der am Menschen in den leiblichen Krankheiten Gott versieht und verwest, so muß er aus Gott auch dasjenige haben, was er kann. *Das erste Buch, das der Arzt lesen muß, ist Gott:* denn wer kennt die Arbeit und die Kraft der Arbeit besser als jener, der sie gemacht hat? Durch diesen kommen die arcana der Natur hervor, der sie in die Natur gelegt hat; er zeigt sie aber nur dann, wenn man darnach sucht, wenn man nach Christi Wort darum bittet und anklopft."

„An Tugenden verlangt Theophrastus vom Arzte besonders Uneigennützigkeit und Redlichkeit, Glauben und Treue, Reinheit und Keuschheit. Er soll uneigennützig sein wie das Schaf, das nicht für sich selbst, sondern für den Weber und Kürschner Wolle trägt; er soll nicht auf seinen, sondern der anderen Nutzen bedacht sein, in diesem Sinne ist Christi von Johannes Baptista mit einem Lamm verglichen worden. – Der Arzt darf kein Larvenmann, kein altes Weib, kein Heuchler, kein Lügner, kein Leichtfertiger, sondern muß ein *wahrhaftiger* Mann sein, denn er wird von Gott unter allen Künsten und Fakultäten der Menschen am meisten geliebt. Er muß aber auch eines guten Glaubens sein: ‚Du mußt in Gott einen ehrlichen, rechtlichen, starken, wahrhaftigen Glauben haben mit allem deinem Gemüt, Herzen, Sinn und Gedanken in aller Liebe und Treue. Auf solchen Glauben hin wird Gott dir seine Werke offenbar machen. Dem Volke gegenüber mußt du auch offenbar werden, wie du gegen Gott stehest in deinem Glauben, denn so sie dich unwahrhaftig finden, lügenhaft, zweiflig und unwissend, so mögen sie daraus entnehmen, daß deine Sache nichts ist gegen Gott und, daß du ein Schwärmer bist in der Arznei. Alles haben wir von Gott, oder was erfindet der Mensch von ihm selbst oder durch sich selbst? Nicht ein Plätzchen an ein Paar Hosen zu setzen.'"

Was aber die natürliche Befähigung zum Arzte anbetrifft, so ist diese ebenso nötig wie die ethische und moralische Veranlagung. Darüber hat sich Dr. Franz Hartmann in seinem Buch „Das Leben und die Lehren des Paracelsus" so treffend geäußert, daß wir diese Klassifikation der Ärzte (notabene von einem Arzt, der zugleich Okkultist und Mystiker war) hier wiedergeben:

„Es gibt heutzutage – wie damals zu Zeiten des Paracelsus – viererlei Klassen von Ärzten: nämlich solche, die als Ärzte geboren sind und die richtige Schulung genossen haben. Ferner solche, die auch von der Natur das Talent zur Behandlung von Krankheiten empfangen haben, aber nicht theoretisch gebildet sind. Drittens solche, die gar kein oder nur wenig Talent zur Arzneikunst haben, dagegen aber auf einer Hochschule abgerichtet und dressiert worden sind, wobei noch manchem das bißchen Vernunft, das er auf die Hochschule mitbringt, durch die stattfindende Ideenverwirrung verlorengeht. Schließlich die Beutelschneider, welche weder Talent haben noch abgerichtet wurden, und deren Kunst nur in der Bauernfängerei besteht."

„Die vierte Klasse ist keiner weiteren Erwähnung wert. Sie und die vorhergehende sind es, welche Paracelsus bekämpft oder richtiger gesagt, ihnen die Maske entreißt, wenn er sagt: ‚Es gibt jetzt viele Doktoren, die in früheren Zeiten nicht für tauglich befunden worden wären, Köche eines Arztes zu sein; denn die hohen Schulen machen Doktoren, die dies zu sein nicht wert sind. Aber in Deutschland glaubt man gleichwohl, daß wenn ein verdorbener Schulmeister, Henker oder dergleichen in Rom den Doktorhut empfangen habe, so bringe er auch den heiligen Geist mit. Was nützt die hohe Schule, wenn der Schüler keine Weisheit hat? *Die Kunst* (das Können) *macht den Arzt, nicht die hohe Schule. Gott macht den Arzt.* Wo aber der Geldbeutel der Grund ist, aus dem die Kunst des Arztes entspringt, da ist alles bloß Hoffart und Büberei.'"

Wozu noch Dr. FRANZ HARTMANN bemerkt: „Wir überlassen es der Einsicht des Lesers, darüber zu urteilen, ob diese Worte nicht auch heute noch Anwendung finden könnten. Uns aber will es scheinen, daß in unserer jetzigen Zeit*, in der wie damals die Wissenschaft der Medizin sich nicht auf die Gotteserkenntnis, sondern nur auf trügerische Erscheinungen stützt, von den der Konstitution des Menschen zu Grunde liegenden psychischen Ursachen nichts weiß, und irregeleitet durch Schlußfolgerungen aus falschen Voraussetzungen, unter dem Vorwande Krankheiten zu verhüten (die gar nicht vorhanden sind), Massenmorde veranstaltet und ganze Geschlechter vergiftet, es wohl an der Zeit wäre, daß ein zweiter Paracelsus erscheine, um die medizinischen Fakultäten zu einer Erkenntnis der göttlichen Weisheit zu führen, ohne welche alle irdische Weisheit oberflächlich und täuschend, und die eigentliche Natur der Krankheiten ein unauflösbares Rätsel bleibt."

* So schrieb Dr. Franz Hartmann im Jahre 1897. Ob und inwieweit heute sich die Verhältnisse gebessert haben, mögen Berufene beurteilen.

Vom Ursprung der Krankheiten

Hohenheim äußert sich darüber im elften Kapitel seines *Labyrinthus medicorum errantium* wie folgt:

„Die Alten glaubten, daß alle Krankheiten von den vier ‚Humores' entstehen und sie meinten damit die vier Elemente, vergaßen aber dabei den Samen, aus dem die Krankheiten wachsen. Die Elemente aber geben nichts, sie empfangen nur, wie ja ein Apfelbaum wohl aus der Erde wächst, aber nur dann, wenn der Same dazu vorhanden ist.* Die Elemente sind somit nicht die Ursache, sondern das Mittel.

Man muß deshalb die Krankheiten aus ihrem eigenen Samen und Ursprung erkennen. Es handelt sich nicht um die Beseitigung des Bodens, auf dem die Krankheit wächst, sondern um die Beseitigung der Krankheit; denn in keinem Fall soll der Leib der ihm nötigen Elemente beraubt werden. Ein Weinstock wächst aus einem sichtbaren Samen, und aus diesem wachsen die Trauben, aus diesen der Wein. So hat jedes Ding seinen Samen, der aber nicht immer sichtbar ist, und dieser Same oder diese Ursache *ist das Produkt einer noch tiefer liegenden Ursache.*"

„Den Samen, aus dem der Wein wächst, sieht niemand; der Same, aus dem Holz wächst, ist sichtbar. Beide sind aber ungeschieden, so wie Seele und Leib. So haben auch die Krankheiten zweierlei Samen; entweder ist er schon vom Anfange an geschaffen (latente Krankheitsursache), oder durch Verderbnis entstanden, und jedes Rezept, das nicht gegen den Samen (die Krankheitsursache) gerichtet ist, taugt nicht viel." (Weil es keine radikale Heilung bringt!)

„Es heißt, daß der Arzt dort anfängt, wo der Philosoph aufhört. Wenn man aber kein Philosoph ist und von der Philosophie nichts weiß, wie kann man da anheben, wo die Philosophie aufhört? Der Philosoph (Naturwissenschaftler) hört auf im natürli-

* Umgekehrt kann auch der beste Samen nicht aufgehen und wachsen, wenn er kein taugliches Erdreich findet. Der Same der Krankheit ist, modern gesprochen, der Infektionskeim; das Erdreich stellt die Konstitution oder Disposition des Kranken vor.

chen Lichte, das heißt in der Erkenntnis der Natur. Dann kommt aber das geistige Licht, die Erkenntnis durch die Kraft der Weisheit. So sollt ihr in der kleinen Welt richten, wie der Philosoph in der großen. Dann könnt ihr jede Krankheit erkennen, wie der Bauer die Bäume im Felde, und sehet ein, was für Arznei nötig ist, so wie der Bauer weiß, daß man den Baum mit der Axt umhauen kann. Ohne Erkenntnis aber wandelt der Arzt in einem endlosen Labyrinth von Wahrscheinlichkeiten und findet keinen Ausweg."

„Der Grund der verborgenen Krankheiten liegt im siderischen Körper (Astralkörper), und muß durch diesen erkannt werden. Der wahre Arzt sieht in die (astrale) Natur, wie die Sonne durch ein Glas. Alle verborgenen Dinge, die dem irdischen Leib nicht offenbar sind, werden durch die magische Kunst offenbar, und es ist nötig, daß ein Arzt darin bewandert ist, denn ohne diese Kunst irrt er, und ist besser zum Betrüger geeignet, als zur Wahrheit." Die *Magie ist die Anatomie der Medizin.* Wie ein Metzger einen Ochsen zerlegt und sieht, was drin ist, so offenbart die Magie alles, was in allen Teilen der Natur enthalten ist. Die leiblichen Augen sehen die Form, aber der Verstand sieht die darin enthaltenen Tugenden. In den Tugenden und nicht im Leibe liegt die Arznei. Der Geist oder das Wesen ist dem siderischen Menschen offenbar, so wie der elementarische Körper dem äußeren Menschen vor Augen liegt. Wer dieses Buch der Magie besitzt, dem schadet es nichts, wenn auch alle gedruckten Bücher verlorengehen.

„Das Licht der Natur lügt nicht, aber die Sophisten und Theoretiker haben es verkehrt wider die Natur. *Ist der Mensch verkehrt, so verkehrt er auch das Licht der Natur.* Suchet somit zuerst das Reich Gottes (das Reich der Wahrheit), so werdet ihr mehr tun, als auf Erden geschehen ist. Zweifelt niemals an Gott, unserem höchsten Arzt, so wird er uns alles zugestehen, dessen wir bedürfen. Wenn wir aber müßig sind und der Liebe vergessen, so wird uns auch das genommen, was wir zu haben glauben."

Und nun werden meine Leser nicht mehr überrascht sein, daß ein Mann wie Paracelsus, dessen geistige Sinne offenbar bis zu einem ziemlich hohen Grade geöffnet sein mußten, der überdies über eine wunderbare Intuition verfügte und ein geschickter Beobachter war, daß solch ein Mann also, der sowohl den Makro- als auch den Mikrokosmos mit ganz anderen Augen ansah (und auch viel von den Wechselbeziehungen des Makro- und Mikrokosmos wußte), naturgemäß zu ganz anderen Anschauungen über das Wesen und die Ursachen der Krankheiten kommen mußte, als ein einfacher Durchschnittsarzt oder ein Vertreter der materialistischen Naturwissenschaften. Diese Anschauungen über die Ursachen der Krankheiten, wie sie Paracelsus festlegte, müssen also in hohem Grad okkult sein, und deshalb werden sie dem reinen Naturwissenschaftler sehr „mystisch" klingen und er wird sich von ihnen abwenden. So kam es, daß Paracelsus nur immer von einer relativ kleinen Anzahl von Ärzten – und das gilt auch heute noch – verstanden wurde.

Die fünf okkulten Krankheitsursachen des Paracelsus

1. *Ens Astrale.* Krankheiten, die ihre Ursache im Astralkörper und in den astralischen oder Gestirnseinflüssen* haben.
2. *Ens Venale.* Krankheiten, die aus Verunreinigungen und giftigen Substanzen entstehen.
3. *Ens Naturale.* Krankheiten, die aus individuellen Eigenschaften entspringen (Konstitution).
4. *Ens Spirituale.* Durch magische Einwirkungen erzeugte Krankheiten.**
5. *Ens Deale.* Krankheiten, die aus göttlicher Fügung oder infolge der Wirkung des Gesetzes Gottes (Karma) entstanden sind.

* Paracelsus sagt in der Vorrede der „Philosophia Sagax": „Die große Kunst der Arzney, so von Gott wunderbarlichen beschaffen ist, nimmt ihren Eckstein zu erkennen, die Krankheit des Menschen, ihr Gesundheit und der Tod, bis auf den halben Teil ihrer Notdurft, aus dieser Kunst der Astronomey. Denn mehr, denn der halbe Teil der Krankheiten wird vom Firmament regieret."

** Aber man merke wohl, Paracelsus erkannte bereits, daß der Mensch schon durch sein Denken, Wollen, Wünschen magische Wirkungen hervorbringen kann. Neid und Haß sind zum Beispiel nach Paracelsus magische Kräfte, die sehr wohl Krankheiten in uns und in anderen erzeugen können.

Die letztgenannte Ursache ist die *indirekte Grundursache von allen übrigen Ursachen.* Paracelsus sagt diesbezüglich in *Paramirum (Prolog* S. 11):

„Es gibt nur eine einzige Quelle alles Daseins, eine einzige Urkraft, aus der alle Kräfte entspringen, und wenn wir in einem wahren ‚christlichen Geiste', das heißt vom Standpunkte der Gotteserkenntnis die Krankheitsursachen beschreiben wollten, so würden wir nur eine einzige Ursache finden, *nämlich den Ungehorsam gegen das Gesetz.* Da aber der Intellekt das unteilbare Ewige nicht in Begriff fassen kann, so müssen wir in einem ‚heidnischen Stile' schreiben, das heißt, wir müssen die Wirkung der Einheit in den verschiedenen Formen gleichsam als Glieder der Einheit betrachten, und da finden wir nun fünf verschiedene *Entia, das heißt* Anfänge oder *Prinzipien,* aus denen alle Krankheiten entstehen, die aber alle aus dem einen Grundprinzipe aller Dinge entspringen."

Darin besteht nun die Kunst des einsichtsvollen Arztes, daß er die einer Krankheit zugrunde liegende Ursache erkennt und sie demgemäß behandelt. Er soll nicht nur eine, sondern alle Ursachen der Krankheit, die er behandeln will, erkennen. Zieht er nur eine davon in Betracht, so kann er leicht irren. „So kann zum Beispiel ein Astrologe vielleicht richtig berechnen, welche Krankheiten dir drohen, und wie lange die Gefahr dauern wird; aber er zieht dabei nur eine der fünf Krankheitsursachen in Betracht und die wahrscheinliche Folge davon ist, daß seine Prophezeiung sich nicht erfüllt, und er ausgelacht wird."

Entsprechend den aufgezählten fünf Krankheitsursachen unterscheidet Paracelsus auch fünf Hauptgruppen von Ärzten:

1. *Naturales.* Das sind jene Ärzte, die sich nur nach den äußerlich wahrnehmbaren Krankheitserscheinungen richten und zumeist Gegensätzliches anwenden. „Sie behandeln Kälte durch Wärme, Feuchtigkeit mit Trockenem, Völle durch Ausleerung usw. nach dem Grundsatze *contraria contraribus curantur."* Man kann hierunter die Hydrotherapeuten, die verschiedenen Arten der Naturheilmethode und auch die Allopathie einreihen.

2. *Specifici.* Darunter wären jene Ärzte zu verstehen, die in bestimmten Krankheitsfällen bestimmte Mittel anwenden, von denen sie auf Grund ihrer Erfahrung und Beobachtung wissen, daß sie in ähnlichen Fällen sich gut bewährt haben. Die Homöopathen, Empiriker aller Art, Kräuterheilkundige usw. gehören in diese Gruppe, aber auch die ‚Arkanisten'.

3. *Characterales.* Hierher gehören jene Ärzte, die sowohl durch magische Charaktere (Zeichen) als auch durch Worte wirken. Selbstverständlich kommt dabei auch der persönliche Einfluß des Arztes auf den Kranken in Betracht. Insofern kann man, wie dies zum Beispiel Dr. FRANZ HARTMANN tat, zu dieser Gruppe auch die Heilmagnetiseure rechnen und jene die durch psychologische Einflüsse auf das Gemüt und den Willen des Kranken mit Hilfe des Wortes einwirken: „In solcher Kraft, als wenn einer einem anderen gebietet zu laufen, und er läuft. Das geschieht mit dem Worte."

4. *Spirituales.* Das sind Heiler, die sich geistiger und magischer Mittel bedienen. Hierher gehören sowohl die hypnotischen Heilungen als auch Fernheilungen durch Gedankenübertragung. Ferner die Übertragung von Krankheiten auf die vier Elemente, Pflanzen, Tiere, Sympathiemittel aller Art, usw.

5. *Fideles.* Das wären solche Heiler, die durch die Kraft des Glaubens heilen, wie es Christus und seine Jünger taten: „Wer da in ‚Wahrheit' glaubt, der wird gesund." Paracelsus sagte auch, daß durch jede dieser Heilmethoden jede Krankheit geheilt werden kann.

Von den okkulten Kräften im Makrokosmos und Mikrokosmos

Die drei Grundsubstanzen Salz, Sulphur und Mercurius

Paracelsus sagt: „Drei sind der Substanzen, die da einem jeglichen sein Corpus geben. Das ist, ein jedlich Corpus stehet in dreien Dingen. Die Namen dieser drei Dinge sind also: *Sulphur, Mercurius, Sal.* Nun die Dinge zu erfahren, so nehmt ein Anfang vom Holz: Dasselbig ist ein Leib, nun laß brennen, so ist das da brennt, der *Sulphur,* das da raucht, der *Mercurius,* das zu Eschen (Asche) wird, *Sal.* Das Brennen zerbricht dem Bauern sein Verstand. Dem Arzt gibt es sein Anfang zu den arzneyischen Augen. Also finden sich da drei Ding, nit mehr, nit weniger, und ein jedlich Ding geschieden vom andern. Von diesen dreien ist weiter zu merken, daß also alle Ding die drei Dinge haben. Und ob sie sich aber nit eröffneten in einer Weis vor den Augen, so eröffnets die Kunst, die solches dahin bringt und richtig macht. Das so da brennt, ist der *Sulphur,* nichts brennt, allein der *Sulphur:* Das da raucht, ist der *Mercurius,* nichts sublimiert sich, allein es sei denn *Mercurius:* Das da in Eschen (Asche) wird, ist *Sal,* nichts wird zu Eschen, allein es sei dann *Sal.*“

Diese drei Grundsubstanzen führen also wie ersichtlich alchimistische Benennungen und wurden in den Schriften der Alchimisten, Spagyriker und Jatrochemiker auch mit den drei Symbolen ⦶ (Salz), 🜍 (Sulphur) und ☿ (Mercurius) bezeichnet. Paracelsus hat diese offenbar von den Alchimisten übernommen.

Dazu waren die Alchimisten jedenfalls ebenso berechtigt, wie unsere modernen Chemiker, als sie für die verschiedenen chemischen Elemente ihre abgekürzten Bezeichnungen einführten. Es fragt sich nur, was man eigentlich unter diesen alchimistischen *Gruppensymbolen* – in unser modernes Denken übersetzt – verstehen soll. Ich habe bereits hingewiesen, daß die klassische Alchemie eigentlich die höchste und alles umfassende Form der Biochemie darstellt, daß es also für diese nichts Unbelebtes im ganzen Weltall gibt, mithin auch Mineralien, Kristalle und Metalle ebenso der Ausdruck des *einen* universellen Lebens sind wie Pflanzen, Tiere, Menschen oder Gestirne. Hätten die Metalle kein Leben in sich, so könnten sie auch nicht zur Vermehrung (im Sinne der Alchimie) gebracht werden, ja dann gäbe es überhaupt keine Alchimie der Metalle; mithin auch keine Goldmacherkunst. Alles, wohlgemerkt, im Sinne der klassischen Alchimie gemeint. Der moderne Physiker jedoch, für den das Atom nur ein Kraftwirbel ist, sieht in der Alchimie nur ein energetisches Problem.

Da nun HAECKEL in seinen „Kristallseelen" zugeben mußte, daß die ganze Schöpfung vom Atom bis zu den höchstentwickelten Formen belebt und beseelt ist, so hat die Wissenschaft damit wieder den Boden der klassischen Alchimie betreten, und es klingt heute durchaus nicht mehr als unwissenschaftlich, zu sagen: der Kristall, das Metall, die Pflanze und das Tier seien belebte und beseelte Wesen. Wenn aber die Physik lehrt, daß es schließlich nur eine letzte allgemeine Form aller Kräfte, nämlich die universelle oder kosmische Energie, gibt, so kann man mit ebensolcher Berechtigung sagen, daß allen belebten und beseelten Formen das *eine* universelle Leben oder die Weltseele zugrunde liegt.*

* Jede dieser Anschauungen hat ihre Berechtigung und läßt sich wissenschaftlich stützen. Allein die biologische Anschauung erklärt mehr als die rein energetische, deshalb ist sie die wertvollere oder, wenn man will, die höherstehende Form der Naturbetrachtung oder der Weltanschauung. Aus diesem Grunde wendet sich der Okkultist der biologischen sowie der psychischen und spirituellen Weltanschauung zu. Will die Wissenschaft von heute wahrhaft fortschreiten, will sie eine tunlichst allseitig befriedigende Lösung der Welträtsel bringen, so bleibt ihr gar nichts anderes übrig, als sich der biologisch-psychologisch-spirituellen Weltanschauung zuzuwenden. Daß diese große Schwenkung im naturwissenschaftlichen Lager sich immer mehr und mehr vollzogen hat, ist für den aufmerksamen, eingeweihten Beobachter eine bekannte Tatsache. So muß in absehbarer Zeit der Tag kommen, wo der Naturwissenschaftler und der Okkultist erkennen, daß sie dasselbe Niveau der Erkenntnis erreicht haben, dieselben Grundursachen erkannt haben; was sie dann trennt, sind nur verschiedene Bezeichnungen für ein und dieselben Begriffe, Dinge oder Prinzipien. Darüber sich zu einigen, wird bei einigermaßen gutem Willen doch möglich sein. Du Prel hat diese notwendige Einigung lange vorausgesagt, und sie muß kommen, weil die Naturwissenschaften immer mehr und mehr ins Übersinnliche, Transzendentale und Magische hineinwachsen. Wenn diese Einigung sich vollzogen hat, erst dann sind die wissenschaftlichen Voraussetzungen erfüllt, um Paracelsus und seine Weltanschauung, und besonders seine Medizin, richtig zu verstehen.

Dieses *eine* universelle Leben offenbart sich uns in allen Daseinsformen in *drei*facher Weise: als Substanz, Kraft und Bewußtsein, oder als Geist, Kraft und Stoff. Die Alchimisten hatten hierfür die drei obenerwähnten Gruppensymbole gewählt. Es bezeichnet also ganz allgemein:

☿ = *Merkur* das Leben, den Geist oder das Bewußtsein (Intelligenz) in allen Dingen.

🜍 = *Sulphur* = Schwefel, die Kraft oder Energie in allen Dingen.

⦶ = *Salz,* das materielle Prinzip in allen Dingen oder die stoffliche Grundlage der Welt.

Mithin ist jede Daseinsform ein Dreiklang, eine *Dreieinigkeit* von *Geist, Kraft* und *Stoff.* So lehrten die alten Weisen, und dieser uralten Anschauung nähert sich unsere moderne Wissenschaft bereits so sehr, daß zwischen beiden Anschauungen gar kein prinzipieller Unterschied mehr ist, nur die Bezeichnungen und Symbole sind voneinander verschieden.

In der indischen Philosophie führen diese drei „Grundsubstanzen“ alles Seienden folgende Bezeichnung:

Sattwa ☿ entspricht Licht, Geist oder Bewußtsein.
Radschas 🜍 entspricht Feuer, Energie, Leidenschaft, Instinkt.
Tamas ⦶ entspricht Materialität, Stofflichkeit, Dunkel, Bewußtlosigkeit.

Nach der indischen Philosophie entstehen alle sichtbaren Körper aus einer Zusammensetzung der ihrem Wesen nach unsichtbaren drei *„Grundelemente“:* „Tamas“, „Radschas“ und „Sattwa“. Da nun jeder Körper seinem Wesen nach nichst anderes als ein Zusammenwirken dieser drei Prinzipien oder Grundkräfte (Gunas der indischen Philosophie) ist, wobei entweder das eine oder das andere Prinzip vorherrscht, so besteht auch eine prinzipielle Verwandtschaft aller Dinge, die sich nur durch ihre Form und verschiedene Art der Tätigkeit der drei Grundkräfte voneinander unterscheiden.* *Mithin sind alle Dinge dem Wesen nach eins, nur befinden sie sich auf verschiedenen Stufen ihrer Entwicklung.* Und dieser verschiedene Grad der Entwicklung verleiht jedem Ding verschiedene Eigenschaften, Kräfte und Tugenden. Kurz, einen *speziellen* Wert. (Überträgt man dies auf menschliche Verhältnisse, so ersieht man sofort, daß eine absolute Gleichmacherei unmöglich ist.) Damit aber jedes Ding das ist, wozu es geschaffen wurde, müssen in ihm diese drei Gunas in einem ganz bestimmten harmonischen Verhältnis zueinander stehen. Wird dieses Verhältnis gestört, so entsteht Disharmonie, Verwirrung, ja Zerstörung der betreffenden Daseinsform!

Wenden wir das nun auf den Menschen an, so verstehen wir sofort Paracelsus, wenn er sagt: „Am allerersten muß der Arzt wissen, daß der Mensch gesetzt ist in drei Substanzen. Denn wiewohl der Mensch aus nichts gemacht ist, so ist er aber in Etwas gemacht: Dasselbig Etwas ist geteilt in dreierlei: Diese drei machen den ganzen Menschen und sind der Mensch selbst und er ist sie, aus denen und in denen hat er all sein Gut und Böses, betreffend den corpus. Jetzt hast du den Menschen, daß sein Leib nichts ist als allein ein *Sulphur,* ein *Mercurius,* ein *Sal.* In denen dreien Dingen steht sein Gesundheit, sein Krankheit, und alles was ihm anlieget. Denn so die drei einig (harmonisch) sind und nicht getrennt, so steht die Gesundheit wohl: Wo aber sie sich trennen, das ist zerteilen und sündern, das ein fault, das ander brennt, das dritt zeucht ein andern weg: Das sind die Anfäng der Krankheiten. Denn dieweil das einig Corpus bleibt, dieweil ist kein Krankheit da: Wo aber nicht, sondern sich spaltet: Jetzt geht an das, so der Arzt wissen soll."

Wollen wir das eben Gesagte in unsere heutige Denkungsart übertragen, so müßten wir sagen: *Der Mensch ist eine Dreieinigkeit von Geist, Seele und Körper. Gesundheit herrscht so lange, als*

* Herrscht das materielle Prinzip Tamas vor, so ist die betreffende Daseinsform dicht, plump, schwer, träge, passiv und dumm; ist hingegen Radschas vorherrschend, dann ist solch eine Daseinsform feurig, leidenschaftlich, hitzig, aktiv und egoistisch, überwiegt endlich in einer Wesenheit Sattwa, so ist diese leicht, ätherisch, licht, intelligent, lieblich, kräftig, gut und altruistisch. Mithin entspricht Sattwa der Weisheit, Radschas der Leidenschaft und Tamas der Dummheit.

diese drei Prinzipien zueinander in einem harmonischen Verhältnis stehen und sich auch der Außenwelt gegenüber in Harmonie befinden. Wird diese Harmonie gestört, entsteht Krankheit.

Demgemäß spricht auch Paracelsus von den *Krankheiten der drei Substanzen.* Nicht, daß diese ewigen Prinzipien an sich erkranken würden, sondern daß in den Offenbarungen derselben durch *disharmonische Verhältnisse* oder *Überhebungen* dieser Prinzipien auch äußerlich Disharmonie oder Krankheit entsteht.

„Dann also entspringen die Krankheiten, wie Lucifer im Himmel, aus ihr eigen *Hoffart,* die dann alle Bella intestina macht: So sich der *Mercurius* erhebt seines Liquors, der dann groß ist und wunderbarlich. Denn Gott hat ihn über alle Wunder ausgeschaffen. So er nun aufsteigt und bleibt nit in seiner Staffeln: Das ist jetzt ein Anfang der *Discordanz.* Also auch mit dem *Sulphure* und *Sale:* Denn so das *Sal* sich erhöcht und besondert sich, was ist es als ein fremdes Ding? Wo ein Hoffart liegt, da nagt sie und frißt: Aus diesem Fressen und Nagen, da entspringen die *Ulcerations, Cancer, Cancrena,* usw. So das *Sal* blieb in seinen Staffeln, der Mensch würde nimmermehr geöffnet an sein Leib. So der *Sulphur* geht in sein Hoffart, so zerschmelzt er den Leib, wie der Schnee an der Sonnen. Und der *Mercurius* wird so hoch in seiner Subtilität, daß er zu hoch steigt, und dadurch den jähen Tod macht, aus zuviel Subtili, die über sein Staffeln ist." Paracelsus spricht auch von einer Destillation, Sublimation und Präzipitation des Mercurius im Menschen (worunter nicht das gemeine Quecksilber zu verstehen ist), wodurch Gehirnkrankheiten, Schlagflüsse usw. entstehen. Aus den Veränderungen des Salzes entspringen Haut- und Krebskrankheiten, Geschwüre, Tatarische Krankheiten, aus den Veränderungen des Schwefels Fieber, Wassersucht und Entzündungen aller Art.

„Darum ist es nötig, daß der Arzt diese drei Dinge in all ihren Eigenschaften wohl erkenne, nicht so wie er sie sich vielleicht in seiner Phantasie vorstellen mag, sondern in ‚Wahrheit' (im Lichte der Natur). Diese drei Substanzen geben allen Dingen ihre Körperlichkeit, und jede von ihnen hat ihre besonderen Eigenschaften. Wenn unter dieser Uneinigkeit Disharmonie in ihrem Wirken entsteht, so ist eine Krankheit das Resultat."

Dazu bemerkt noch Dr. FRANZ HARTMANN in seiner „Medizin des Paracelsus":

„Wenn das Universalleben im Weltall nur in einer einzigen Form sich äußern würde, so gebe es auch keine Disharmonie und keine Erkrankung, aber aus den unzähligen Verschiedenheiten seiner Tätigkeit in den zahllosen Formen tritt es in den verschiedenen Gestalten als scheinbares Einzelleben auf, die dann doch alle nur verschiedene Zustände des Universallebens sind."

„Jedesmal, wenn ein Einzelwesen geboren wird, sei es nun ein chemisches Atom, ein Bazillus, ein unsichtbares Astralwesen, ein Wurm oder ein Mensch, da tritt mit ihm auch ein *Einzelwille* ins Dasein, der, vom Willen des Ganzen in seiner Richtung verschieden, zu wachsen bestrebt ist, *und der Kampf um sein Dasein beginnt.* Da die ganze Schöpfung eine Offenbarung des Universal-Lebensprinzipes ist, und es in der Natur nichts absolut Totes gibt, so sind auch alle ‚Krankheitserreger' der modernen Medizin Lebewesen. Sie sind (im Sinne der Wissenschaft) die Ursachen von ansteckenden Krankheiten, und was man heute ‚Miasmen' nennt, war Paracelsus unter dem Namen Talpa, Matena, Tortilleos, Permates usw. bekannt. Er sagt: Ihr sollt wissen, daß Gott in allen Elementen lebendige Kreaturen geschaffen hat und nichts hat lassen leer sein. Nicht allein Unvernünftiges, sondern auch Vernünftiges. Was im Reiche des Sichtbaren geboren wird, das hat seinen Ursprung im Firmament (im Unsichtbaren). Ohne eine solche Erzeugung im Oberen hätte es unten nicht offenbar werden können."

Man vergesse hierbei nicht, daß der Mensch durch sein Denken, Wünschen und Wollen, hauptsächlich aber durch seine Leidenschaften, die geistige und astrale Atmosphäre unseres Planeten vergiftet oder mit Krankheitskeimen schwängert. Paracelsus sagt, die Imagination sei eine Hauptursache der Pest, er führt diese Krankheit auf Vergiftung der Gestirneinflüsse durch Haß und selbstsüchtiges Denken der Menschen zurück.

Also man sieht: die sichtbaren, materiellen Krankheitsursachen sind für Paracelsus stets etwas *Sekundäres,* für unsere Wissenschaft hingegen, die nur die materielle Welt kennt, natürlich das *Primäre.* In diesem Punkt unterscheidet sich wesentlich die Auffassung der okkulten Medizin von jener der Schulmedizin. Und diese Kluft wird so lange bestehen, bis es den Okkultisten gelingt, wenigstens die Astralwelt durch irgendein Hilfsmittel sichtbar zu machen. Das wäre dann für die gesamte Schulwissenschaft ein ähnlich epochales Ereignis, wie etwa die Erfindung des Mikroskops oder Teleskops. Dann würde es auch möglich sein zu demonstrieren, daß auch vergiftete Gestirneinflüsse nur bei jenen Menschen Krankheiten, Seuchen usw. hervorrufen können, deren drei Substanzen in Disharmonie geraten sind, wodurch erst die *Disposition* zur Erkrankung geschaffen wird.

Wir wollen diesen Abschnitt über die Krankheitsursachen der drei Substanzen mit einem Wort Dr. FRANZ HARTMANNS beschließen:

„*Gesundheit ist Harmonie.* Darin besteht die Harmonie des Ganzen, daß jeder einzelne Teil sich dem Gesetze des Ganzen fügt und im Einklang mit dem Ganzen ist. Das ist im Kleinen wie im Großen, im Menschen, im Staate, im ganzen Weltall der Fall. Die Kunst der Herstellung der Gesundheit beruht darin, daß man die Störung aufhebt und den erkrankten Teil wieder in Harmonie mit dem Ganzen bringt.“ Da auch ein Volk, ein Staat, ja die ganze menschliche Gesellschaft *ein lebendiger Organismus* ist, so wäre es höchst empfehlenswert, wenn alle Weltverbesserer einmal gründlich über dieses HARTMANN-Zitat meditieren würden, ehe sie daran gehen, das Ideal ihrer Gesellschaftsordnung zu verwirklichen.

Der Archaeus

oder:

Vom Lebensprinzip

Wir haben bereits an verschiedenen Stellen dieser Abhandlung betont, daß Paracelsus in erster Linie Mystiker war und seine Medizin zum großen Teil auf jenen Wahrheiten beruhte, die er vermöge seiner mystischen Erkenntniskraft direkt erschaut hatte. Zu jenen Grundwahrheiten nun, welche er auf diesem Wege erlangte, gehört auch seine Lehre vom Archäus oder vom Lebensprinzip. Doch verfalle man hierbei nicht in den Fehler jener Schulwissenschaftler, welche die Gabe des mystischen Schauens mit irrealem Mystizismus verwechseln.

Würde sich die Natur dieser Gelehrten, die sich über den Mystiker Paracelsus lustig machen, oder dessen mystischer Schaukraft keinen wissenschaftlichen Wert beimessen, genügend veredeln und vergeistigen, so daß sie mit klarem Verstande, oder richtiger gesagt, ohne das tagwache Bewußtsein zu verlieren, in das Innere der Natur sehen könnten (Paracelsus nennt das „im Lichte der Natur sehen können"), so würden sie beispielsweise in einem Menschen nicht nur den Prozeß des Stoffwechsels und das Ein- und Ausströmen der odischen und astralen Kraftströme sehen, sondern sie würden mit einem Schlag hinter all diesen Veränderungen noch das *wirkende oder organisierende Lebensprinzip* erkennen.

Dieses organisierende, leitende, lenkende, also *intelligente* Lebensprinzip nannte Paracelsus den *Archaeus,* manchmal auch *Spiritus vitae* (Lebensgeist). Immer aber, wenn vom Lebensgeist und der Lebenskraft die Rede ist, müssen wir sehr wohl zwischen diesen Prinzipien und deren Offenbarungsformen zu unterscheiden wissen. Dr. FRANZ HARTMANN sagt:

„Das Leben selbst und der Vorgang der Lebenstätigkeit sind zwei verschiedene Dinge. Das eine ist ein Prinzip, das andere dessen Offenbarung. Das Leben ist etwas Himmlisches, an sich ewig und unvergänglich und ein Ausfluß der Gottheit; das Lebendigsein eines Dinges ist durch die Gegenwart des Lebensprinzips in diesem Dinge bedingt, und während das Leben selbst untödlich ist, sind die Formen, in denen es seine Tätigkeit äußert, beständigen Veränderungen unterworfen. Das Leben ist der Baumeister *(Archaeus),* der die Materie organisiert, der die Bausteine miteinander verbindet, aus denen das Gebilde gebildet wird.

Der Lebensgeist ist aber nicht eine nur mechanisch wirkende, *sondern eine geistige Kraft,* in der, wie schon von PLATO beschrieben wurde, die Ideen aller Dinge enthalten sind; und in diesem Sinne wird sie der *„Archaeus"* oder die organische Kraft der Natur im Makro- und Mikrokosmos genannt, und was der Chemie ohne die Einwirkung der Lebenskraft nicht möglich ist, nämlich das Aufbauen eines neuen Organismus, das geschieht durch diesen *Archaeus."*

Paracelsus sagt von ihm: „Der ist gleich dem Menschen (nämlich gleich einem Baumeister, Architekten) und ist die Kraft in den vier Elementen und macht aus dem Samen einen Baum und richtet ihn auf."

„Diese *Lebenskraft",* sagt nun Dr. FRANZ HARTMANN weiter, „welche im sichtbaren Körper die organische Lebenstätigkeit hervorruft, ist nicht mit letzterer zu verwechseln, wenn sie auch von (den meisten) Physiologen, die von dem eigentlichen Lebensprinzip nichts wissen, für das Produkt der organischen Tätigkeit, folglich die Wirkung für die Ursache gehalten wird. Der kurzsichtige und oberflächliche Beobachter sieht die Bewegungen und Lebenserscheinungen der Geschöpfe, und er bezeichnet diese Tätigkeit, *deren Ursache er nicht kennt,* als das ‚Leben'. Der Eingeweihte sieht und erkennt, daß diese Tätigkeit nicht das Leben selbst ist, sondern nur eine Äußerung eines verborgenen Lebensprinzipes. Der *Esoteriker* geht noch weiter und erkennt das *ganze Leben* in der Natur *als eine Widerspiegelung des Geistes Gottes im Weltall.* Dieses Lebensprinzip ist in allen Dingen enthalten und ist der *Archaeus* oder die organische Kraft in der Natur und in jedem einzelnen Organismus."

Kurz gesagt, Paracelsus war wie ein Mystiker *„Vitalist"*, wie man heute sagen würde. Ja, dieser Vitalismus des Paracelsus – für ihn eine selbstverständliche Sache – ist ein weiterer Eckstein der Medizin des Paracelsus. *Ließe sich der Vitalismus des Paracelsus als unrichtig erweisen, so käme sein ganzes medizinisches System ins Wanken.*

Deshalb müssen wir hier die Frage aufwerfen: Wie verhält sich heute die Wissenschaft überhaupt zur Lehre des Vitalismus? Da müssen wir vorerst feststellen, daß vor Jahrzehnten der Kampf um den Vitalismus, das ist auch der Kampf um die Deutung des Lebens, mit ungeahnter Heftigkeit neu entbrannt ist.

Um diesen neuentbrannten Kampf um den *Vitalismus* als Lehre von der Lebenskraft richtig zu würdigen, müssen wir kurz auf die Geschichte dieses Kampfes innerhalb der letzten hundert Jahre eingehen.

Bis zum Jahre 1829 herrschte die Lehre des Vitalismus im Sinne der „historischen Lebenskraft" unbeschränkt. Man definierte damals die Lebenskraft als eine besondere Kraft, durch welche allein die Entstehung organischer Gebilde und der Lebewesen möglich sei, und zwar derart, daß dabei die in der toten (anorganischen) Welt herrschenden Naturgesetze und Kräfte keine Wirksamkeit hätten, das heißt, nicht in Betracht kämen. Heute hat man ähnliche Vorstellungen und spricht von der Eigengesetzlichkeit des lebendigen Körpers.

Da trat im Jahre 1829 eine naturwissenschaftliche Entdeckung von großer Tragweite auf. Es gelang dem Chemiker WÖHLER zum ersten Mal, den Harnstoff, also einen organischen Körper, im Laboratorium künstlich, das heißt mit Hilfe von anorganischen Substanzen und der darin verborgenen toten Kräfte herzustellen. Dadurch geriet selbstredend der alte Vitalismus ins Wanken, und zwar um so mehr, als dann Schlag auf Schlag weitere künstliche Darstellungen von organischen Stoffen aus sogenannten anorganischen gelangen. Dies versetzte in den Augen der Schulweisheit dem alten Vitalismus den Todesstoß. Er galt nun als eine „überlebte, abgetane Sache".

An Stelle des unhaltbar gewordenen Vitalismus trat nun der

Mechanismus, der durch den *Darwinismus* (so von 1860 ab) seine beste Stütze fand. Mit Feuereifer wurde daran gearbeitet, die bei den Lebensprozessen mitwirkenden mechanischen Kräfte – und darunter verstand man die chemisch-physikalischen Energien – bloßzulegen, was auch in vieler Beziehung gelang. Aber nun begann auch der Darwinismus das Zweckmäßigkeitsproblem im mechanistischen (d. h. materialistischen) Sinne zu lösen und man begann aus diesen Lösungen – die sich aber vielfach später als Scheinlösungen oder falsche Lösungen entpuppten – die bekannten Schlußfolgerungen im Sinne des Materialismus zu ziehen. Das waren die Glanzzeiten der materialistischen Philosophen, unter denen besonders das Dreigestirn BÜCHNER, VOGT und HAECKEL emporstieg. Nur einzelne große Forscher, wie zum Beispiel JOHANNES MÜLLER, blieben trotz alledem dem alten Vitalismus treu, sie konnten aber damals die Schwächen des Mechanismus nicht recht ans Tageslicht bringen; es fehlten dazu wichtige naturwissenschaftliche Entdeckungen, die erst später gemacht wurden.

Die Blütezeit des Darwinismus dauerte etwa bis 1885; von da ab ging es mit ihm in beschleunigtem Tempo abwärts. Heute ist der Darwinismus eine „abgetane Sache", oder gilt nur mit wesentlichen Einschränkungen. In dem Maße nun, als der Darwinismus verblaßte, begann der totgesagte Vitalismus wieder zu neuem Leben zu erwachen, er erhob immer mehr sein Haupt und gelangte – allerdings in etwas verjüngter Form als Neovitalismus (Neuvitalismus) auf einen siegreichen Vormarsch, daß man selbst im naturwissenschaftlichen Lager erkennen mußte: die Tage des Mechanismus sind gezählt!

Ja, dieser Neovitalismus erhält – wie Prof. Dr. DENNERT in seiner Schrift „Harte Nüsse für die Mechanisten" – Ein Beitrag zur Verständigung über das Wesen des Lebens, Halle 1922, anführt – durch seine Vertreter eine Position, welche nach heutigem Ermessen uneinnehmbar ist, eine Wandlung der wissenschaftlichen Anschauungen, die man kaum für möglich hielt.

Doch lassen wir Prof. DENNERT in dieser hochwichtigen Sache selbst sprechen: „Der Neuvitalismus vermittelt zwischen den beiden Extremen des Mechanismus und Altvitalismus: schloß jener jede ‚Lebenskraft' und dieser die Wirksamkeit der chemisch-physikalischen Kräfte im Lebewesen aus, so erkennt der Neuvitalismus die letzteren durchaus an, zeigt aber, daß sie von einem bestimmten Gesichtspunkt aus unzulänglich sind zur Erklärung des Lebens."

„In der Tat, wir wissen heute, daß alle Lebensrichtungen mit Hilfe jener toten Kräfte und nach den in der toten Natur herrschenden Gesetzen erfolgen, also es entstehen zum Beispiel auch die organischen Stoffe beim Ernährungsvorgang der Pflanzen und Tiere nach jenen Gesetzen, nach denselben, die im Laboratorium wirksam sind." – Kann man heute aufgrund der naturwissenschaftlichen Fundamente von HAECKELS *„Kristallseelen"* überhaupt noch von einer *„toten* Natur" sprechen? Ich glaube nicht; denn HAECKEL mußte selbst, notgedrungen durch neuere naturwissenschaftliche Entdeckungen zugeben, daß nicht nur Kristalle, *sondern auch Atome, ja die Elektronen und selbst der Äther belebt und beseelt sind.* Wo ist da noch Platz für den Ausdruck „tote Natur"? HAECKEL erklärt ausdrücklich, in den Kristallseelen, daß *alle Substanz* Leben besitzt; damit sind die bisherigen Schranken zwischen der organischen und anorganischen Seite der Natur gefallen! Es gibt daher, strenggenommen, nurmehr *eine* Chemie, nicht wie bisher eine „organische" und eine „anorganische" Chemie.

Gewiß, jedoch Dr. FRANZ HARTMANN sagte schon in seiner „Medizin des Paracelsus": „Aber auch unter den *scheinbar* leblosen chemischen Substanzen würden keine Reaktionen eintreten, wenn nicht das Lebensprinzip in ihnen enthalten wäre. Durch das Vorhandensein dieses Prinzips ist jedes Ding mit einer geistigen (odischen, dem Hellseher sichtbaren Sphäre) *Aura* umgeben, und durch diese wirken sowohl die Atome der chemischen Substanzen, als auch Pflanzen, Tiere, Menschen und geistige Wesen aufeinander ein." Dazu bemerkte WACHTELBORN in der zweiten Auflage seiner „Heilkunde auf energetischer Grundlage": „Die neuesten Forschungen ergaben, daß bei sehr hohen Kältegraden alle chemischen Reaktionen aufhören, das ist durch das Verschwinden der Aura infolge der sich nach dem Innern zurückziehenden Ausstrahlungen zu erklären.“ Sehr richtig, ebenso wie man das Aufblühen von Pflanzen verzögern kann, wenn man sie in Kühlschränke stellt; oder Fische in gefrorenem Wasser monatelang scheintot erhalten kann. In höhere Temperaturen versetzt, kommt bei beiden das *zurückgezogene* Leben wieder zum Vorschein. So bestätigen neuere naturwissenschaftliche Beobachtungen ältere okkulte Anschauungen. Du Prel hat schon recht, er sagte: *„die Wissenschaft wächst immer mehr in die Magie hinein“*.

Allein das unveräußerliche Merkmal der Lebewesen ist, daß alle ihre Verrichtungen *nutzmäßig* erfolgen, nämlich zur Erfüllung der Lebensbedürfnisse, wovon man bei toten Naturkörpern nicht reden darf. Diese Nutzmäßigkeit, Zweckmäßigkeit oder Zielstrebigkeit *läßt sich unmöglich mechanisch erklären* (der Darwinismus hat dabei völlig versagt!), sie fordert ein leitendes (seelisches) Prinzip. Es ist nicht zu raten, dasselbe wieder als „Lebenskraft“ zu bezeichnen, die Vitalisten haben es verschieden benannt; ich meine noch immer, daß das Wort *„Leitung“*, das ich vorschlug, am klarsten und einfachsten ist (Prof. Dennert).

Auch hierin muß man das Genie des Paracelsus bewundern. Sein *„Archaeus“* oder der Baumeister in der Natur ist doch, wie schon der Name sagt, *die leitende und planende Intelligenz,* die den Aufbau belebter Formen leitet.

Des weiteren sagt aber Prof. Dennert: „Daß darin (in der Leitung) die wirkliche Eigenart des Lebens liegt und daß dies mechanisch unerklärbar ist, ebensowenig wie der zweckmäßige Zusammenschluß der Maschinenteile zu einer komplizierten Maschine, das läßt sich bereits an den allereinfachsten Erscheinungen des Lebens zeigen, so erfolgen zum Beispiel die Bewegungen der Amöbe ganz gewiß nach mechanischen Gesetzen, aber daß sie immer gerade nutzmäßig, d. h. je nach Bedürfnis erfolgen, erklärt keine chemische oder physikalische Kraft. Dazu ist eben das seelische Prinzip einer Leitung unumgänglich.“

Der große Chemiker Liebig sagte unter anderem, daß es wohl möglich sei, durch chemische Analysen die Bestandteile einer

Pflanze sehr genau qualitativ und quantitativ festzustellen, daß es dann aber weder einem Chemiker noch sonst einem Gelehrten möglich sei, aus diesen separierten Bestandteilen dieselbe Pflanze neu erstehen zu lassen, denn dazu bedarf es einer *schöpferischen Idee* und *einer organisierenden Kraft,* kurz, eines geistigen und seelischen Prinzips. Mögen besonders Studenten der Medizin über diese Gleichnisse tiefer nachdenken und dann erst in Erwägung ziehen, ob ein so wunderbarer Organismus wie der menschliche Körper aus irgendeiner Urzelle durch blindes Aufeinanderwirken von Kraft und Stoff entstanden sein kann.

In summa: *Paracelsus steht heute mit seinem „Archaeus" glänzend gerechtfertigt da.* Nicht nur der Naturwissenschaftler, sondern auch der moderne Arzt muß dies bezeugen; denn was ist die Abwehrtätigkeit des Organismus gegenüber äußeren Schädigungen (Antikörperbildung) anderes als eine Tätigkeit des wachsamen *Archaeus.* – Hohenheim, deine Zeit kommt erst! Deine Lehre ist aus lebendigen Quellen, ja aus dem ewigen Geiste selbst geschöpft und so unzerstörbar, wie das allen Daseinsformen zugrunde liegende ewige Leben!

Der Fluidalleib

Daß der Mensch außer seinem grobstofflichen Leib noch einen zweiten, unsichtbaren, feinstofflichen, fluidalen oder ätherischen Leib besitzt, ist eine Erkenntnis, die wir sehr klar auch bei Paracelsus ausgesprochen finden. Paracelsus sagt:

„Der Mensch ist in zwei Teile gesetzt: sichtbar und unsichtbar. Was der sichtbare Körper tut, das sieht man: aber das ist nur die *halbe Arbeit:* die andere halbe sieht man nicht: diese vollbringt der unsichtbare Körper. So baut auch ein Zimmermann ein Haus aus zwei Körpern auf: erst unsichtbar als Bild (in seiner Vorstellung) und dann mit sichtbarem Material augenscheinlich; und wie der Zimmermann kein sichtbares Haus bauen kann, wenn er kein sichtbares Material dazu hat, so bedarf auch der unsichtbare Körper der groben Materie, um einen sichtbaren Körper zu bauen."*

„In jeder Beziehung ist der unsichtbare Leib so wie der sichtbare beschaffen und jeder der beiden kommt aus dem Limbus.** Der eine ist irdisch, der andere himmlisch, und jeder wirkt auf seine Art. Dem irdischen ist Befehl gegeben zu bauen und die Hände zu gebrauchen; was aber der unsichtbare Leib vollbringt, ist wie der Schatten vom Leibe: beide aber sind zusammen ein Mensch."***

Dieser fluidale oder ätherische Leib ist der Träger der Lebenskraft und wird irrtümlich in vielen okkultistischen Werken mit dem Astral- oder Begierdenkörper verwechselt. Sowohl der Fluidal- als auch der Astralleib spielen selbstredend in der okkulten Medizin eine große Rolle. Indem man durch ätherische und astrale Heilkräfte (wie solche zum Beispiel in pflanzlichen und homöopathischen Heilmitteln uns zur Verfügung stehen), zunächst auf den Äther- und Astralleib heilend einwirkt, macht sich diese Einwirkung dann auch im physischen Leib geltend. Paracelsus behauptet oftmals in seinen Schriften, daß gerade die un-

* „De Morbis Invisibilibus" p. 271.

** Ein Spezialausdruck des Paracelsus. Der Limbus ist etwa die mit dem Urleben begabte „chaotische Urmaterie" der Alten.

*** „De Morbis Invisibilibus" p. 281.

sichtbaren fluidalen, ätherischen, odischen sowie die astralen Heilpotenzen das Wirksame in den Arzneien sind, und nicht deren grober Leib.

Aber auch in der schwarzen Magie spielt der Fluidalleib eine bedeutende Rolle, und es ist in der Tat möglich, einen Menschen vermöge der Einwirkung auf diese beiden feinstofflichen Körper krank zu machen, ja zu töten.

Von all dem weiß die Schulmedizin nichts, sie macht sich höchstens über derlei „Aberglauben" lustig. Aber die Zeit kommt mit Riesenschritten, wo umgekehrt derjenige Arzt für ungebildet gehalten werden wird, der von diesen Dingen nichts weiß.

Weshalb sollte – wenn der physische Körper äußerlichen, mechanischen und chemischen Einflüssen unterworfen ist – der fluidale sowie der astrale Leib Einflüssen ihrer Ebene, das heißt also ätherischen und astralen, nicht ebenso unterworfen sein? Zorn, Furcht, Haß, Neid und andere Gemütserregungen lassen zuerst nur den Astralleib mächtig vibrieren, dann aber übertragen sich diese disharmonischen Schwingungen auf den Ätherleib und rufen dort mehr oder minder große Störungen in der Zirkulation von Prana (der Lebenskraft) hervor, woraus im physischen Leib schließlich Nervenerregungen, Blutwallungen, Kongestionen, Schlagflüsse, Entzündungen usw. resultieren. Was sind derlei Wirkungen anderes als ein Beweis mehr für die Kontinuität der sichtbaren und unsichtbaren Welten.

„Der persönliche Mensch", sagt Dr. Franz Hartmann, „ist eine Erscheinung, die gewisse Eigenschaften besitzt. Wenn sich diese Eigenschaften ändern, so ändert sich damit auch die Persönlichkeit; eine Eigenschaft, die ihn beherrscht, ist in ihm personifiziert. So kann man zum Beispiel einen von Zorn besessenen Menschen als ein Wesen betrachten, in dem der Geist des Zornes personifiziert ist, einen mit Kleptomanie behafteten als einen Menschen, in dem die Stehlsucht zu seinem Wesen geworden ist, und der dadurch in einen Dieb verwandelt wurde. Ähnlich verhält es sich mit konstitutionellen Krankheiten, von denen jede als ein Zustand, der im Menschen Gestalt angenommen hat, betrachtet werden kann."

Dieser Ansicht war auch bereits Hohenheim: „Weil der Mensch zwiefach ist, ein Teil (der materielle) der Erde und des Wassers, der andere (der Fluidalleib sowie der Astralleib) des Feuers und der Luft, so folgt daraus, daß die *übernatürliche Krankheit* in dem einen Teile, das ist im Geiste, an sich nehme die Ursprünge und nicht in dem anderen. So wisset, daß eine jegliche Lust, Begierde, Wille, Verhängnis des Menschen, wenn das in seinem Gedächtnisse, der Phantasie oder Imagination geschieht, ein Corpus in ihm macht, gleichwie ihr beim Zorn seht, der macht einen Leib, das ist, er wächst in einem Leibe, und so auch eine jede andere Willensform im Menschen: Haß, Lust, Fluchen, Betrug, Geiz, usw. Das sind alles Dinge, die der halbe (unsichtbare) Mensch macht und die aus dem halben kommen, ihm anhängen und ihm liegen, seien sie gut oder böse; und ein jedes so geboren Corpus behält seine Krankheit (Zustand) und will von ihm nicht lassen. *So werden die geistigen Kräfte leiblich, wachsen und vergiften den Leib.*"

Auf diese Weise entstehen im Menschen neue *„Iche"*.

Solch ein neues „Ich" – zum Beispiel eine personifizierte Leidenschaft – will nun weiterleben, es hat somit seinen Willen zum Dasein; es wehrt sich gegen Vernichtung, Auflösung und Aushungern. Alles dies merkt aber der Mensch erst dann, wenn er ernstlich einen Kampf gegen eine solche personifizierte Leidenschaft, gegen ein „Schein-Ich" aufnimmt. Da setzt es sich gewaltig zur Wehr, und oft unterliegt der Mensch in solchem Kampfe, bis es ihm gelingt, Sieger zu werden.

Dr. Franz Hartmann meinte, daß dies auch in bezug auf *eingefleischte* (eine treffliche Bezeichnung!) Meinungen und Theorien der Fall ist. Es gibt bekanntlich Menschen, die lieber ihr Leben lassen, als eine Theorie, der sie anhängen und wäre sie noch so falsch, aufzugeben, weil sie eben von ihr ganz eingenommen sind und sie ihr „Ich" ist, dessen innerstes Wesen in dieser Meinung besteht.

Doch Paracelsus tröstet uns und nennt uns auch das Heilmittel gegen alle diese üblen äußeren Einflüsse und gegen die *„Schein-Iche"*, die uns vampirisieren.

Hohenheim sagt in seinem Buch *„De Peste“* (p. 193): „Diese Weisheit, die der Mensch haben soll, ist nicht von dieser Erde, noch von der oberen Hemisphäre (der Spekulation), sondern aus dem fünften Wesen (dem göttlichen Selbstbewußtsein). *So der Mensch in dieser Weisheit lebt, so ist er ein Meister des Gestirnes und aller Planeten.* Ein solcher wird ein Magus genannt und kann dem ♄, ♂, ♀ usw. gebieten. *Ist er aber nicht Herr seiner selbst, so meistert ihn das Gestirn und macht aus ihm, was es will.* Er ist dann gleich einem Narren, der sein Roß nicht meistern kann, und dessen Meister dann das Roß ist, das mit ihm hingeht, wohin es will.“ *Wie aber ein verkehrter Wille oder eine verfehlte Imagination uns krankmachen können, ebenso können diese geistigen Kräfte uns auch gesundmachen.*

„Mit solchen Gnaden hat uns Gott auf Erden begabt, daß wir zwei Arzneien haben, eine sichtbare und eine unsichtbare. Die sichtbare ist die geschaffene, die unsichtbare ist das Wort Gottes.“ Dr. med. RUDOLF HEIN, *Graz*, 1922: „Diese Entdeckung eines zweiten Ich im Menschen als individualisierte Intelligenz erscheint darum so überwältigend und auch für die Wissenschaft einigermaßen folgenschwer, weil damit die Theorie ‚Gehirn ist gleich Seele‘ endgültig hinfällig wird“ (in seinem Buch „Der Fluidalkörper des Menschen als Grundprinzip jedweder okkulten Erscheinung und seine Beziehung zu naturwissenschaftlichen und medizinischen Gebieten“). Auch hält Dr. HEIN den Gedanken, daß der Fluidalleib nach gänzlicher Trennung vom materiellen Leibe, also nach dem Tode individualisiert und intelligent fortzubestehen mag, nicht für absurd. Mit anderen Worten, Dr. HEIN tritt für das bewußte, persönliche Fortleben nach dem Tode ein. Des weiteren ist Dr. HEIN der Ansicht, daß durch die Entdeckung des Fluidalleibes eine grundsätzliche Änderung in der Auffassung und Therapie gewisser Geisteskrankheiten unbedingt eintreten müsse, beziehungsweise sich von selbst ergeben.

Vom Tod

Wie unsere materialistische Wissenschaft sich gezwungen sah, ihre Ansichten bezüglich des Wesens des Lebens zu revidieren und schließlich, wie wir es bei HAECKEL in dessen „Kristallseelen“ sahen, dorthin kam, wo die Mystiker schon immer standen, so ist mit Sicherheit anzunehmen, daß auch die Revision des Todesproblems früher oder später eintreten wird.

Hohenheim hat dies alles bereits vor vierhundert Jahren mit ein paar Sätzen meisterlich getan. Er sagte:

„Die Scheidung des Mikrokosmos geht erst im Tode an. Da scheiden sich zwei Leiber voneinander, der himmlische und der irdische, das heißt, der sakramentale und der elementarische. Der eine fährt über sich, wie die Adler, der andere fällt unter sich zur Erde wie Blei. Der elementarische verwest, wird unter die Erde vergraben und nicht mehr gesehen; der sakramentalische, das heißt der himmlische und siderische verwest nicht und wird nicht begraben.“ Dieser himmlische Leib spielt auch im Leben eine große Rolle. Paracelsus sagt: „Der himmlische Leib in uns hält den irdischen Leib zusammen, und wenn dieser Leib der Gnade nicht wäre, so stürbe der irdische Leib in der ersten Stunde seines Daseins.“

„Alle Dinge haben ihre bestimmte Zeit ihres Daseins, sei es zum Guten oder zum Bösen; sogar die Heiligen, die Adepten haben ihre Zeit, in der sie aufhören müssen auf Erden zu leben. Sei einer auch noch so fromm und gerecht und dem Volke nützlich, sobald seine Zeit kommt, muß er dennoch fort. So fährt der Geist zum Herrn, der Leib zur Erde; denn die Erde ist kein Gefängnis des Geistes, sondern nur für den Leib. Also bleiben sie ein jegliches an seiner Stätte, bis sie wieder zusammenkommen, so werden die drei Substanzen wiederum sein in ihrem Wesen. Was aber weiter daraus wird, das steht bei dem, der Leib und Seele gemacht hat, verborgen allen Menschen.“ Hohenheim tritt hier für die Unsterblichkeit der menschlichen Seele ein.

Dr. FRANZ HARTMANN, der als Arzt und Mystiker das Todesproblem oft und vielseitig beleuchtet hat, sagte schließlich darüber: „Das Wort ‚Tod‘ bedeutet nichts anderes als das Aufhören der Tätigkeit des Lebens in einer Form und deren Übergang in eine andere. Infolge dieses Wechsels wird die Form, aus welcher das Leben entstanden ist, zerstört. Das Leben selbst ist unerschaffen und ewig; die Formen sind dessen Erzeugnisse, aber nicht dessen Erzeuger. Der Tod ist am Ende nichts als ein Verschwinden des Irrtums, eine Trennung des Seins vom Schein; das Wesen bleibt, der Schein hört auf: Gott im Menschen ist das Leben, die Form aber zerfällt. Im wahren Lichte betrachtet, gibt es nur dann ein Sterben, wenn man sich der Gegenwart Gottes nicht mehr bewußt ist. Anstatt den Tod zu fürchten, sollten wir vielmehr danach trachten, zum Bewußtsein des wahren Lebens zu erwachen, und der einzige Tod, den wir vermeiden sollten, ist das Vergessen des Daseins Gottes in uns."

Diese Definition klingt allerdings ganz anders als jene der Schulmedizin! Sie möge in immer weitere Kreise dringen, damit endlich die falsche Vorstellung verschwinde, der Mensch sei mit seinem physischen Körper identisch, oder besitze nur einen grobstofflichen Leib. Diese Irrlehre ist es, die uns den Tod als etwas Schreckliches, als Vernichtung der Persönlichkeit erscheinen läßt. In Wirklichkeit ist der Kadaver (als entseelte Hülle) nur mit der leeren Puppe zu vergleichen, welcher ein strahlender Falter entschlüpft. Der Falter, der sich im lichten Äther wiegt, ist froh, die Puppenhülle gesprengt zu haben, deren Schicksal ihm höchst gleichgültig ist. *So ist also der Tod des Menschen in Wahrheit nichts anderes als die Geburt der Seele zu einem neuen Sein.* Diese tröstliche Lehre naturwissenschaftlich begründet zu haben, ist ein Verdienst des neuzeitlichen Okkultismus (Parapsychologie). Und dies ist fürwahr keine geringe Leistung. Weder die Religion noch die Schulmedizin konnten diese zustande bringen.

Zusammenfassend können wir sagen: Während also die Schulmedizin außerstande ist – solange sie wenigstens auf materialistischer Basis verbleibt –, eine befriedigende Erklärung des Lebens und des Todes zu geben (ja nicht einmal weiß, was der Tod oder das Leben ihrem Wesen nach sind!), hat Hohenheim diese Probleme von höchster Warte erfaßt und gab Lösungen, die mit einer vertieften, idealistischen Naturerkenntnis übereinstimmen. Will die moderne Medizin wirklich fortschreiten, so bleibt ihr gar nichts anderes übrig, als diese Erkenntnisse und Lehren des Paracelsus anzuerkennen, denn wie will einer ein wahrer Arzt – nicht nur des Leibes, sondern auch der Seele – sein, der nicht weiß, was Leben und Tod eigentlich sind?

Die mystischen Kräfte des Glaubens und der Imagination (Einbildung)

Sehr hoch schätzte Paracelsus die mystischen und okkulten Kräfte des wahren Glaubens und der starken Einbildung ein, sowohl in bezug auf unsere spirituelle Entwicklung als auch bezüglich ihrer heilenden Macht. Uns interessieren hauptsächlich die heilenden Wirkungen dieser rein geistigen Kräfte, und so wollen wir nur diese hier kurz beleuchten. Zuerst müssen wir feststellen, was der Glaube ist, von dem ein Paracelsus spricht.

„Der wahre angeborene Glaube kommt aus Gott und geht in Gott zurück. Nicht wir wirken durch den Glauben, sondern Gott wirkt durch den Glauben in uns. Durch unseren selbstgemachten Glauben können wir keine Wunder wirken, aber durch die Barmherzigkeit Gottes (in uns) ereignet es sich, daß das geschieht. So wir aber aus Eigendünkel handeln, und achten uns selbst für Götter, so vergessen wir hierin Gottes und seiner Barmherzigkeit und leben in unserem eigenen Hochmut und Trotz, die uns in Verzweiflung führen. Aus dem Mißbrauch des Glaubens entsteht Aberglaube und Zauberei."

„Für die menschliche Vernunft, die aus dem Menschen der Erde kommt, sind die ewigen Dinge unergründlich. Er kann die Kräfte des Glaubens nicht ergründen, deshalb müssen sie auf die Lehre Christi gegründet werden. Unsere Stärke liegt im Glauben und nicht in der Phantasie. Viele meinen den Glauben zu haben, aber es heißt: ‚Die Zeichen derer, die da glauben, sind: In meinem Namen werden sie Teufel austreiben, mit neuen Zungen reden und so sie etwas Tötliches trinken, wird es ihnen nicht schaden. Auf die Kranken werden sie die Hände legen, und es wird besser mit ihnen werden.'" –

„Der Glaube ist ein Geist, der da alle anderen Geister überwindet. Er wirkt auf zweierlei Art; in guten Menschen zu guten Dingen und in bösen zum Bösen. Selbst der Teufel hat seine Stärke aus dem Glauben, den er zu bösen Zwecken mißbraucht. Wir sollen aber niemals den Glauben zu etwas gebrauchen, wozu er uns nicht gegeben ist."

„Der Glaube kann sowohl krank machen als auch gesund. Wir schaffen durch ihn einen Geist, der ohne Hände und Füße das machen kann, was ein Mensch tut, und ein jedes Ding, das in der Natur wächst, das kann auch durch die Stärke des Glaubens hervorgebracht werden. Durch den Glauben werden wir gleich den Geistern, denen es möglich ist, alles unsichtbar zu tun, was der Leib sichtbar tut."

„Alles Gute, das aus dem Glauben geschieht, entspringt aus Gottes Barmherzigkeit. *Die Gesundheit fließt aus dem Heilmittel, und das Heilmittel aus Gottes Barmherzigkeit.* So hat auch das, was aus dem Sohne Gottes entspringt, seinen Ursprung in seiner Barmherzigkeit und erlangt seine Kraft durch den Glauben. *Christus* sagt: *‚Wer an mich glaubet, wird auch die Werke tun, die ich tue, ja noch größere wird er tun, denn ich gehe zu meinem Vater.‘*"

„Der Glaube aber, der nicht aus der Barmherzigkeit Gottes entspringt, ist der Glaube des Teufels, das heißt, er ist verunreinigt durch den Eigendünkel. Der Teufel (die Bosheit) achtet solcher Zeichen nicht, er läßt uns aus uns selbst Arges und Böses tun und den Glauben mißbrauchen. Sein Ziel ist, daß er uns Zweifeln mache an der Barmherzigkeit Christi und mit dem Glauben in Christus Hoffnung und Liebe zerstöre. Was aber durch den Mißbrauch des Glaubens geschieht, ist, wie wenn ein grober Bauer neben einem Goldschmied stünde, und was der Goldschmied aus Gold macht, das bildet der Bauer aus Dreck."

Dazu gibt Dr. Franz Hartmann folgende Erläuterung: „Die Wissenschaft im Bunde mit der Liebe führt zur Weisheit, und ist der Welt zum Heile, die Wissenschaft, die dem Egoismus entspringt und sich über Gott (die Liebe) zu erheben sucht, geht mit Riesenschritten der Teufelskunst entgegen, die zum Verderben führt."

Unter Imagination oder Einbildung ist nach Paracelsus die intensive Gestaltung eines Bildes, einer Vorstellung im Gemüte zu verstehen. Also das, was unser Geist sich lebhaft vorstellt, das bildet und gestaltet sich im Gemüt zu einer selbständigen Wesenheit. Wir sprechen dann von *fixen Ideen,* von *„eingefleischten*

Gedanken" usw. Ist die Einbildung stark und wird sie lange genug auf einen Gedanken konzentriert, so kann es so weit kommen, daß die dadurch geschaffene Wesenheit schließlich den ganzen Menschen beherrscht, der sie schuf. *Er ist dann buchstäblich am Ende abhängig von den Kreaturen, die er schuf. Daß Gedanken formschaffende Kräfte sind, die auch eine gewisse substantielle Grundlage haben müssen, daran zweifelt heute wohl niemand,* der auch nur die Elemente des neuzeitlichen, wissenschaftlichen Okkultismus oder der neuen Mystik erfaßt hat. Den Gedanken als bloße Schwingung, Wellenbewegung usw. aufzufassen, geht fehl, denn zu jeder Bewegung gehört doch etwas, das sich bewegt oder bewegt wird. Die elektrischen Wellen bei der Gedankenübertragung sind ein abgebrauchter Vergleich, aber er ist naheliegend und einleuchtend, darum sei auch darauf hingewiesen.

Trotz Einstein halten wir nämlich an der Existenz des Äthers (mit vielen anderen Physikern von Weltruf) fest. So wie also die elektrischen Wellen irgendeines Mediums zur Fortpflanzung bedürfen, so auch die Gedankenwellen. Die gröbsten Wellen, die Wasser- und Erdbebenwellen sind doch nur ein Spiegelbild der Wellenbewegung in feineren und feinsten Mitteln. Die ganze sichtbare Natur ist schließlich nur ein Gleichnis, ein Ebenbild der unsichtbaren. Das will auch der hermetische Spruch „Wie oben, so unten" ausdrücken. Deshalb müssen wir uns auch vorstellen, daß es mit dem Wachstum einer Idee in uns durch die „Einbildung" ähnlich zugeht, wie mit dem Wachstum anderer, natürlicher Dinge. Unser Geist nimmt entweder von außen einen Gedanken auf, oder es entspringt in ihm ein *geistiger Keim,* und dieser wächst sich zu immer klarerer Vorstellung aus, je länger wir in Gedanken darüber „brüten". Schließlich wird dieses Gedankenbild durch den Wunsch oder Willen belebt und beseelt. Nun ist es eine selbständige Wesenheit geworden, die zu Taten drängt. Alles das hat Paracelsus klar erkannt. Er schreibt zum Beispiel in seinem Buche *„De Morbis Invisibilibus* Seite 272:

„Ein Maler, der ein Bild malen will, muß eine irdische Wand haben, ein Steinmetz, der bauen will, muß einen irdischen Boden haben." Das heißt, zur Verwirklichung einer Idee bedarf man einer substantiellen Grundlage. Also kann auch der Wille ohne solch eine Grundlage kein Gedankenbild schaffen."

„Die Imagination ist der Werkmeister in sich selbst, und hat die Kunst und das Werkzeug, alles zu machen, wenn es auch der sichtbare Leib nicht kann. So scharf und sinnreich ist diese Kunst, daß sie eine Fliege, die sie an der Wand sieht, auf den Boden, den sie hat, abmalen kann, so scharf als sie die Augen sehen. Von allem, was die Sinne wahrnehmen, empfängt der unsichtbare Leib einen Eindruck, und hat dann diese Dinge alle unsichtbar in sich. Der unsichtbare Leib kann (in seiner Einbildung) essen und trinken, sprechen, gehen, fliegen, Häuser bauen usw. ohne den sichtbaren Leib, aber der sichtbare Leib kann nichts ohne den unsichtbaren, und gleichwie man an dem sichtbaren Körper ein Glied abnehmen kann, so kann man auch die Auswüchse der Einbildung (durch die Kraft der Vernunft) entfernen."

„Die Kraft der Einbildung (sei es bewußt oder unbewußt) ist besonders wirksam während der Schwangerschaft, und die Natur des Kindes ist zum großen Teil abhängig von den Eindrücken, die die Mutter während dieser Periode empfängt. Der, der es aufgebracht hat, daß wenn die Mütter sich einen großen gelehrten Mann oder Künstler einbilden, die Kinder dann solche werden müssen, muß von einem großen Narren besessen gewesen sein; wohl aber kann die Impression, wenn zum Beispiel die Frau einen Künstler hört, der geistigen Richtung des Kindes einen Anstoß geben, der später im Leben zu einer ähnlichen Ausbildung des Talentes des Kindes führt."

Die Imagination wirkt aber nicht nur auf den eigenen Körper ein, sondern sie kann auch auf andere übertragen werden. „Gleichwie, wenn einer durch seine Augen einen anderen, der vor ihm steht, ansieht und der andere flieht davon; oder einer heißt den anderen etwas tun, und der andere tuts, so zwingt auch die Imagination des einen den anderen. Diese Dinge tut der olympische Geist, der von allen Werken des Leibes den Schatten zeichnet. Auch entstehen aus dieser Kraft allerlei ‚Geister' *Incubi, Succubi, Nachtgespenster* und viele andere Dinge, deren Beschreibung in ein anderes Kapitel gehört."

Die Mumia des Paracelsus

Viel ist in den Schriften des Paracelsus von der „Mumia" die Rede. Das Wort Mumia dürfte sicherlich von Mumie kommen und bedeutet soviel wie Leichnam, also ein Körper, von dem die Seele geschieden ist. „Denn alles, was sein Leben verliert, ist Mumia", sagt Paracelsus. In solch einem Körper – solange er noch nicht verwest ist – bleibt noch eine Zeitlang deren immaterielle Mumia (Linga Sharira der Inder; Ätherleib) zurück, wodurch dieser Körper noch gewisse okkulte Eigenschaften hat. Oder richtiger gesagt, die physische Mumia ist gesättigt durch rückgebliebene Ausstrahlung des Ätherleibes. Besonders bei Menschen, die sonst gesund waren und plötzlich ums Leben kamen – wie Verunglückte, Getötete, Hingerichtete –, haben einzelne Körperteile okkulte Kräfte, wie ja solches auch im Aberglauben und in der Volksmedizin teilweise bekannt ist.

Man denke nur, wie begehrt der Daumen eines Diebes war, der am Galgen endete! Er sollte nach einem alten „Volksaberglauben" besonders Kaufleuten „Glück bringen". Der Daumen repräsentiert den Willen des Menschen; der Wille des Diebes ist auf das Stehlen oder Zusammenraffen gerichtet, in seinem Daumen sind gewissermaßen diese Willensbestrebungen „Fleisch" geworden, daher er Geld und Güter anzieht. –

Die „allerfürnehmste Mumia", die am „höchsten zu loben", ist jene, die in der Luft erzeugt wurde. „Das ist der Leib, der an der Luft, oder in der Luft zu einem Mumia geworden. Der Mensch, der erhenkt, gespießt oder geradbrecht ist worden: Denn er stirbt an der Luft, und in der Luft ist sein Grab und Verwesung. Und dies seind die constellierten Mumia, darin das Obere Gestirn gewaltiglich imprimiert und instuiert. Und sobald es Sonn und Mond überscheinet, ist es in seiner höchsten Exaltion, und in Kräften und Tugenden gar wunderbarlich. Und wenn ein Arzt und sonst männiglich wüßten, was mit diesem Mumia fürzunehmen, oder wozu er nützet, würde kein Übeltäter über drei Tage am Galgen oder auf dem Rade liegen bleiben, sondern weggenommen, wo es anderst möglich wäre. Also ist nun Mumia des

Wassers eines Menschen, der ertrunken ist, oder ertränkt worden. Denn im Wasser hat er sein gesundes Leben verloren und ist zu Mumia geworden. Also der Leib, der mit Feuer hingerichtet oder umgebracht wird, ist Mumia des Feuers, dann er auch im Feuer sein gesundes Leben verloren, und zu einem Mumia geworden ist."

„Mit diesen dreien Mumien ist viel wunderbarlich Ding fürgenommen, angefangen, ausgerichtet und erlangt worden. Und fürnehmlich von denen, die diese Mumien selbst gemacht haben: Das sein nun die Nachrichter, Henker, Totschläger und Erzmörder, die den Menschen nicht allein um sein Leben gebracht und zu einer Mumia gemacht haben und gar jämmerlich ermordet und umgebracht, sondern noch dazu desselben Menschen Geist, den sie *Spiritum hominis* geheißen, überkommen haben, und ihnen unterwürflich gemacht im letzten Grad des Todes und haben demselbigen Spiritui hominis viel auferlegt. Daher kommt nun die Kunst *Necromantia* und ist auch von ihnen *Necromantia* genannt worden. Aus diesem Grunde sind viele Experimente mit der Mumia erfunden worden. Es sind große Geheimnisse darin, die aber besser verschwiegen bleiben, wegen des Mißbrauches, der damit getrieben werden kann."

Daß die Necromantia (Totenbeschwörung, Geisterbannung, schwarze Kunst) leicht zur schwarzen Magie führen kann und auch vielfach bereits schwarze Magie ist, dürfte wohl jedermann, der nur einiges Verständnis für okkulte Dinge besitzt, klar sein. Es ist daher klug und edel von Paracelsus gewesen, darüber, wie man diese Mumia gebrauchen kann, geschwiegen zu haben.

Eine unschuldigere Form des Kurierens mit der Mumia ist jene, wie sie noch heute bei allerlei Sympathiekuren, Transplantationen usw. im Schwunge ist. Nicht nur der Leichnam eines Menschen oder dessen Teile, sondern auch Teile des lebenden Menschen, zum Beispiel Haare, Nägelabschnitte, ja auch Blut, Schweiß, Harn, Eiter usw. können als „Mumia" verwendet werden, oder richtiger gesagt, in dieser Mumia ist eine „magnetische Kraft" enthalten. Wenn man also beispielsweise Blut, Eiter, Haare oder Nägelabschnitte eines kranken Menschen – unter Beobachtung gewisser Mondphasen – in einen lebenden Baum verspundet, so wirkt dieser Baum wie ein Magnet aufs Eisen, *das heißt, er zieht die Krankheitsstoffe an sich.*

Durch die eingespundete Mumia entsteht ein unsichtbares magnetisches Kraftfeld, eine unsichtbare magnetische Leitung oder Verbindung vom Kranken zum Baume, und nun saugt die Lebenskraft des wachsenden Baumes die ätherischen (astralen) Krankheitsstoffe an sich, es entsteht eine Art „Ionenwanderung" und der Kranke gesundet. Das also meinte Paracelsus, wenn er sagt:

„Denn ein jedes Corpus, dem eine lebendige Mumia wird beigebracht von einem Menschen, dasselbige Corpus wird alsbald zu einem Magneten. Also seind aus diesem Mumia entsprungen die allerheimlichsten und verborgensten magnetischen Curen. Nämlich, daß etliche, so die Wirkung und Kraft ihrer eigenen Mumia erkannt und verstanden haben, und seine große magnetische Wirkung gewußt, daß ein gar kleine Dosis den ganzen Leib an sich zeucht, wie ein Magnet das Eisen: Haben sie sich selbst in großen Schmerzen in Gliedern erledigt und fürnehmlich also von Aussatz, Franzosen (Syphilis), Lähme (Lähmung), Podagram, Wassersucht, Schwindsucht, Krebs, Fistel, Sirey, Wolff etc. und allen bösen alten Schäden, und allem was sich äußerlich des Leibes eröffnet und sehen ließ. Denn ein unreiner und verderbter Mumia verderbet ein gesund Corpus, darin er kommt und mit dem er sich concordieret: Und desselbigen gesunden Corporis Verderbung ist des andern Leibes, von dem die Mumia genommen. Gesundheit und Genesen. Das heißet also, der betreffende Baum stirbt ab, der Mensch aber gesundet, oder der Baum erkrankt nur, deshalb sagt man, die Krankheit wurde ‚transplantiert' oder *überpflanzt.*"

Vom Puls

Unsere Ärzte belächeln oft die chinesischen Ärzte, die sämtliche Krankheiten nur durch Befühlen der Pulse erkennen wollen. Diese Diagnostik aus dem Pulsschlag ist in China eine spezielle Wissenschaft und Kunst, denn die chinesischen Ärzte unterscheiden nicht weniger als 88 Arten des Pulses. Es muß schon irgend etwas Wahres an dieser „Pulsdiagnostik" daran sein, denn auch Paracelsus lehrt, daß der Puls seine „Heimlichkeit" habe. Wo er so spricht, ist schon etwas dran. Das Nähere findet man in dem Buch *Opus Astronomiae Mundi* von Paracelsus. Hohenheim sagt: „Der Puls ist nichts anders, denn die Mensur der Temperatur im Leibe, *nach Art der sechs Stellen am Leibe, die die Planeten inne haben.* Als zween Puls unten an Füßen, ist der Puls Saturni und Jovis; zween am Halse, ist Veneris und Martis. Zween an beiden Schläfen, und seind der Puls Lunae und Mercurii. Der Puls Solis ist in der linken Seiten unter dem Herzen. Hieraus folgt, so der Puls schneller schlägt dann er soll, so leiden die sieben Hauptglieder als Herz, Hirn, Leber, Galle, Nieren, Milz und Lungen. Widerwärtiger: Derohalben auch der Puls erzürnet wird. So aber das Hauptglied, es sei Leber, Herz oder Hirn, oder welches dann leidet, von der Krankheit überwunden wird, so schlägt der Puls gar schwach. Und geschieht gemeiniglich, wenn die Puls gar schwach schlagen, daß die Luft und Geist des Lebens an dem Orte, da die Anzeigung ist, verstopft ist. Und ist der Puls nicht anders, denn das Feuer und Luft, der beste Teil vom Geist des Lebens. Und das sollt ihr also verstehen. Jeder Mensch hat *sieben Pulsus: Und diese sieben Pulse haben ihre Nahrung im Puls der großen Welt. Derselbige ist der, der die anderen sieben Puls im Menschen regieret.* Nun hat die große Welt auch sieben Puls, das ist der Lauf der sieben Planeten, wie die Astronomia inhält. Diese sieben regieren die Luft, das ist, den Geist des Lebens in der großen Welt. Und ihr sollt wissen, daß die Luft nichts anders ist, denn der Geist des Lebens, das Leben der großen Welt, und das Leben Macrocosmi. Der nun den Puls im Menschen recht ergreifen will, der muß der *Astronomey* erfahren sein: Denn in Sonn und Mond wird gesehen und verstanden, was die Eclipses seind. Das ist ein grob Exempel, aus Ursachen, es kann es ein Bauer sehen. Aber die anderen fünf Planeten in der großen Welt leiden auch Eclipses (Verfinsterungen). Also alle Sterne in der großen Welt. Also ist die Ungleichheit des Pulses im Menschen auch nichts anderes, denn ein Eclipses, da der Geist des Lebens im Leibe seinen Lauf verbringt, gleich dem äußeren Himmel." Hier sehen wir wieder, wie sehr nach Paracelsus der Mikrokosmos mit dem Makrokosmos verflochten ist, wie viel gleichartige Beziehungen es zwischen beiden gibt, wie der Pulsschlag des einen universellen Lebens beide durchzuckt und so weiter. Hier weist Paracelsus wieder sehr unzweideutig auf den Nutzen der Astronomey (Astrologie) für den Arzt hin. Das gleiche sagt er in der Vorrede zur *„Philosophia Sagax":*

„Die große Kunst der Arznei, so von Gott wunderbarlich geschaffen ist, nimmt ihren Eckstein zu erkennen, die Krankheit des Menschen, ihr Gesundheit und der Tod, *bis auf den halben Teil ihrer Notdurft aus dieser Kunst der Astronomey.* Wo solchs gebricht, da ist der Krank verführt mit seinem Arzt. Den der Arzt, der die Astronomey nicht kann, der mag nicht ein vollkommener Arzt genannt werden: *Denn mehr denn der halbe Teil der Krankheiten wird vom Firmament regieret."* Man sieht, wie sehr hier Hohenheim für den Wert der medizinischen Astrologie eintritt.

Von den magischen Kräften in Worten, Zeremonien und Symbolen

Paracelsus sagt: „*Auch sollen wir die Wörter (Charakteres), Zeichen und Symbole nicht geringe schätzen, denn es sind in ihnen große Kräfte verborgen. Es gibt Charakteres, die da alle Kraft haben, so vom Himmel in den Kräutern (und anderen Dingen) sind (Ph. Sagax L. I.* c. 4.). – *Verba der Charakteres sind Worte, die da geschrieben oder geredet Kraft haben.*"

Unter allen magischen Figuren und Zauberzeichen nennt Paracelsus das *Pentagramm,* oder den Drudenfuß, das ist der regelmäßige fünfzackige Stern, sowie das *Hexagramm,* das ist der regelmäßige sechszackige Stern, als die wirksamsten. Paracelsus sagt darüber: „Denn die zwei sind von einer so großen Macht, daß alles was den Charakteren und Wörtern möglich ist zu tun, dies ist diesen beiden auch möglich. Und wollte gerne wissen, wo doch einer noch darüber wäre, in allen nigromantischen Büchern – wider alle bösen Geister, wider den Teufel, wider alle Zauberei und wider alle magischen Eingriffe, so durch Hexen geschieht. Sie erlösen auch einen, der schon verzaubert ist."

Von der Wirksamkeit des Pentagramms habe ich mich wiederholt überzeugt. Es wirkt zum Beispiel rasch schmerzstillend bei Bienen- und Wespenstichen, indem man einfach mit der rechten Hand über der gestochenen Stelle, dreimal in der Luft, ein Pentagramm derartig macht, daß die gestochene Stelle sich im Mittelpunkt des Pentagrammes befindet. Allerdings muß der Betreffende, der die magische Figur anwendet, etwas heilmagnetische Kräfte haben und von der magischen Wirksamkeit dieser Figur überzeugt sein. Hingegen braucht die Person, an der man diese magische Prozedur macht, nicht daran zu glauben.

„Darum merket nun, die Geister und die himmlischen Kräfte können uns nicht anders helfen (denn) durch die Namen und Wörter. *So wir sie haben, so haben wir den Garten ihrer Arzney.* Nun wisset also, daß (in der) natürlichen Arzney (das heißt aus Gott geurständeten Arzney) der Nam wie ein Kraut, das Kraut wie ein Nam. Allein unterschieden in der sichtigen und unsichtigen Natur, und beid in natürlichem Licht. Wie sie aber an uns langen, das wisset, daß im Anfang, ehe die Arzney anfing, da sind die ersten Ärzte, die Magi (Magier) geheißen worden, erstanden, und in ihnen die Ding vielfältig geoffenbart, und also einander noch gemehret, und viel davon verloren und zerbrochen, und zerrütt, und nicht viel ganz mehr, und die Bücher derselbigen Auslegung, wie dann in natürlichen Dingen gebräuchlich ist, vergelt und zerrütt, darumb an dem Ort viel an der Versuchung und Erfahrenheit leid. Das ist aber ein solcher Nam, der ein Charakter ist, der ist gewaltig daß das so werd, das derselbig Geist vermag."

„Unsere Sprache und alles *kommt aus Gott,* und deshalb sind in der Sprache, so wie in allem *göttliche Kräfte* enthalten. So wir aber von diesen Dingen nichts wissen, so wissen wir auch nichts von Gott. Wo aber ist Aberglauben, Hoffart und Torheit zu Hause, als bei denen, die nichts wissen und nichts von Gottes Weisheit ergründen?" –

„So wir nun lernen wollen, so ist unser erster Grund in Gott, denn er ist es, der uns lehrt und das zuschickt, dessen wir bedürfen, und wann wir alles wohl betrachten, so finden wir, daß wir die Weisheit und Kunst nicht von uns selbst haben, sondern daß sie uns auf unsichtbare Weise durch den Geist mitgeteilt wird, und ohne diesen geistigen Einfluß können wir nichts ergründen, wie sehr wir auch unsere Phantasie anstrengen würden. In diesen Dingen sollte uns immer Maria ein Beispiel sein, als eine Seele, die voller Gnaden war. Durch das Gemüt kommen wir zu Gott, durch den Glauben zu Christo, und durch die Imagination empfangen wir den Heiligen Geist."

Die Magie des Wortes gehört wohl zu der ältesten und subtilsten Form der Magie.* Zaubersprüche, Zauberworte und magisch wirkende Gesänge treffen wir in merkwürdiger Übereinstimmung nahezu bei allen Völkern der grauesten Vorzeit. Diese okkulten Kräfte des Wortes und Tones wurden namentlich in der Heilkunde vielfach angewandt, ja sie haben sich auch heute noch

* Vgl. M. Kahir, „Das verlorene Wort – Mystik und Magie der Sprache". Turm-Verlag, Bietigheim, 1979.

in der okkulten sowie in der Volksmedizin erhalten. Unsere Wissenschaft will das alles mit Suggestion erklären, würde man aber einmal sehen, wie ein solcher Sympathiedoktor auch Tiere durch das Besprechen heilt, selbst auf Entfernung hin, so würde man zugeben müssen, daß etwas mehr als wie bloße Suggestion in der Magie des Wortes und Tones enthalten ist. Denn Paracelsus sagt ausdrücklich in der *Philosophia Sagax (1. Buch):* „Ein Arzt der Magie lehrt Worte bilden, welche die gleiche Kraft haben, wie die vom Himmel in die Kräuter gelegte. Zum Beispiel alles, was der Arzt durch Arzneimittel zu vollbringen versteht, das vermag diese Magie durch Worte. Denn was die natürliche Ordnung aus sich selber hervorbringt, das bietet auch diese Kunst. Und diese Magie heißt Magia characteralis (das heißt Magie, die mit Charakteren, Geheimzeichen arbeitet)."

Die indische Philosophie unterscheidet im Worte oder in der Sprache (Vach) vier Formen oder Zustände, die mit den vier Daseinsstufen im Weltall korrespondieren, nämlich
Para-Vach, das in Gott ruhende Wort,
Pasyanti-Vach, das geoffenbarte Wort (Logos),
Madhyama-Vach, das innerlich ausgesprochene und
Vaikhari-Vach, das äußerlich ausgesprochene Wort.

„Das ganze Weltall", sagt der gelehrte Brahmane T. Subba Row, „ist in seiner objektiven Gestalt Vaikhari-Vach, das Licht des Logos ist die Madhyama-Form, der Logos selbst die Pasyanti-Form, und Parabrahm stellt sich als die Para-Form des Wortes dar. Wer dies versteht, der begreift, weshalb es heißt, daß das Universum das als Weltall geoffenbarte Wort (Verbum) ist."

Hier berühren sich auf das innigste die indische Philosophie, richtiger gesagt, Mystik mit der christlichen. Es heißt doch ausdrücklich im Johannesevangelium: „Im Anfang war das Wort. Alle Dinge sind aus demselben gemacht, und es gibt nichts, das da gemacht ist, was nicht aus ihm gemacht ist."

Wer also die Magie des Wortes praktisch beherrscht, der beherrscht dadurch die ganze sichtbare und unsichtbare Natur. Er kann ebenso heilen als auch töten. Es ist daher gut, daß diese Wissenschaft nicht jedermann zugänglich ist.

Von den „Geistern“

Paracelsus unterscheidet viererlei Arten von „Geistern“:

1. Die durch *Imagination* des Menschen selbstgeschaffenen Geister.
2. Die guten und bösen *Dämonen* (Engel und Teufel).
3. *Naturgeister* (Nymphen, Sylphiden, Gnomen und Salamander).
4. *Die Seelen der verstorbenen Menschen.*

Alle diese „Geister“ können auf den Menschen einen Einfluß ausüben, und zwar je nach ihrem Wesen einen guten oder schlimmen, einen heilenden oder krankmachenden, und aus letzterem Grunde soll der wahre Arzt etwas von der Existenz dieser Geister wissen. Denn wie will er zum Beispiel der Besessenheit, dem Vampirismus usw. gegenübertreten, wenn er die Existenz der unsichtbaren Wesen leugnet, die die Ursache von solchen „rätselhaften Krankheitserscheinungen“ sind?

Zur ersten Gruppe von „Geistern“ ist zu bemerken, daß wir es da mit *Gedankenschöpfungen* lebender Menschen zu tun haben. *Der Gedanke allein hat strenggenommen noch keine schöpferische Kraft, er erlangt diese erst, wenn er vom Willen beseelt wird.* Wenn also Denken und Wollen in Übereinstimmung sind, dann entsteht eine *belebte geistige Wesenheit,* die natürlich auch einer substantiellen Grundlage bedarf. Da sich aber jeder Gedanke (so er vom Willen beseelt ist) unter einer bestimmten Form ausdrückt, ist solch ein „Geist“ eine *Dreiheit von Gedanke* (Vorstellung), *Wille* (Kraft) und *Form* (Substanz).

Dies ist die allgemeine Definition solch eines *„Geistes“* oder besser gesagt *„Geistwesens“*. Die Kraft, durch die im Menschen solch ein Geistwesen Gestalt annimmt, ist die „Imagination“. *Das, was der Mensch intensiv glaubt, denkt und wünscht (will), wird er schließlich selbst.* Sein Wollen, Wünschen und Denken bestimmt nicht nur sein eigenes Wesen, sondern es können durch diese magischen Kräfte in uns auch neue Geister (Geistwesen) oder „Schein-Iche“ erzeugt werden. Daß diese Geistwesen, so sie durch böse menschliche Leidenschaften erzeugt werden, für den Hellsichtigen kein angenehmer Anblick sind, ist leicht zu verstehen. Der Neid kann zum Beispiel – wenn er lang genug „großgezogen“ wurde, im Menschen, wie Paracelsus sagte, einen „Basilisken“ gebären; schließlich ergreift diese dämonische Wesenheit Besitz von ihrem Erzeuger, dann wird der Mensch selbst zu einem „Basilisken“, dessen böser Wille allein schon durch den Blick sehr schaden, ja unter Umständen sogar töten kann. Jeder solche „Geist“ ist aber auch, wenn er sich passiv verhält, das heißt kein bestimmtes Ziel für seinen Vernichtungswillen hat – doch ein Zentrum, von dem fort und fort Kräfte ausstrahlen, die natürlich den Stempel seines Wesens und seiner Eigenschaften tragen. Die Mystiker sprechen eine höhere, naturgesetzliche Wahrheit aus, wenn sie behaupten, daß die Gegenwart eines schlechten Menschen, der von solchen Elementargewalten oder von bösen Schein-Ichen besessen ist, die geistige Atmosphäre verpestet, und daß der giftige Gedankenstrom vieler böser Menschen Epidemien erzeugen oder sonstige böse atmosphärische Zustände in der unsichtbaren Welt erzeugen könne, welch „gewitterschwangere Ladung“ sich schließlich auch in unserer materiellen Welt als irgendein Unheil entladen muß.

Somit liegt das Mittel zur Veredelung des einzelnen sowie der ganzen Menschheit *in der Veredelung unseres metaphysischen Wesenskerns,* das heißt, in der Veredelung von Denken, Wollen und Wünschen, aus welchen übersinnlichen Kräften schließlich alle unsere äußeren Taten resultieren. Es ist daher eine alte mystische Wahrheit, daß sich im Menschen sowohl das Gute (Gott) als auch das Böse (der Teufel) personifizieren kann. Paracelsus sagt in *„De Peste“* p. 175:

„Der innere Mikrokosmos vergewaltigt den Himmel (das Gemüt), ihm gehorsam zu sein. Der Neid überwindet den Saturn. So es des Menschen Art ist, daß er die Leute betrügen will, so gewöhnt er Saturn (das materielle Prinzip) dazu, daß er ihm hilft. So wird dann der ganze Mensch zum Betrüger, der betrügt, weil er seiner Natur (den leitenden Planeten in ihm selbst) folgt.“

„Der göttliche Geist im Menschen (sein wahres höheres Ich)

ist über all diese Natureigenschaften erhaben, und ebenso der Mensch, der in diesem Geiste zum Selbstbewußtsein gekommen ist; aber in dem sterblichen Wesen des Menschen können, je nach dem Einflusse der ‚Planeten' (in seinem Innern) verschiedene ‚Geister' (Schein-Iche) sowohl gute als auch böse wachsen. So entsteht in ihm der Fromme, der Gelehrte, der Redner, der Dieb, der Betrüger usw. Und der Mensch ist ein solcher Geist, insoferne als er sich mit einem solchen identifiziert. Also werden die *Corpora Spiritualia* körperlich und leiblich, aber der zu wahrem Selbstbewußtsein, das heißt zur Gotteserkenntnis gekommene Mensch *steht über allen diesen Planeten.*"

Die zweite Gruppe von „Geistern" betrifft die guten und bösen *Dämonen.* – Daß böse Dämonen auch Krankheiten verursachen können, glaubte bereits das *ganze Altertum*! Der Gedanke an solche unsichtbaren Krankheitsursachen ist schließlich nicht absurder als der Gedanke, daß ein einziger im Körper eingedrungener Bazillus den Menschen schwer krank machen könne. Wenn die Kabbalisten sagen, es gäbe Dämonen, die so klein sind, daß ihrer Tausend auf eine Nadelspitze gingen, so ist dies sowenig unmöglich oder unglaublich, als daß tausend Bakterien auf einer Nadelspitze Platz haben. Letztere Tatsache wird wohl kein Naturwissenschaftler leugnen, aber *vor Entdeckung genügend starker Mikroskope wäre die Lehre von der Existenz der Bazillen auch eine „okkulte" oder „mystische" gewesen.*

Ob man nun an die Existenz von Bakterien und Dämonen „glaubt" oder „nicht glaubt", ob man sie „sieht" oder „nicht sieht", sie wirken deshalb ruhig weiter. Wenn unsere Naturwissenschaftler sich für diesen Gedanken einmal erwärmen könnten, würde bald eine Basis für das Verständnis der Dämonologie gefunden sein.

Die dritte Gruppe, jene der *Naturgeister*, ist im großen und ganzen harmloser Natur. Nur selten hört man, daß sie einen Menschen schädigten, meist nur dann, wenn dieser sich ihnen gegenüber nicht korrekt benahm, doch ist es möglich, daß durch zu große Vertraulichkeit und intimem Verkehr mit Naturgeistern dem Menschen Schäden erwachsen sind.

Gefährlicher können schon die *„Geister"* der vierten Gruppe, nämlich die *Seelen der Abgeschiedenen* werden, wenn dies niedrig entwickelte Menschen waren oder leidenschaftliche, rachsüchtige Naturen. Manche Fälle von Melancholie, Selbstmord, Irrsinn und so weiter können durch die Einwirkung von solchen „Geistern" erzeugt worden sein, einerlei ob die Schulwissenschaft dies zugeben will oder nicht. Ja, Dr. FRANZ HARTMANN war der Meinung, daß sechzig Prozent *aller Irrsinnigen* eigentlich Fälle der verschiedenen Formen der *Besessenheit* und des Einwirkens von „Geistern" der Gruppen 1, 2 und 4 darstellen. Es lohnte sich, besonders für unsere Irrenärzte, die Lehren eines PARACELSUS oder Dr. FRANZ HARTMANN über diese Dinge zu beachten. Ebenso die Erfahrungen des amerikanischen Irrenarztes Dr. WICKLAND in seinem Buch: Dreißig Jahre unter den Toten (Reichl Verlag, Remagen). Anhand von nahezu hundert Beispielen aus seiner jahrzehntelangen Praxis weist Dr. WICKLAND nach, daß es sich bei den meisten Fällen geistiger Verwirrung nicht etwa um Bewußtseinsspaltung oder dergleichen handelt, sondern um Besessenheit durch Fremdwesen, die von dem Patienten Besitz ergriffen haben und ihm ihren Willen aufzwingen. Die Gespräche, die Dr. WICKLAND mit diesen durch ihre Unwissenheit in der Erdsphäre festgehaltenen Geistern führt und Wort für Wort wiedergibt, legen ein erschütterndes Zeugnis ab von dem verhängnisvollen Einfluß, den solch unselige Abgeschiedene auf Lebende nehmen können. (D. Vlg.) Die katholische Kirche besitzt ein eigenes, altes, sehr wirksames Ritual zur Austreibung der bösen Geister. Aber nur relativ wenige Priester haben die Gabe, den Exorzismus erfolgreich durchzuführen.

Von den Arkana

So hoch auch Paracelsus die Astronomey (die Astrologie) für den praktischen Arzt einschätzte, ja sie als eine der Säulen der ganzen Medizin hinstellte, so geht aus seinen Schriften doch hervor, daß er etwas noch höher einschätzte: – das waren tunlichst wirksame *Heilmittel,* sogenannte *Arcana, gegen die verschiedenen Krankheiten.* Denn was nützt alle Astrologie, wenn man keine wirksamen Heilmittel gegen eine bestimmte Krankheit kennt? Umgekehrt kann ein Arzt, der von Astrologie nichts weiß, sehr gute Erfolge am Krankenbett, auch in verzweifelten Fällen, erzielen, wenn er im Besitz von guten, für den einzelnen Fall erprobten Heilmitteln ist. Kommt jedoch zu diesem Besitz von wirklich guten, erprobten Heilmitteln noch die Kenntnis der Astrologie, sei es, um mit deren Hilfe das in einem speziellen Fall wirksamste Mittel herauszufinden, sei es, um die günstigste Zeit zum Einnehmen der Arznei zu fixieren oder die Krisen und kritischen Zeiten einer Krankheit zu wissen, so wird natürlich ein solcher Arzt noch treffsicherere Resultate haben als der vorgenannte.

Was versteht Paracelsus im allgemeinen unter *Arcanum,* und was ist im besonderen darunter zu verstehen?

Im allgemeinen dürfte Paracelsus unter Arcanum alles das gemeint haben, was die Krankheit selbst von der Wurzel aus (also radikal), und nicht nur deren begleitende Symptome und Beschwerden zu heilen imstande ist. Unter Umständen kann dies sogar das Messer des Chirurgen sein. Und wirklich nennt Paracelsus auch die chirurgischen Instrumente *Arcana,* weil nur die Entfernung der Krankheit in seinem Sinne Zweck des Arcanum ist. „Sieh den Stein an, was er für Zufälle macht, willst du sie nehmen, so tue den Stein hinweg, der muß hinweg ohn kaltes und warmes, ohn Complex und Humores mit dem Messer. Das Messer laß ein Arcanum sein.* Also erkenn die Arcana, wie sie sein

* Wenn es aber ein inneres Mittel gibt, das den Stein nicht nur auflöst, sondern auch die weitere Steinbildung verhindert, so wäre natürlich dies ein dem Messer überlegenes Arcanum.

sollen. Der kalt auf warmes brauchen will, der versteht den Grund der Krankheiten nicht. In Mania ist Aderlassen das Arcanum, nit Kaffee, nit Nenusar, nit Salvia usw. (I, 86)."

„Nicht achten, wo kalt, wo warmes, sondern hinwegnehmen, das ist der Arcanen Art und Eigenschaft" (I, 109).

Im Speziellen aber verstand Paracelsus unter *Arcanum* doch ein *Spezifikum,* das heißt ein Heilmittel, das gegen eine ganz bestimmte Krankheit sich als souverän und wirksam erwies. Solch ein Spezifikum kann eine allgemein bekannte Substanz sein, nur sind deren Heilkräfte und Tugenden dem Nichteingeweihten verborgen (okkult); oder solch ein *Arcanum* kann auch eine *hochveredelte Arznei* sein, die zum Beispiel nur durch spagyrische oder alchimistische Darstellungsweisen erzeugt werden kann. In beiden Fällen umgibt also doch ein Schleier des Geheimnisses ein solches *„Arcanum"*. Und HANS KAYSER hat schon das Richtige getroffen, wenn er sagt: „Paracelsus hat so wenig wie die anderen Geheimärzte jemals verraten, welche Mittel er unter dem Sammelnamen *Arcana* verstand."

Aber einige ergänzende Definitionen bezüglich der Natur der Arcana hat uns Paracelsus doch hinterlassen: *„Arcanum ist alle Tugend des Dinges mit tausendfacher Besserung. Arcanum ist das unkorporalisch ist und untötlich eines ewigen Lebens über alle Natur zu verstehen"* (IV. 41). Ein Ding mit „tausendfacher Besserung" ist sicherlich eine durch die Kunst hochveredelte Arznei, so daß die alten Geheimärzte auch Geheimchemiker waren.

Und zweitens lehrt uns Hohenheim, daß das wirksame Prinzip in einem Arcanum nicht dessen sichtbarer und greifbarer Körper, *sondern die darin wirkende Tugend und Kraft ist.* Das eigentliche *Wesen des Arcanums* ist nach Hohenheim *immateriell.* „Denn das wir sehen ist nicht die Arznei, sondern das Corpus, darinnen sie liegt. Denn die Arcana der Elementen sind unsichtbar und des Menschen auch: das da sichtbar ist, ist das außer, das nicht dazu gehört" (II. 44). Also bloß die Kraft, das Dynamische in der Arznei ist nach Hohenheim das *„Arcanum";* aber dabei vergesse man ja nicht, daß diese Kraft nach Hohenheims Auffassung *keine blinde,* sondern eine intelligente oder *geistige Kraft* ist.

Paracelsus spricht deshalb von einer *„Kräutervernunft“*. Die Krankheit ist für ihn ein *lebendiges Wesen, eine Individualität,* und so ist es nicht zu verwundern, daß Paracelsus die Art der Heilung von Krankheiten durch *Arcana* als einen *Kampf zweier Individualitäten* auffaßt. Das ist allerdings die höchste Auffassung eines Heilungsprozesses, die wir bei Paracelsus finden. In der Abhandlung über das Arsen sagt er hingegen, das Gift der Arznei müsse das Gift der Krankheit zerstören; sonst vergleicht er den Heilungsprozeß auch mit dem Feuer, das die Dinge, das heißt die Krankheitswesenheiten verzehrt. Der am häufigsten vorkommende Vergleich bei Paracelsus ist der, daß die Krankheit wie die Pflanzen und Früchte abgebrochen, ausgerottet und abgemäht werden müssen. Wie wir sehen, überwiegt also bei Paracelsus die *biologische* und *dynamische* Auffassung des Wesens der Krankheit und des Heilungsprozesses.

Die bestimmte Wirkung der Arcana auf den Körper stellte sich Paracelsus als eine Separation, ein Verzehren aller alten (kranken) Substanzen, und eine jugendliche Reproduktion bzw. Regeneration des Körpers vor. In diesem Sinne spricht er folgendermaßen von der Wirkung des *Mercurius vitae.*

„Mercurius vitae zum dritten *Arcanum* erzeigt sein Geberd in seiner Wirkung, gleich wie der Eisvogel sich mausert in Jahreszeit und mit neuen Federn zieret, also wirft er auch aus von den Menschen die Nägel, die Pilos, die Haut und was von Immunditia ist, machet sie von Neuem wachsen, und erneuert den alten Körper, wie wir vom Eisvogel angezeigt haben“ (VI. 4).

„Also wir setzen den *Mercurio vitae,* daß er scheidet die faulen Corruption hindan, wie das Faule von einem Holz geschnitten wird und so das Faul von hinten kommt, so rühret sich die Quinta essentia wieder und lebt in ihrer Jugend“ (VI. 52).

Im großen und ganzen können wir also in der okkulten Medizin *zwei Hauptgruppen von Arcanas* unterscheiden: solche, die noch an den Körper eines Arzneimittels gebunden sind, und solche, die dieses körperlichen Gefäßes nicht bedürfen, zum Beispiel die okkulten Heilkräfte, die ein Mensch besitzt, oder die okkulten Heilkräfte des Wortes. Freilich wird man gegen die letztgenannte Gruppe einwenden können, daß der Mensch, der diese okkulten Heilkräfte besitzt, der sichtbare Träger derselben ist. Besser wäre also die Einteilung der Arcanas in solche, wo dem Kranken ein Arzneimittel als Arkanum gegeben wird, und in solche, wo nur durch okkulte Kräfte auf den Kranken eingewirkt wird; letztere könnte man im Gegensatz zu ersteren „geistige Arcana" nennen.

Zur ersten Gruppe wären beispielsweise die drei Universalmittel RADEMACHERS: Eisen, Kupfer und Kubischer Salpeter (Natron nitricum) zu zählen. Dann die Arcanas des Dr. G. LATZ, der meinte, daß die Arcanas nur folgende gewesen sein können:

1. Schwefelsäure (Acid. Sulphoricum).
2. Eisen (Ferrum).
3. Kohlensaures Natron (Natron carbonicum).
4. Salpetersaures Natron (Natron nitricum).
5. Ammoniak-Schwefelleber (Liquor hepatis).
6. Die Verbindung von Hydrargyrum oxydatum rubrum mit Sulphur auratum genannt Pulvis solaris rubrum.
7. Stibium sulphuratum nigrum.

Es soll hier keineswegs geleugnet werden, daß diese Mittel auch Arcanas sind und damit große Erfolge von den Geheimärzten erzielt wurden, aber ich möchte sie doch nur mit den Namen Arkanas niedriger Ordnung oder mit der Bezeichnung *„kleine Arkana"* belegen. Es gibt aber auch chemische Arkana höherer Ordnung; zu letzteren wollen wir die durch spagyrische und alchimistische Prozesse erzeugten Arzneien rechnen, deren Gipfelpunkt die *weiße* und *rote Tinktur, der Stein der Weisen oder das Lebenselixier darstellt.* Die weiße Tinktur verwandelt unedle Metalle in Silber, die rote Tinktur in Gold. Die weiße Tinktur ist ein weißes Pulver, die rote ein rotes, daher der Name. Strenggenommen ist nur die rote Tinktur oder, besser gesagt, die flüssige Form derselben, das *echte Aurum postabile, als großes Arcanum* oder Lebenselixier anzusprechen. Dieses große Elixier soll alle Kranken heilen, alte Personen verjüngen und das Leben auf Jahrhunderte verlängern können.

Ich will hier nur darauf hinweisen, daß die *Tinctura physicorum, Quintessentia, Elektro-Magicon, Elektro immaturo, Mercurius Vitae* usw. gleichbedeutend mit dem fertigen (reifen) und halbfertigen (unreifen) *Stein der Weisen* sind. Nur um die, dieses Wissens Unwerten vom Magisterium abzulenken, gebrauchte auch Hohenheim für den Stein der Weisen diese verschiedenen Bezeichnungen.

Was aber die geistigen Arkana betrifft, so sagt darüber Dr. FRANZ HARTMANN in seiner „Medizin des Paracelsus“:

„Wenn das Wort ‚Arcanum‘ ein Geheimmittel bedeutet, so ist damit nicht ein geheim gehaltenes Mittel, das heißt ein Mittel, dessen Zubereitung man nicht jedermann mitteilen könnte, wenn man es wollte, gemeint, sondern das Geheimnis liegt darin, daß dabei nicht von äußerlichen Dingen die Rede ist, sondern von geistigen und göttlichen (magischen) Kräften, die im Menschen selbst ihren Wohnsitz haben und die nur der kennt, der sie besitzt, das heißt der, in dem sie infolge seiner seelischen Entwicklung erwacht und zu seinem Bewußtsein gekommen sind. So zum Beispiel ist die göttliche Liebe eine Kraft, die trotz aller wissenschaftlichen Auseinandersetzungen immer für jeden, der sie nicht in sich selbst empfindet, ein ‚Arkanum‘ oder Geheimnis bleiben wird.“

„Abgesehen davon, daß es im Menschen geheime Kräfte gibt, von deren Dasein die alltägliche Wissenschaft nichts weiß, und für die sie daher auch keine Namen hat, sind dem Esoteriker unter diesen auch manche Kräfte bekannt, von denen es besser ist, daß der große Haufe nichts von ihrem Dasein erfährt, weil sie nicht nur zum Guten gebraucht, sondern auch zum Bösen mißbraucht werden können. . . . Aus diesem Grunde wurden auch die wichtigsten Geheimnisse von den alten Indern und Ägyptern nur dem Eingeweihten gelehrt und von den Alchimisten und Rosenkreuzern des Mittelalters auf eine symbolische Weise beschrieben, die für jeden, ‚der Wahrheit‘ nur in äußerlichen Dingen sucht, unverständlich ist; wohl aber von denen, in denen das innere Leben zum Bewußtsein gekommen ist, ohne Mühe begriffen wird. Auch wir glauben in folgendem nichts Besseres tun zu können, als einige Lehren des Paracelsus in bezug auf die Arkana möglichst in seiner eigenen Sprachweise wiederzugeben. Er sagt:

‚In der Natur sind große, geheime Kräfte enthalten, und wenn sie von den Hindernissen befreit werden, die ihrer Entwicklung im Wege stehen, so ist es, als ob ein gefangener Mensch seiner Bande entledigt wird und sein Gemüt frei ist, denn das *Mysterium* der Natur in den Körpern ist wie ein Feuer im Holz, das nicht brennen kann, solange das Holz naß ist. Wollen wir aber diese Geheimnisse kennenlernen, so müssen wir vor allem das bedenken, was dem Menschen am nützlichsten und edelsten allein zu wissen nötig ist, nämlich das große Geheimnis, was Gott ist, was der Mensch ist, wie sich Gott und der Mensch zueinander verhalten, das Himmlische in der Ewigkeit und das Irdische in der Vergänglichkeit, da nur durch Gott das ewige Gute erkannt werden kann; denn obwohl viel Wunderbares in der Arznei ist, so ist doch noch nach diesem Leben ein viel größeres Geheimnis, das ewig ist, und wovon wir uns keinen Begriff machen können, es sei denn, daß es uns durch Ihn offenbar geworden ist. Aus dieser Nichterkenntnis entspringt die große Unwissenheit der Theologen, die das auslegen wollen, was sie nicht verstehen, nicht wissen, wie es der gemeint hat, der es gegeben hat, und den Grund ‚der Wahrheit‘ nicht kennen, der mit der höchsten Liebe die Menschen erfüllt. Deshalb wollen wir auch allein mit den Unsrigen reden, die uns verstehen werden, und nicht für die Gemeinen; denn wir wollen unseren Sinn und Gedanken, Herz und Gemüt den Toren nicht zeigen und umgeben uns mit einer guten Mauer, die mit einem Schlund verschlossen ist.‘*

Was aber gehört dazu, um die geheimen Lehren der esoterisch gerichteten Geisteswissenschaft und die Arcana des Paracelsus zu verstehen? Die Antwort ist: Ein im Geiste Gottes wiedergeborener Mensch. Nur der, der in den Himmel eingegangen ist, kann die himmlischen Kräfte kennen. ...“ Mit Recht stellt Dr. Franz Hartmann dann noch die Frage: „Welchen Wert können da die Urteile derer haben, die geistig tot sind, und von religiösen Dingen, die sie kritisieren, nicht das geringste verstehen?“

* „Archidoxes“ Liber I.

Reformatorische Bedeutung des Paracelsus in der Medizin

Es ist sicherlich keine leichte Aufgabe, über die reformatorische Bedeutung eines medizinischen Universalgenies, wie Paracelsus eines war, zu sprechen. Zwei Schwierigkeiten treten uns da entgegen. Erstens die ungeheure Fülle des Stoffes und der Gedanken, die wir bei Paracelsus als medizinischem Schriftsteller finden, zweitens: *was* hat Paracelsus von seinen Vorgängern übernommen, beziehungsweise *wie* reformierte er die alten Grundlagen der Medizin?

Denn so hoch man auch Paracelsus einschätzen mag und so hoch er auch sein eigenes Wissen und Können einschätzte – selbstbewußter als vielleicht irgendein Arzt vor und nach ihm –, so müssen wir doch zugeben, daß Paracelsus vieles aus dem alten Wissensschatz seiner Vorgänger übernahm. Das Wesen eines jeden echten Reformators oder Erneuerers besteht aber darin, daß er den guten Kern der alten Lehre von den ihn überwuchernden Irrtümern befreit, oder daß er alte Wahrheiten in zeitgemäße Form umgestaltet, erneuert, verbessert, vertieft.

Diese Verbesserung, Erweiterung, Erneuerung und Vertiefung kann natürlich in manchen Fällen so weit gehen, daß man auch von einer neuen Lehre oder neuen Wissenschaft sprechen kann. Dies alles war bei Hohenheim der Fall. Er erkannte in vielen Dingen die Unvollkommenheit und Überlebtheit der griechischen, römischen und arabischen Medizin, die, wie CARL HEINRICH SCHULTZ sagte, ins Greisenalter getreten war, und schuf nun eine neue Medizin, die in vielen Beziehungen das Gegenteil der alten war. Um dies zu bekräftigen, braucht man nur das – allerdings herausfordernde – Programm, womit Paracelsus seine Vorlesungen an der Universität Basel ankündigte, zu lesen. Dasselbe lautet nach R. NETZHAMMERS Werk (S. 40) wie folgt:

„Die wenigsten der Doktoren behandeln heutzutage mit Glück die Medizin; ich aber werde diese zu ihrem früheren Glanze zurückführen und von den größten Irrtümern reinigen; ich halte mich nicht an die Vorschriften der Alten, sondern nur an dasjenige, was ich selbst auf eigene Faust gefunden habe und durch lange Übung und Erfahrung als bestätigt gesehen habe.“

Liest man diesen Aufruf, so glaubt man zuerst, daß die Medizin des Paracelsus reine Empirie (Erfahrungswissenschaft) sei. Dem ist aber nicht so, denn Paracelsus suchte, wie kaum ein zweiter, auf den Grund aller Erscheinungen und Erfahrungstatsachen zu kommen, und er fand da, über die Alten weit hinausgehend, derartig verborgene, okkulte Zusammenhänge zwischen Mikro- und Makrokosmos, zwischen Geist und Materie, Arkanum und Krankheit, so daß wir von ganz eigenartigen erkenntnistheoretischen und philosophischen Grundlagen der Medizin des Paracelsus sprechen können. Decken wir diese Grundlagen auf, so erleichtert dies das Eindringen in die praktische Seite der Medizin des Paracelsus wesentlich. Wir wollen also kurz die erkenntnistheoretischen, ärztlich-philosophischen sowie die naturwissenschaftlichen und methodologischen Grundprinzipien der Medizin Hohenheims als abschließende Kapitel dieser Paracelsus-Studie folgen lassen.

Erkenntnistheoretisches

Aus der allgemeinen Erkenntnistheorie, wie sie Paracelsus in grandioser Weise lehrte, fließt auch seine speziell ärztliche Erkenntnistheorie. Über diese allgemeine Erkenntnistheorie des Paracelsus hat sich Dr. Franz Hartmann in seinem Buch „Die Lehren des Paracelsus“ wie folgt geäußert:

„Es kann nur eine einzige, ewige Wahrheit und Wirklichkeit geben, und wer diese einmal erkannt hat, der beschreibt sie als das, was sie ist, aber allerdings tut dies nicht jeder auf dieselbe Art und Weise, sondern so wie es seiner Denkungsart angemessen ist. Das Wesen bleibt dasselbe, aber die Form des Ausdrukkes ist verschiedenartig. Wer sich über die Form zu erheben und in den Geist der Sache einzudringen vermag, der findet in den Schriften aller Mystiker, welche zur wahren Erkenntnis gelangt sind, dieselbe Grundwahrheit; deshalb stimmt auch die Lehre des

Paracelsus in bezug auf die Erschaffung und die Zusammensetzung des Weltalls mit derjenigen der Bibel, und, wenn diese richtig verstanden wird, auch mit der noch weit ausführlicheren Lehre der indischen Veden, sowie mit der Geheimlehre überein, und wo die eine uns rätselhaft erscheint, können wir die Lösung des Rätsels in der anderen finden."

„‚Im Anfang schuf Gott Himmel und Erde.' Damit ist nicht gesagt, daß das Wesen von Allem, Gott, die ewige Wirklichkeit einen Anfang genommen hätte. Gott als ‚Gott' ist von seiner Eigenschaft als ‚der Schöpfer' zu unterscheiden. In der Gottheit ruht das nichtoffenbare Wesen; die Welt der Erscheinungen ist die Offenbarung oder das Insdaseintreten des Nichtoffenbaren, und als solche hat dieselbe einen Anfang und ein Ende. Desgleichen tritt Gott erst dann als Schöpfer auf, wenn er zu schaffen bzw. zu erschaffen beginnt, wie ja auch der Mensch erst dann als Denker zu existieren beginnt, wenn er anfängt, zu denken. Solange Gott nicht erschafft, sind alle Dinge in seiner göttlichen Weisheit verborgen, so wie das Wissen eines Menschen in seinem Geiste existiert, ehe es in sein Bewußtsein tritt, und so wie der Geist des Menschen von seinem Körper verschieden ist und doch im Grunde genommen beide (eine) untrennbare Einheit sind*, so ist auch Gott (der Parabrahm der Inder) von der Urmaterie, aus welcher die Welt gemacht ist (das „Mulaprakriti" der Inder und der „Yliaster" des Paracelsus), verschieden, und dennoch sind die beiden dem Wesen nach eines und dasselbe; *denn die ewige Wirklichkeit ist nur eine einzige, und was nicht wirklich ist, ist ein Nichts.* Die Welt der Erscheinungen an sich selbst, ohne das Wesen, ist wesenlos und nichts als Erscheinung, und somit ist es auch in gewissem Sinne richtig, daß Gott die Welt aus ‚Nichts', das heißt aus sich selbst, der für uns der Nichtoffenbare, und deshalb ein Nichts ist, erschaffen hat. ‚Gott' als das Wesen von allem, als das ‚Wort', aus dem alles gemacht ist (1. Johannes 1, 1), betrachtet, ist alles in allem, *aber es ist für uns ein Nichts, solange wir*

* Nämlich der Körper eine Objektivierung des Geistes darstellt und nicht umgekehrt, wie die Materialisten lehren, der Geist bloß eine Funktion des Körpers sei. Unser Körper ist also nur eine Materialisierung unseres Geistes. Materie ist Geist, der durch die Kraft des göttlichen Wortes sichtbar und greifbar gemacht wurde.

nichts von ihm wissen und ihn nicht in uns selbst und uns selbst in ihm erkennen. Wenn dies jemand als ‚Pantheismus' bezeichnet und sich einbildet, man wolle damit sagen, daß alle Dinge Gott seien, so beweist er damit nichts, als daß ihm die richtige geistige Anschauung fehlt, denn die Dinge an sich sind nicht Gott und auch keine Götter, sondern sie sind ohne Gott ein Nichts. Wohl aber ist Gott das allem Dasein zugrundeliegende Wesen. (‚In Ihm leben, weben und sind wir.')"

„Die ‚Schöpfung' oder die Offenbarung der Natur fand und findet noch immer statt durch das schöpferische Wort, das heißt durch den durch die Tat ausgesprochenen schöpferischen Willen Gottes in der Natur. In diesem Sinne ist Gott der ‚Vater aller Dinge', denn sie sind alle aus seinem eigenen Wesen, durch seinen eigenen Willen und seine eigene Kraft hervorgegangen, und es ist nichts, das nicht in ihm seinen Ursprung hat. Gott als Schöpfer ist sinnbildlich dargestellt als der ‚Zimmermann des Universums' und die Natur als ‚Maria' (Maya oder die Erscheinung), aus deren jungfräulichem Schoße durch die direkte Einwirkung des Heiligen Geistes die göttliche Weisheit, der ‚Sohn Gottes', die göttliche Selbsterkenntnis, geboren wird."

„Allerdings findet sich dies alles nicht so klar und deutlich in den Schriften des Paracelsus ausgedrückt, und es wäre ihm wohl übel ergangen, wenn er es so deutlich zu lehren versucht hätte, denn es hätte sich ja mit den kirchlichen Interessen der damaligen Zeit nicht vertragen, zu lehren, daß jeder Gott in sich selber finden kann, und daß man ihn nicht im Äußerlichen zu suchen braucht oder sich in seine Gunst einkaufen kann. Auch wäre diese Lehre damals wohl nur von wenigen verstanden worden; aber unter dem ‚Yliaster' des Paracelsus ist nichts anderes zu verstehen als der ‚Sternenhimmel', das heißt die ganze Welt mit allen ihren Sonnen und Planeten und deren Bewohnern. Sie sind alle aus dem Gedanken Gottes hervorgegangen, offenbar geworden durch die lebendige Kraft in der Natur, hingezaubert als verkörperte Ideen durch den göttlichen Willen, der die Ursache, wenn auch nicht die direkte Ursache allen Daseins und Werdens ist. Die *Ideenwelt Gottes* aber, aus der alle Dinge aus dem subjektiven ins objektive Dasein treten, ist das ‚*Mysterium magnum*', der „*Iliados*' oder ‚*Limbus*' des Paracelsus. Aus ihm werden alle Dinge geboren und in ihm sind alle Dinge *potentialiter,* aber nicht *in actu* enthalten; das heißt, sie existieren dort als *Ideen* und werden verwirklicht in der Werkstätte der Natur."

„Was wir in der Natur wahrnehmen, ist die Tätigkeit der Offenbarung des Lebens; die Quelle dieser Tätigkeit, das Leben selbst, sehen wir nicht. *Das Leben selbst ist der Geist, der ‚Atem Gottes im Weltall*'. Durch das Aushauchen des göttlichen Atems entsteht die Schöpfung; durch das Einziehen desselben vergeht sie: darauf beruht alle Evolution und Involution. Das Lebensprinzip ist die Ursache des Daseins von Kraft und Stoff; diese beiden sind nur zwei verschiedene Arten der Offenbarung eines und desselben Prinzips, welches die Ursache aller Dinge und in sich selbst eine *Dreieinigkeit* von Substanz, Energie und Bewußtsein ist. Alle Dinge im Weltall sind in letzter Linie Schwingungen dieser einen Universalsubstanz. Diese Universalsubstanz ist nur eine einzige und allgegenwärtig. Die Dinge sind daher nicht ihrem Wesen nach, sondern nur in der Art der Schwingungen ihres Wesens voneinander verschieden. Alle Dinge sind als Ideen in dieser Universalsubstanz, dem ‚*Limbus*' des Paracelsus enthalten und entspringen aus demselben, so wie ein bestimmter Baum aus einem bestimmten Kern wächst oder ein Vogel aus einem Ei entsteht. Die Idee des Baumes, des Vogels, des Menschen ist vorhanden, die Form ist das Mittel zu ihrer Verkörperung. *Der große Limbus* ist die ‚Mutter', aus der alle Dinge entstehen; der *kleine Limbus* ist der ‚Same', woraus jedes einzelne Ding entsteht, und der kleine Limbus eines jeden Dinges hat seinen Ursprung im großen. Auf ähnliche Weise ist die Wärme im Holz oder eine Statue in einem Marmorblock enthalten. Der *große Limbus* hat seinen Ursprung im Worte Gottes, der kleine im Endprodukt der vorhergegangenen Form: aber alle diese Formen sind ursprünglich aus dem *großen Limbus* entstanden. *Der kleine Limbus, also zum Beispiel der Mensch als Mikrokosmos, hat alle Fähigkeiten des großen, in demselben Sinne als ein Sohn eine seinem Vater ähnliche Organisation besitzt.*"

So sehen wir also, daß die Quintessenz der Erkenntnistheorie des Paracelsus sich nach seinem Buche „Philosophia ad Atheniensis“ dahingehend zusammenfassen läßt: *„Die Natur des Menschen ist im Grunde genommen ihrem Wesen nach identisch mit der großen Natur*; so wie alle aus Holz geschnitzten Bilder ihrem Wesen nach ‚Holz‘ sind. Die große Welt (der Makrokosmos) und die kleine Welt (der Mikrokosmos oder der Mensch) sind wesentlich ein und dasselbe Wesen; aus dem Hauche Gottes entstanden.“ Dennoch besitzt der Mikrokosmos seine *eigene Individualität* und ist als solche ein Gegensatz, richtiger, Gegenstück zur großen Welt.

Was aber die spezielle Tätigkeit Hohenheims als Reformator der *ärztlichen* Erkenntnistheorie betrifft, so ist es sein großes Verdienst, daß er die Medizin als eine auf das *Experiment*, nämlich auf die *Erfahrung am kranken Menschen* (also nicht Experiment im Sinne reiner Laboratoriumsarbeit der modernen ärztlichen Wissenschaft) zu begründende Wissenschaft hinstellt, während man *vor* Paracelsus sich lediglich auf die Schriften der Alten und deren Kommentare und nicht auf eigene Beobachtung und Erfahrung stützte. Dagegen machte Hohenheim Front.

„In die Arzney sind zween Eingang, einer durch den Avicenna, Mesue, Rhasim (das heißt durch die alten medizinischen Schriftsteller), ein anderer Eingang ist in der Natur. Diese ist die rechte Tür, die das Licht der Natur ist: die andere ist zum Dach hineingestiegen“ (I. 265). „Die Medizin ist nichts als eine große *Erfahrenheit*, nämlich, daß alles so der Arzt tut, in der Experientz steht. Und welcher sein Sachen nit mit der Experientz gelernt hat, derselbig ist ein zweifelhafter Arzt, und was die Experientz, als ein Richter, bewährt oder nicht bewährt, soll angenommen werden“ (I. 272).

Deutlich ist Paracelsus der Unterschied zwischen deduktiver und induktiver Betrachtungsweise zum Bewußtsein gekommen: „Zween Wege sind, aus dem alle Künste entspringen, wiewohl der eine die Künste falsch fürlegt, der andere aber gerecht. Der die Kunst falsch darlegt, ist des Menschen eigene fürgenommene Fantasey, in welcher der Mensch spekuliert und also aus ihm selbst ein gereimpts herfür bringt. Der andere Weg ist, daß der Mensch aus der Erfahrenheit und Eigenwurff der Natur, augenscheinlich und greiflich sein Lehr nimpt. Die Arzney mag in ihr nit gedulden, daß in sie geführt oder eingemischt werde (etwas) aus eigener Phantasey, denn was die Natur in ihr hat, das muß durch den Eigenwurff, den sie gibt, gelernt werden, und ohn desselbigen mag nichts aus dem Schatz der Natur gezogen werden" (III. 78).

Dabei verkennt Hohenheim nicht, daß die Wissenschaft bei der bloßen Erfahrung nicht stehenbleiben dürfe, sondern über die sinnliche hinaus zur vernunftvollen Erkenntnis (des Grundes aller Geschehnisse und Verordnungen) gelangen müsse:

„Die Kunst (des Arztes) ist kein Spekulation, sondern Experiment, durch die Händ erfunden, und nachfolgend gehört Contemplatio (Versenkung, Überlegung) dazu" (III. 43).

„Nun aber, obwohl Experimenta sind und mit der Experientia erfunden, so zwingt doch, da pluralitas morborum, daß da muß Scienta sein, wo die zu gebrauchen; dem kein Krankheit ist, die allein auf einem steht und sei" (I. 272).

„Also ist die Arzney im anfang gestanden, daß kein Theorica gewesen ist, allein ein erfahrenheit: das laxiert, das constipiert. *Was* aber, *wie* aber ist verborgen gewesen: darumb ist einer verderbt, der ander gesund geworden. So aber jetzt Theorica da ist, so ist nimmermehr also. Scienta geht für, und nimmer ist Experimentum fallax" (Commentar in Aphorism. Hippocr. I. 696).

„Hätte aber HIPPOCRATES Scientam gehabt mit sampt den Experimenten, er würde hiezu gesetzt haben: Experimentum sine scienta fallax, sed cum scientam certum et verum. Also ist mein für nemmen, daß sich kein Arzt behelfe des Spruchs: Experimentam fallax, sondern Scientam suche, so ist es nit fallax" (III, 130).

Daran schließt nun Dr. JOH. FRIEDR. PETZINGER (prakt. Arzt in Königsberg) folgende hochwichtige Bemerkung:

„Da alles ärztliche Handeln seine Rechtfertigung letzten Endes auf den *Begriff des Organismus* zurückführt, so kommt es darauf an, daß dieser Begriff aus der *belebten Natur und ihrem Walten* (nicht wie bei den Alten, aus der *toten* Außenwelt) *abge-*

leitet, daß, mit anderen Worten, der Organismus nach *organischen* Prinzipien geistig erfaßt und praktisch angefaßt werde. Paracelsus sagt diesbezüglich:

„Aus dem Lichte der *wachsenden* (also lebendigen) Dingen müßt ihr sehen der wachsenden Dinge Eigenschaft, nicht durch euer Phantasey und Speculation, sondern aus dem Lichte das euch *aus den wachsenden Dingen entspringt:* Also gehört die Theorica der Artzney her, im erkennen der natürlichen Kräfte, die *Arcana* geheißen werden, und seind die Mysterica von den der Arzt wachsen soll" (I. 371).

Dr. v. Petzinger: „Der Organismus, oder wie Hohenheim ihn nennt, der *Mikrokosmos* muß als eine der *Außenwelt* (Makrokosmos) *relativ* selbständig gegenüberstehende *‚Einheit'* erkannt werden (was wir früher als Individualität bezeichneten)." Paracelsus erklärt: „Ihr heißt den Menschen *Mikrokosmum,* der nam ist gerecht, aber ihr habt ihn nie (vollkommen) verstanden gehabt. Also solt ihr uns verstehen, wie wir *Mikrokosmum* auslegen: Wie der Himmel an sich selbst mit allem seinem Firmament, also ist auch der Mensch constelliert für sich selbst gewaltiglich. So wenig das Firmament im Himmel von einem Geschöpf regieret wird, ebensowenig wird das *Firmament im Menschen* von anderen Geschöpfen gewaltigt, sondern es ist allein ein gewaltiges, frei Firmament, ohne alle Bindung" (I. 13). Das Firmament im Menschen ist wohl der himmlische oder unsterbliche Mensch, unser innerstes göttliches Ego, und dieses kann nicht vergewaltigt werden; anders steht es mit der Persönlichkeit und der sterblichen Hülle. Diese kann unterliegen."

Goethe dazu:

„Wie an dem Tag, der dich der Welt verliehen,
Die Sonne stand zum Gruße der Planeten,
Bist alsobald und fort und fort gediehen,
Nach dem Gesetz, wonach du angetreten.
So mußt du sein, dir kannst du nicht entfliehen.
So sagten schon Sibyllen, so Propheten
Und keine Zeit und keine Macht zerstückelt
Geprägte Form, die lebend sich entwickelt."

Uns dünkt, daß eben aus diesem Goethe-Zitat beides folgt: die *Abhängigkeit* des Menschen von seinem Radixhoroskop, aber auch die ungeheure *Macht des Entwicklungsgedankens* dem Menschen gegenüber angewandt. Entwickelt sich der Mensch lediglich automatisch, wie es sein Radixhoroskop anzeigt, dann ist er ein Beispiel der vollen Abhängigkeit des Mikrokosmos vom Makrokosmos; nimmt aber der Mensch, durch wachsende Erkenntnis (Weisheit) und Selbstbeherrschung seine Entwicklung immer mehr und mehr selbst in die Hand, so winkt ihm endlich Freiheit von aller Fatalität, er ist dann ‚gewaltig', ‚frei' und ‚ohne alle Bindung'.

In dem Buch von Paul Fischer, „Goethes Altersweisheit" findet sich diesbezüglich folgendes Goethe-Zitat: „Unser Leben ist, wie das Ganze, in dem wir enthalten sind, auf eine unbegreifliche Weise aus *Freiheit* und *Notwendigkeit* zusammengesetzt; aber je höher die Stufe der Entwicklung ist, auf der der Mensch steht, desto deutlicher wird in ihm das Bewußtsein, daß er nicht allein durch Natur bestimmt und gestempelt sei, er wird in seinem Innern gewahr, daß er sich selbst bestimmen könne." Wozu Fischer bemerkt: „Es war ein entscheidender Schritt in Goethes Auffassung vom Wesen und Leben des Menschen, das Ergebnis einer langsamen, unter vielen Kämpfen und Schwankungen sich durchsetzenden *Entwicklung seines eigenen Innern, die ihn zu dieser Erkenntnis der Freiheit führte.* Unter Freiheit versteht Goethe also die Fähigkeit, sich über die Natur zu erheben, also das Gegenteil von dem Sich-gehen-Lassen, bei dem jenes innere Wesen des Menschen entweder von seiner niederen Natur oder durch Einflüsse von außen her gehemmt und unterdrückt wird. *In dieser Fähigkeit sieht Goethe den wesentlichen Unterschied zwischen Mensch und Tier.*"

Fassen wir dies alles zusammen, so können wir bezüglich des Verhältnisses des Gestirneinflusses auf menschliches Schicksal und der Frage der Willensfreiheit dreierlei verschiedene Entwicklungsstufen der Menschen unterscheiden:

a) Die vollständig *Unfreien*, das sind jene bedauernswerten Menschen, welche von Dummheit und Leidenschaft regiert werden und vollkommen sich gehen lassen. Diese Art von Menschen sind dem Gestirneinfluß sklavisch unterworfen. In solchen Fällen erhöht sich die Treffsicherheit astrologischer Voraussagen auf 80–90 Prozent.

b) Die *Halbfreien*, das sind jene, welche sich bemühen, eine höhere Erkenntnis zu erlangen und auch danach handeln. Sie sind den üblen Gestirneinflüssen desto weniger unterworfen, je mehr Selbstbeherrschung sie üben und desto höher auch ihre ethische Entwicklung vorgeschritten ist. Bei solchen Menschen, die sich strebend bemühen, wahre Menschen zu sein, wird auch ein guter Astrologe bemerken, daß er nur mehr 50–60 Prozent Treffer erzielt und daß besonders üble Gestirnstellungen nichts Schlimmes mehr bewirken.

c) Endlich die wenigen *Ganzfreien*, das sind die wahren Weisen, die echten königlichen Yogis, die bereits weit vorgeschrittenen praktischen Mystiker und die Heiligen. Dies sind jene seltenen geistig wiedergeborenen Menschen, von welchen auch Paracelsus sagt, daß bei ihnen weder Aszendent noch Planeten einen bösen Einfluß ausüben können. Bei solchen Menschen erzielen die Astrologen wohl die geringsten Treffer.

Man sieht, wie vorsichtig man in der Auslegung und Wertung von Paracelsus Werken vorgehen muß, sonst geht es einem wie SUDHOFF, der im zweiten Heft seiner „Paracelsusforschungen", pag. 70, gegen FRIEDRICH VON BETZOLD polemisierend über Hohenheims Verhältnis zur Astrologie schrieb: „Es war im Gegenteil sein (des Paracelsus) Bestreben, die Astrologie aus der Medizin zu entfernen." – Aber schon Seite 172 bis 175 desselben Heftes wird ein vorher unbekanntes „Consilium Hohenheims" zum Abdruck gebracht, in welchem einem Abte sehr ernsthaft verordnet wird: ja nur zu „pugieren Einmal im herbst In abnemmenden Nwenn monn. So es im Zeychenn Scorpionis, oder visch ist –" und wohl auch „gegen frewling, so es In zunemmenden monn ist, aber im Zeychenn Scorpionis, oder visch". Aber auch das „oder lessin" muß geschehen „gegen Sumer Im Zeychenn der wag, zum miltz gegen Winther Im Zeychenn des Schützens, und beyde In zunemmenden monn".

Dazu bemerkt J. K. Proksch in seiner Studie „Paracelsus als medizinischer Schriftsteller“ (Wien 1911):

„Es wird also einmal behauptet: Paracelsus entfernt die Astrologie aus der Medizin und nur um hundert Seiten später wird zu den zahlreichen, den alten Historikern recht gut bekannten Dokumenten ein neues gebracht, welches beweist, daß Paracelsus es doch mit der Astrologie hält. – Allein das zitierte Heft nennt zwei Autoren: Ernst Schubert und Karl Sudhoff. Welcher der beiden Autoren ist der Gedächtnisschwäche zu bezichtigen?

Fortwährend bringt Sudhoff, besonders in seinen bibliographischen Schriften, neue Belege für die Astrologie des Paracelsus und nebenher immer wieder auch Widersprüche, ungerechtfertigte Proteste und Zurechtweisungen. Die letzte Abweisung erhielt Ernst Schwalbe; Sudhoff sagt in der Rezension zu Schwalbes zweiter Auflage der ‚Vorlesungen über Geschichte der Medizin‘ unter anderem: ‚Vielleicht entschließt sich der Verfasser auch einmal, bei Hohenheim zu erklären, daß er die medizinische Astrologie seiner Tage bekämpft habe.‘ “

Wozu J. K. Proksch sagt: „Weil nun die seit Dezennien von *Sudhoff* erbrachten Belege und überaus schwankenden Deutungen für und wider die Astrologie des Paracelsus absolut kein richtiges Urteil gestatten, müssen wir die weitere Führung Sudhoffs aufgeben, und allein an die Quellen gehen. Um dies jedoch für den Leser möglichst kurz zu machen und andererseits möglichst sicher zu gehen, sollen hier nur die bei Lebzeiten des Paracelsus im Druck erschienenen, also bisher unbestritten echten Schriften Hohenheims herangezogen, die übrigen am Schlusse nur kurz erwähnt werden.“

Und nun bringt Proksch eine reiche Blütenlese aus Hohenheims Schriften, *die keine andere Deutung zuläßt, als daß Paracelsus doch für die Richtigkeit und praktische Brauchbarkeit der medizinischen Astrologie eintrat.*

Aber klassisch, wahrhaft klassisch ist nun das abschließende Urteil von J. K. Proksch über die Astrologie des Paracelsus:

„Jeder in der alten Astrologie nur halbwegs bewanderte Historiker wird aus dem Vorangeführten sogleich erkennen, daß es sich bei der Astronomey des Paracelsus um gar nichts anderes gehandelt haben kann, als um ein fortwährendes Verwechseln und Vertauschen der verschiedenen vermeinten Funktionen der Planeten, Sonne, des vollen, zu- und abnehmenden Mondes, der Sternbilder, Tag und Jahreszeiten, kurz um ein sehr bequemes Verschieben des ganzen astrologischen Unsinns. (!) Was die Vorfahren des Paracelsus dem Mars, dem Steinbock, dem neuen Mond usw. zuschrieben, hing Paracelsus dem Saturn, den Fischen, dem vollen Mond usw. an. Ein Vorgehen, wie es ja recht oft bei Paracelsus in allen Zweigen des Aberglaubens und Wissens anzutreffen ist." (!)

„Wie war es demnach möglich, daß HAESER und ein Teil seiner Nachfolger, vorzüglich aber SUDHOFF in mehreren Auflagen immer und immer wieder darauf bestehen konnten: ‚Paracelsus wollte die Astrologie aus der Medizin entfernen?' Die Antwort wird sich der Leser aus den vorstehenden Belegen selbst geben können." Soweit PROKSCH.

Was sollen wir nun zu all dem sagen? Weiter nichts als: Hätten SUDHOFF und PROKSCH selbst praktisch medizinische Astrologie betrieben, oder sich zumindest durch tüchtige praktische Astrologen über den Wert der medizinischen Astrologie eingehend orientieren lassen, so würden nicht beide derartig entgleist sein, sondern sie würden vielmehr aus eigener Erfahrung bald herausgefunden haben:

a) daß es auch heute noch eine medizinische Astrologie gibt, die für den praktischen Arzt von großem Nutzen sein kann, und

b) ob die medizinische Astrologie der Alten oder jene Hohenheims sich besser mit den Tatsachen der modernen astrologischen Erfahrungen deckt, woraus dann resultiert, wer der Wahrheit näher kam: Paracelsus oder die Alten.

Es ist einfach unverständlich, wieso die beiden oben genannten Paracelsusforscher nicht die hohe Bedeutung der Astrologie für die praktische Medizin aus den Schriften Hohenheims entnehmen konnten. Sie waren offenbar befangen durch das Dogma der materialistischen Wissenschaft, die da lehrte: Astrologie sei nichts weiter als ein wüster Aberglauben. Wären sie unbefangen gewesen, so hätten ihnen bereits die nachstehenden Stellen aus dem 3. Traktat des II. Bandes des Buches *Paragranum* genügen müssen, um *zur Einsicht zu kommen, daß für Hohenheim ein wahrer Arzt ohne tüchtige, tiefgründende Kenntnisse der Astrologie einfach undenkbar ist.*

Paracelsus fordert von einem richtigen Arzt, daß er hauptsächlich zwei Dinge wisse. Erstens die Darstellung veredelter, vergeistigter Arzneien durch die Kunst der Alchimie, und zweitens die Kenntnis der astrologisch günstigsten Zeit, um solche Heilmittel zu verabreichen, aus welchen beiden Komponenten dann ein Maximum der Heilwirkung eintritt, wodurch dann der Geheimarzt Kuren vollbringen kann, die dem Außenstehenden als reine „Wunderkuren" erscheinen müssen. All dies scheint diesen „Paracelsusforschern" entgangen zu sein. Aber lassen wir Paracelsus selbst sprechen:

„Also wenn die Philosophie und die Astronomie, das heißt die Art der Krankheiten und Arzneien, und all ihre Zusammenfügung verstanden wird, so ist danach der Beschluß das nötigste, wie das, was du (darstellen) kannst, gebraucht werden soll. Denn die Natur zeigt dir in den Dingen selbst an, wessen du dich befleißigen sollst, um deine Arznei zur *rechten* Wirkung zu bringen. Gleich wie im Sommer die Birnen und Trauben, so soll auch deine Arznei eingeführt werden. Und wenn sie also eingeführt wird, wirst du von deiner Arznei guten Erfolg sehen. Soll es nun dazu kommen, daß wie der Sommer seine Früchte bringt, so auch deine Arznei, *so wisse, daß der Sommer durch die Gestirne das tut und nicht ohne diese.*"

„Da nun die Gestirne dieses tun, so wisse an dieser Stelle auch, daß die *Bereitung der Arznei* dahin gerichtet werden soll, daß sie dem Gestirn unterworfen ist. Denn *diese sind es, welche das Werk des Arztes vollbringen.* Und weil sie es sind, muß die Arznei nach ihnen verstanden, abgemessen und geartet werden. Nicht sagen, das ist kalt und das ist heiß, das ist naß und das ist trocken, sondern sagen: das ist Saturn, das ist Mars, das ist Venus, das ist Polus. *So ist der Arzt auf dem rechten Weg!* Und daß er danach wisse den astralischen Mars und den gewachsenen Mars einander untertänig zu machen, miteinander zu vereinigen und zu vergleichen. *Denn hierin liegt die Nuß, die noch nie ein Arzt bis auf mich aufgeknackt hat.*"

„Das ist so zu verstehen, daß die Arznei in den Gestirnen bereitet und, daß sie Gestirne werden sollen. Die oberen Gestirne machen krank und töten, machen aber auch gesund. *Soll nun etwas geschehen, so kann es ohne die Gestirne nicht geschehen.* Soll es nun mit den Gestirnen geschehen, so muß die Bereitung derartig vor sich gehen, daß die Arznei in gleicher Weise durch den Himmel gemacht und bereitet wird, wie die Prophezeiungen und andere Zeichen des Himmels andeuten. *Denn sehet wohl, daß die Gestirne Prophezeiungen kundgeben, Schauer, Wetter, Anzeige von Toten, Krankheiten, Seuchen, Hungersnot usw. Das alles zeigt der Himmel an, denn er macht's. Was er macht, das hat er gut anzeigen. Diese Dinge gehen durch ihn und durch ihn geht auch die Kunst sie zu wissen.* Da sie nun durch den Himmel sind, so werden sie auch durch den Himmel regieret, nach seinem Willen, auf daß das geschehe, was vorhergesagt und angezeigt ist. Also sind die besagten Dinge vom Himmel bereitet, nach seinem Willen, und darum leitet der Himmel sie so. Nun wisset ferner in diesen Dingen: wenn die Arznei vom Himmel ist*, so muß sie ohne alle Einrede dem Himmel unterworfen bleiben, diesem Folge leisten und seinem Willen unterstellt sein. Wenn dem aber so ist, so muß der Arzt seine Art und Weise fahren lassen mit Graden und Komplexionen, Humoren und Qualitäten. Er muß vielmehr mit Gewalt die Arznei in den Gestirnen erkennen, das heißt, er muß der Arznei Art nach den Gestirnen erkennen, die obere und untere Gestirne sind. *Und weil die Arznei nichts bezweckt ohne den Himmel, so muß sie auch durch den Himmel geführt werden.* Doch ist seine Führung nichtig, wenn du sie nicht von den Erden befreist, denn der Himmel regiert sie nicht, wenn sie nicht davon geschieden ist. *Wenn du sie nun davon geschieden hast, so steht die Arznei in dem Willen der Gestirne und wird vom Gestirn geleitet und geführt.**

* Erinnern wir uns, daß nach Anschauung des Paracelsus alle Pflanzen, Mineralien, Metalle, Tiere usw. gleichsam verkörperte Gestirneinflüsse darstellen.

Die astralen Einflüsse der Gestirne sind sicherlich etwas Subtiles, Ätherisches und Psychisches. Also müssen die Arzneien, die von solchen Einflüssen geführt und geleitet werden, *gleicher Ordnung* sein. Daher das Bestreben der Spagyriker, ätherisch-odische Essenzen darzustellen, in welchen auch die psychischen Kräfte der Pflanzen, Metalle usw. enthalten sind. *So ergänzen sich die Astrologie und die hermetische Chemie wunderbar.* – Überdies wußten die alten Geheimärzte, daß man Heilpflanzen, sollen diese ein Maximum ihrer Heilwirkung entfalten, unter Beachtung von gewissen Gestirnkonstellationen pflücken soll. Dadurch erhebt sich also auch die Heilmittelzubereitung zu einer Höhe und Kunst, von welcher eine materialistisch eingestellte Medizin keine Ahnung hat.

„Was zur Milz gehört, wird zur Milz durch den Saturn geführt. Was zum Herzen gehört, wird durch Sol zum Herzen geleitet. So durch Venus zu den Nieren, durch Jupiter zu der Leber, durch Mars zur Galle. Und so nicht allein mit diesem, sondern auch mit allen anderen, hier nicht anzuführenden. Denn merket hierbei: was gibt die Arznei, welche du den Frauen für die Gebärmutter gibst, wenn sie die Venus nicht dahin leitet? Was wäre eine Arznei fürs Gehirn, wenn sie Luna nicht dorthin führte? Und so mit den übrigen. Sie blieben alle im Magen, gingen durch die Därme wieder nach außen und zeigten keine Wirkung. Denn hieraus entspringt die Ursache, weswegen dir der Himmel ungünstig ist und deine Arznei nicht leiten will, so du nichts ausrichtest. Der Himmel muß sie dir leiten. Darum liegt die Kunst darin, daß du nicht sagen solltest: Melissa ist ein Mutterkraut, Majoran dient dem Haupte. So reden die Unverständigen. Solches liegt vielmehr in der Venus und in der Luna. So du sie aber haben willst, *so mußt du einen günstigen Himmel* (Gestirnkonstellation) *haben, sonst kommt es zu keiner Wirkung. Darin liegt die Irrung, die in der Arznei überhand genommen hat, gib nur ein! Hilft's, so hilft's.* Solcher Praktiken Kunst verstehet ein jeder Bauernknecht wohl und bedarf dazu weder eines Avicenna noch eines Galen. Aber ihr von jenen erzeugte Aerzte sagt: man muß Leitmittel geben zum Haupte, zum Hirn, zur Leber usw. *Wie dürft ihr solche*

Leitmittel behaupten, da ihr den Himmel nicht versteht, der dirigiert?

Und noch eines habt ihr vergessen, das euch alle zu Narren macht, ihr wisset was zum Hirn, zum Haupt, zur Mutter usw. dirigiert, *ihr wisset aber nicht, was zur Krankheit dirigiert.* Wenn ihr nun wisset, was zur Krankheit dirigiert, so wisset ihr nicht, wo diese sitzt. Und euch ist gleich mit den Hauptgliedern, die ihr allezeit krank heißt, wie den Pfaffen mit den Heiligen. Müssen alle im Himmel sein, ob sie schon in der Hölle begraben liegen. Also müssen auch alle Krankheiten in der Leber, Lunge usw. liegen, wenn sie schon im Bauch liegen.

Weil nun der Himmel durch seine Astra dirigiert, so muß die Arznei derartig in die Luft gebracht werden (flüchtig oder ätherisch sein), daß sie von den Gestirnen regiert werden kann. Denn welcher Stein wird von den Gestirnen gehoben? Keiner, nur das Flüchtige. Hierin liegt es nun, daß viele in der Alchimie die Quintessenz gesucht haben, was denn nichts anders ist, als daß die vier Körper von den Arkanis (speziellen Heilmitteln) entfernt werden; *was dann übrig bleibt, ist eben das Arkanum.*

Dieses Arkanum ist weiter ein Chaos, und den Gestirnen ist es möglich, dieses zu führen, wie dem Winde eine Feder. So soll nun die Bereitung der Arznei sein, daß die vier Körper von den Arkanis weggenommen werden (so daß nur der *ätherisch* Teil übrigbleibt). Und danach soll das Wissen da sein, was das Gestirn an diesem Arkanum sei und danach, was das Gestirn dieser Krankheit sei, und was das Gestirn in der Arznei wider diese Krankheit sei. Da geht nun das Dirigieren so zu: Wenn du eine Arznei eingibst, so muß dir der Magen sie bereiten, und der ist der Alchimist. Ist es nun möglich, den Magen dahin zu bringen, daß er die Gestirne annimmt, so wird die Arznei dirigiert. Wo nicht, so bleibt die Arznei im Magen und geht durch den Stuhl ab. *Was gibt es Höheres bei einem Arzt, als das Wissen von der Konkordanz der Gestirne? Denn da liegt der Grund aller Krankheiten.*"

Der letzte Satz ist scheinbar im Widerspruch mit den fünf Krankheitsursachen, die Paracelsus sonst angibt. Es gibt aber, wie Hohenheim sagt, letzten Endes nur eine Krankheitsursache:

Ungehorsam gegen das Gesetz des Lebens. Der Himmel in uns ist das moralische Gesetz.

Und da gibt es noch „Paracelsusforscher", die behaupten wollen, des Paracelsus Streben sei es gewesen, die Astrologie aus der Medizin zu entfernen! Wie hätte er es auch tun können, nachdem er HIPPOKRATES so sehr verehrte, der sagte, man könne ohne Kenntnis der Astrologie kein tüchtiger Arzt sein. Und HIPPOKRATES ist wohl neben Paracelsus der größte Arzt, den die Welt bisher sah.

Ärztlich-Philosophisches

Dr. E. RÁDL schreibt in seiner „Geschichte der biologischen Theorien der Neuzeit" (Verlag Wilhelm Engelmann, Leipzig, 1913) wie folgt:

„*Paracelsus war ein biologischer Philosoph.* Seine Philosophie lag in seinem Leben und Wirken, im Wirken durch Wort und Tat. Er war ein biologischer Philosoph: sein ceterum autem censor war die praktische und theoretische Erfassung des Lebens, die ‚Arzneikunst', wie er zu sagen pflegte, die Biologie, wie wir heute sagen, und zwar eine ethisch aufgefaßte Biologie. Er war ein großer Arzt, Pharmakologe, Chemiker. Es gab wohl größere, gebildetere, gewandtere Ärzte und Forscher vor und nach ihm, doch gibt es in der geschriebenen Geschichte der Wissenschaft keinen Arzt, keinen Biologen, der die Lehre vom Leben so menschlich tief, sub specie acterni begriffen hätte wie Paracelsus. Er wurde nicht deshalb ein Philosoph der Biologie, daß er Theorien über den Mikrokosmos, über den Archaeus, über das Wesen der Erblichkeit veröffentlicht hat, *sondern weil er bis an den Kern des Lebens zu greifen gewagt hat,* bis dorthin, wo die Medizin mit der Biologie, mit der Theologie, mit der Ethik, mit allem, was dem Menschen heilig ist, zusammenfließt, bis dorthin, wo der Arzt aufhört, eine durch die äußerlich bedingte Organisation der Menschheit gegebene Institution zu sein, und wo der Mensch nur Mensch zu sein beginnt. Zu jenen Tiefen, wohin andere kaum den Blick zu werfen wagen, stieg Paracelsus hinab und war nicht müde nachzuweisen, daß sein Weg allein direkt zum natürlichen Wissen führt. Bei ihm war kein Zwiespalt zwischen Wissen, Glauben und Handeln, er kannte nur ein Wissen, das zugleich Glauben war und das sich in Taten äußern mußte. Wohl war Paracelsus in seinen Jugendjahren Skeptiker – damals, als ihm zuerst die Nichtigkeit der Schulwissenschaft klar wurde –, aber später zeigte sein Kampf gegen die Gelehrten keine Skepsis mehr, sondern ist Folge einer besseren Erkenntnis."

Ähnlich äußerte sich CARL HEINRICH SCHULTZ in: Die homöopathische Medizin des Paracelsus (Berlin 1831) über Hohenheim. Er sagt: „Paracelsus war bemüht, *die Prinzipien der praktischen Medizin aus physiologischen Grundsätzen abzuleiten;* er hat den Keim einer wahren Physiologie geschaffen, und diese Wissenschaft schreibt sich allein von ihm her: Die Alten hatten keine eigentliche Physiologie. Da sie alle Lebenserscheinungen des *Organismus* und der Außenwelt aus gleichen, allgemein physikalischen Prinzipien erklären, so war ihre Theorie der Organisation eine bloße allgemeine Physik, keine Wissenschaft, welche den Prozeß des Organismus aus diesem selbst zu erkennen strebte, wie dies bei Paracelsus der Fall war, und somit mußte sich die Paracelsische Medizin aus einem ganz neuen Grund und Boden entwickeln." Durch diese durchaus neue und originelle *Auffassung des Organismus, des Lebensprozesses, des Ablaufs des Lebens, wurde die Medizin des Paracelsus zum Gegensatz der Medizin der Alten.* Hierin gab es keine Kompromisse, und so wurde die Medizin des Paracelsus zu einem Wendepunkt der ganzen ärztlichen Wissenschaft, die dadurch zu einer neuen, lebendigen Richtung erwachte.

Es war also, wie C. H. SCHULTZ mit Recht darauf hinweist, eine wissenschaftliche Großtat, daß Paracelsus als erster den Begriff des Organismus auf biologischer Grundlage schuf, denn: *„alle Zweige der Medizin haben ihren Quell und Einheitspunkt in dem Begriff der Organisation."*

„Vor Paracelsus war man noch nicht dahin gekommen, *das organische Leben als einen sich aus sich selbst entwickelnden Pro-*

zeß, als Lebensprozeß zu begreifen und von dem Leben der Außenwelt zu unterscheiden."

Paracelsus stand aber betreffs des Organismus auf nahezu demselben Standpunkt wie DRIESCH; er betonte die *Eigengesetzlichkeit* des Lebens und baute darauf auch seine praktische Heilkunst auf. Leider hat die offizielle ärztliche Wissenschaft nach Paracelsus diesen richtigen Standpunkt wieder verlassen; es kam zu einer materialistischen (unorganischen) Richtung der Physiologie und Biologie und so wurde schließlich der Grund zum Zwiespalt zwischen der theoretischen und praktischen Medizin gelegt.

In gleicher Weise gelangte Paracelsus zu der bedeutsamen ärztlich-philosophischen Erkenntnis, daß als Grundlage zur Erklärung des krankhaften Geschehens nur das an den einzelnen Kranken gewonnene Erfahrungsgebiet und nicht die gedankliche Ableitung aus anderen Wissenschaften maßgebend sei. Er spricht dies aus mit den Worten: „Nun liegt Philosophie (gemeint ist die ärztliche Philosophie) in dem, daß allein der Krankheiten Art, Materie und Eigenschaft mit samt deren allen Wesen verstanden werden muß aus Ihr und nicht aus einer anderen Kunst(-Wissenschaft)."

Das ist eine wissenschaftlich grundlegende Einsicht, welche verschiedene neuzeitliche Ärzte ebenfalls betonen, das heißt die Erfahrung am Krankenbett als ausschlaggebenden Faktor gegenüber einer sogenannten Reagenzglas- und Tierlaboratoriumspathologie und -therapie zur Aufstellung medizinischer Krankheits- und Heilgesetze herausheben. RADEMACHER drückt diesen Gedanken folgendermaßen aus: *„Unser ärztliches Wissen ist doch ein Erfahrungswissen.* Der Verstand, wofern er ein gesunder Verstand ist, kann nur einen solchen allgemeinen Abzug von Einzelheiten der Erfahrung machen, welcher nicht mehr enthält, als die Einzelheiten der Erfahrung enthielten: mithin muß der allgemeine verstandhafte Abzug als etwas rein aus der Praxis Hervorgehendes, eine Einheit mit der Praxis ausmachen. Ist dieser Abzug (die Lehre, die Theorie) nicht eine Einheit mit der Praxis (wie es der Fall bei allen Schultheorien ist), so steckt ja schon in dieser

Doppelheit selbst der Beweis, daß eine solche Theorie auf etwas außerhalb des sinnlich Erkennbaren, auf etwas bloß Ideelles und Phantastisches gegründet sein müsse." –

Professor Ottomar Rosenbach bemerkt dazu:

„Es sind namentlich folgende Übelstände, die die Erhebung der therapeutischen Medizin zum Range einer Wissenschaft verhindern und die trotz des Prunkens mit wissenschaftlichen Methoden und trotz unseres Rühmens, daß das stolze Gebäude der modernen Medizin auf physikalischen Grundlagen errichtet sei, jedem wirklichen Fortschritt auf dem Wege zum Ziele entgegen stehen: 1. Die Überschätzung des Experimentes und die dadurch bedingte Zurücksetzung der Beweiskraft klinischer Beobachtungen. 2. Die willkürliche Annahme, daß die Experimente auf biologischem Gebiete dieselbe Beweiskraft besitzen wie physikalische, und die unstatthafte Gleichsetzung der einfachen Versuchsbedingungen, die dem rein physikalischen Experimente zugrunde liegen, mit den komplizierten Verhältnissen auf biologischem Gebiete. 3. Die ebenso falsche Übertragung von Versuchen, die im Reagenzglas oder am Tier angestellt sind, auf Verhältnisse der menschlichen Pathologie. 4. Das Fehlen des gleichartigen und einwurfsfreien Materials für therapeutische Experimente, welches nur durch einwandfreie Beobachtungen am Krankenbett, und zwar unter stets gleichen Versuchsbedingungen*, gewonnen werden kann. 5. Die Unkenntnis der Bedeutung und des Mechanismus jener Erscheinungen, die wir als Symptome zu bezeichnen pflegen. 6. Die Kritiklosigkeit, mit welcher gewisse, im wissenschaftlichen Gewande erscheinende, aber nicht auf einer gründlichen Kenntnis der Lebensvorgänge im gesunden und kranken menschlichen Körper beruhende, Theorien zur Richtschnur unseres praktischen Handelns genommen werden." –

* Wobei man natürlich auch auf die Gestirneinflüsse achten müßte! Hier ein Beispiel: Ein Spezialist für Nasenleiden hatte auffallend viele Nachblutungen bei seinen Nasenoperationen. Er führte darüber genaue Aufschreibungen. Später wurde er Astrologe und fand heraus, daß diese Nachblutungen nur dort eingetreten waren, wo er zu astrologisch ungünstiger Zeit operiert hatte (Mond im Widder). Er suchte fortab günstigere Zeiten dazu aus und vermied nun alle Nachblutungen. Ein ebenso belehrendes wie nachahmenswertes Beispiel.

„Ich weiß wohl, daß man die hier geübte Kritik einen Rückschritt nennen wird, aber ich bin überzeugt, daß sie berechtigt ist. Ich verlange ja nicht, daß man ausschließlich das eine Gebiet und die eine Methode der Forschung pflege, sondern ich spreche nur die Überzeugung aus, daß man die *Klinik* und die *Beobachtung am Krankenbett als die Herrscherin auf dem Gebiete der menschlichen Pathologie und als alleinigen Maßstab* betrachten müsse, mit dem die durch andere Methoden der Forschung gewonnenen Resultate gemessen werden sollen. Alle jene *Methoden des Laboratoriums,* mögen sie Namen tragen, welche sie wollen, sind, da sie künstlich die Krankheit nachahmen, *nur Behelfe, sie können nur das Äußere der Dinge treffen,* sie können manches in anderer Beleuchtung zeigen, aber *sie werden nie den Kernpunkt der Sache, das Entstehen und Werden der Funktionsstörung, den kunstvollen Ausgleich, wie ihn der unter besonderen Bedingungen stehende und kämpfende Organismus bietet, vorführen,* sie werden mit dem eigentlichen Mechanismus und dem Wesen der Regulationsvorgänge, denen wir als Symptome am Krankenbette begegnen, nie identisch sein. Das Experiment bereichert, wenn es richtig angestellt ist, die wissenschaftliche Erkenntnis, es darf aber nicht prätendieren, die Richtschnur des praktischen Handelns am Krankenbette zu sein; denn es zeigt bloß die Grenzen der Kompensationsfähigkeit, nicht die Art der Kompensation."

Wenn nun Paracelsus, wie RÁDL treffend bemerkte, ein biologischer Philosoph war, so mußte er auch die Krankheit als ein lebendiges Etwas, als eine Individualität oder einen Organismus (Totalität) erkannt haben. Und wirklich, wir finden diese biologische Auffassung der Krankheit bei Hohenheim an verschiedenen Stellen direkt oder gleichnisweise ausgesprochen.

Ehe wir jedoch auf diese biologische Auffassung der Krankheiten eingehen, wollen wir ein paar Worte über die Gleichnisse des Paracelsus als wesentliches Hilfsmittel seiner Methodik anführen.

Bereits C. H. SCHULTZ – und auch v. PETZINGER – heben hervor, daß Paracelsus, mit Vorliebe und Geschick, seinen Prinzipienfragen und wissenschaftlichen Erkenntnissen in der Sprache von Bildern, Gleichnissen und Vergleichen Ausdruck verleiht, um sie anschaulicher zu machen. Vielfach wird die moderne abstrakte Wissenssprache solches bekritteln, allerdings sehr zu Unrecht. Denn die modernen Wissenschaften, insbesondere die Physik, bedienen sich, meist unbewußt, ebenfalls der Vergleiche.

Dazu meint Walter Pollack:

„Das innere Lebenselement aller wissenschaftlichen Tätigkeit ist die Vergleichung. Die Wellentheorie des Lichtes ist durch Vergleichung entstanden, sie beruht auf Vergleichung, wenn hierbei auch der Zufall als Anregung eines Gesichtspunktes mitspielt. Die Wellentheorie ist auf alle Gebiete der Physik übertragen worden, und schon glaubte man in der Ätherschwingung die Lösung aller Rätsel gefunden zu haben. Aber auch hier haben wir es in Wahrheit mit Vergleichung zu tun, wie schon verschiedentlich anerkannt ist. Es macht sich demnach eine Tendenz, möglichst ohne Vergleiche auszukommen, in der jüngsten Physik bemerkbar. Von hier aus setzt auch die Feindschaft gegen Theorien und Hypothesen ein. Man will gerne eine direkte Beschreibung an Stelle der indirekten gesetzt sehen. Doch auch dieses Beginnen wird vergeblich bleiben. Denn ganz abgesehen von der praktischen Durchführbarkeit dieser Idee, arbeitet auch die direkte Beschreibung mit Vergleichung. Der Unterschied ist nur der: Bei der indirekten Beschreibung sind wir uns der Vergleichung noch mehr oder weniger *bewußt,* dagegen *fehlt dieses Bewußtsein vollständig* bei der direkten Beschreibung, bei der Verwendung des uns geläufigen Wortschatzes."

Hohenheim hat also keineswegs „unwissenschaftlich" geschrieben, wenn er sich oft mehrerer Vergleiche bediente, um das Wesen ein und derselben Sache anschaulicher und klarer zu machen. So auch, wenn er über das Wesen des Krankheitsprozesses schrieb. In summa betrachtet Paracelsus den Krankheitsprozeß überall wie eine Entwicklung einer individuellen Totalität aus einem Keim. Der bereits mehrfach zitierte C. H. Schultz hat nun die beliebtesten Vergleiche Hohenheims in dieser Frage gesammelt. Der erste Vergleich ist der mit einem tierischen Ansteckungsprozeß:

„Also auch wie ein jeder wütender Hund, so einen gesunden Hund beißt, den gesunden auch wütend und toll macht: also auch der Mensch durch Infizierung des Himmels beide am Corpore und Imigination infiziert wird und vergiftet“ (III, 78).

Die Entstehung der Pest wird als ein Vergiftungsprozeß dargestellt. „Der Leib ist der Zunder, der die Ansteckung aufnimmt“ (III, 165).

Der zweite Vergleich ist der eines Ansteckungs- und Verbrennungsprozesses durch Feuer:

„Wie ein Holz angezündet wird vom Feuer, das Feuer ist außen und nicht im Holz, aber das Holz entfachts also: dergleichen von außen an wird der Leib in Krankheit gebracht, das nicht allein die Milz krank liegt, sondern der ganze Leib“ (V, 203).

Auch betrachtet er die Krankheit als eine Vergiftung, die er sich jedoch auch wieder als eine selbständige Entzündung des Leibes vorstellt:

„Und gedenk es ihm ein jeglicher Arzt, daß kein Krankheit komme ohn ein Gift, denn Gift ist einer jeglichen Krankheit Anfang und durch das Gift werden alle Krankheiten, Leib und Wund nicht entschlossen (ausgeschlossen).“ (Vgl. I, 20, usw.)

„Die Astra (Gestirne) haben ihr Natur und mancherlei Eigenschaften, wie denn auf Erden die Menschen je besser, je böser usw. Also merken und welche Astra vergift sind, die beflecken die Luft mit ihrem Gift, also wo das Gift hinkommt werden dieselbigen Krankheiten nach der Eigenschaft derselbigen Gestirne.“

Jedoch der gewöhnliche Vergleich des Krankheitsprozesses ist der mit dem Wachstum der Pflanze aus ihrem Samen oder der Wurzel, so daß also die *Krankheit als Organismus* aufgefaßt wird.

„So nun der Himmel das anzeigt, so wird nichts anderst gemeldt oder für ein Grund geben, denn wie ein Gras oder Wurtzen wächst, oder ein Stengel der aus sein Samen wächst und geht. Dieweil im Grund kein ander Wissen da ist, was die Krankheiten sind und wie sie wachsen, so mögen wir von demselbigen nichts anders schreiben, denn wie die Astra lehren und anzeigen“ (II, 136 und an vielen anderen Stellen).

Daher denn auch die Krankheit mit einem Baum mit Früchten verglichen wird.

„Denn eine jegliche Krankheit ist von einem Samen da und so sie erwachsen ist, so ist sie ein Baum und mit ihren Früchten" (II, 226).

Hierbei wird der kranke Körper als der Grund und Boden angesehen, woraus die Krankheit erwächst:

„Nur im Menschen so das Blut bricht, oder ein andres, so wissen an selbigem, daß es im Menschen liegt, und mit der Haut verdeckt, das ist, es liegt in der Erden. Nur aus dem wächst die Krankheit wie ein Kraut aus der Erden" (II, 224).

Aus all dem zieht C. H. Schultz den Schluß, daß Hohenheim die Krankheit als „eine organische Individualität mit organischer Gliederung" auffaßt.

„Ein jegliche Krankheit ist ein ganzer Mensch, und hat einen unsichtigen (unsichtbaren) Corpus, und ist ein Corpus Microcosmi" (I, 585).

Mitunter nennt Paracelsus sogar die Krankheit *einen Mikrokosmus im Mikrokosmus!*

„Also ist der Mikrokosmus selb ander in solcher Krankheit hat zween Corpus und ist Ein Mensch: zugleicher Zeit in einander verschlossen."

Naturwissenschaftliches

Daß Paracelsus ein überragender Naturwissenschaftler war, ist heute allgemein zugegeben worden. Seine positiven Leistungen als Chemiker sichern ihm bereits einen dauernden Ehrenplatz unter Naturwissenschaftlern ersten Ranges. Aber, es gab eine Zeit, wo man Paracelsus den Vorwurf machte, daß er das Studium der Natur verachte. Aber gerade das Gegenteil ist richtig. Paracelsus hielt immer und überall die Natur als den einzig wahren Quell der Medizin, und hat sich gegen diejenigen empört, die, wie es damals Mode war, bloß aus Büchern Medizin studieren wollten. So sagt er unter anderem:

„Wer kann ein Arzt loben, der nicht der Natur Art weiß und kennt; oder wer soll ihm vertrauen? Dieweil doch der Arzt nichts anders sein soll, denn ein Erfahrener der Natur, und einer, der da weiß der Natur Eigenschaft, Wesen und Art" (II, 68).

Dies ging bei ihm so weit, daß er sogar behauptete, der Arzt müsse aus der Natur wachsen und geboren werden:

„So nu aus der Natur der Arzt wachsen soll und muß, und in ihm und von ihm und aus ihm nichts ist, alles aus und in der Natur, so ist es vonnöten, daß er aus der Natur geboren ward und nit zu Leipzig oder Wien" (II, 105).

Aber es war sozusagen ein tragisches Verhängnis, daß Paracelsus eine zu tiefe und erhabene Erkenntnis von der Natur und dem Leben in derselben hatte. Er war seiner Zeit damit um Jahrhunderte voraus und wurde deswegen nur von wenigen verstanden, vom großen Haufen aber mißverstanden. So blieb es bis auf unsere Zeit. Und wenn in den letzten Jahrzehnten sich diesbezüglich ein Wandel bemerkbar machte, so hat daran der rastlose Geist des wahren Fortschritts, der schließlich auch die Naturwissenschaften durchdrang, ebensoviel Anteil wie die moderne okkultistische (parapsychologische), mystische und theosophische Bewegung. Ja, die letztere bereitete in aller Stille den Boden vor, auf dem sich die Rehabilitierung Hohenheims vollzog.

Alles, was moderne Philosophen und Naturwissenschaftler über die Allbelebtheit der Natur, über Vitalismus und über die Entdeckung der menschlichen Seele schrieben, ist schon vor vierhundert Jahren von Paracelsus sehr deutlich verkündet worden. Das hatte schon C. H. SCHULTZ klar erkannt, als er schrieb:

„Es wäre noch mancherlei über das Verhältnis der Aristotelischen Entelechie zum Paracelsischen Archaeus und zu dem Begriff der Seele bei STAHL zu sagen gewesen, wenn dies nicht die Grenzen, welche wir uns vorgesteckt, überschreiten würde. Wir wollen nur kurz andeuten, daß die Entelechie des Aristoteles die reine Wiedergeburt in dem Begriffe der Seele bei STAHL hatte. Beide nämlich faßten die Idee der organischen Tätigkeit als eine fertige, schon vollendete Gestalt auf, wie auch BÜFFON in diesem

Sinne von einer innerlichen schon fertigen (wenngleich ideellen) Form sprach. Überall liegt die Idee einer vollendeten Form zu Grunde, woraus die organische Tätigkeit erklärt werden sollte. Bei Paracelsus hingegen ist der Begriff des Archaeus nicht diese fertige Idee, sondern vielmehr der Generations- und Entwicklungsprozeß derselben, die Zeugung der Entelechie. Aristoteles erklärte das Entstehende aus der vorhandenen fertigen Idee. Paracelsus erklärte die fertige Idee durch die Generation, durch das Entstehen der Mannigfaltigkeit organischer Gliederung aus der ideellen Einheit seines Archaeus. In diesem, obgleich sehr verdunkelten Sinne, ist auch die Polemik des Paracelsus gegen Aristoteles, und es ist nicht zu verkennen, daß der Paracelsische Begriff des Archaeus, sowohl über die Aristotelische Entelechie, wie über den STAHLschen Begriff der Seele weit hinausragt."

Schließlich wollen wir noch Dr. FRANZ HARTMANN über die Naturanschauung des Paracelsus zu Wort kommen lassen. Er sagt:

„*Es gibt nichts Totes in der Natur; überall ist Leben, nur tritt das Leben in verschiedenen Formen auf.* Die Formen, in denen es seine Tätigkeit äußert, entstehen und vergehen, aber das Leben selbst stirbt nicht. Jedes Ding in der Natur ist ein Produkt des Lebens in der Natur, und deshalb lebend. Es ist durch die Natur aufgebaut und deshalb organisch. Das Leben ist die Seele der Dinge, und es gibt kein Ding, in dem nicht eine Seele verborgen ist; denn die körperliche Erscheinung eines jeden Dinges ist nichts mehr und nichts weniger, als der äußere Ausdruck von dessen Seelentätigkeit. Nicht nur die sich bewegenden Dinge, wie Menschen und Tiere, sondern auch die scheinbar unbeweglichen, wie Mineralien und Metalle, haben Seelen, oder sind vielmehr ihrem Wesen nach selbst Seelen. Es gibt keinen Tod im absoluten Sinne dieses Wortes, denn der ‚Tod' bedeutet nur ein Aufhören der Lebenstätigkeit in einer bestimmten Form und den Übergang derselben in eine andere Art der Erscheinung. Ein Ding stirbt, das heißt es vergeht in bezug auf eine gewisse Art seines Daseins, und sein Wesen geht in eine andere Art seines Daseins über. Tod und Geburt in einem anderen Zustand sind identisch. Wird Wasser in Dampf verwandelt, so hört es auf, als Wasser zu existieren und wird als Dampf geboren, und in diesem neuen Zustande erlangt es neue Eigenschaften, die es vorher nicht hatte.“

„Zwei Faktoren sind in jedem Dinge zu unterscheiden: das *Wesen* (die Seele) und die *Erscheinung* (der Körper). Die sichtbare Welt ist der äußerliche Ausdruck der Weltseele, so wie der äußere Mensch die sichtbar gewordene Erscheinung seiner Seele ist. Es ist richtiger zu sagen: ‚diese Seele hat einen Menschenkörper‘, als: ‚dieser Mensch hat eine Seele‘; denn das Menschentum eines Menschen liegt nicht in seinem Körper – der ja ohne Seele ein Leichnam ist –, sondern in seinem Wesen, das seine Seele ist.“

„Das Leben in der Natur ist gegenwärtig, und es gibt nichts, das ohne Leben ist. Selbst in einem Leichnam ist Leben, nur gehört dieses Leben dann nicht mehr dem Organismus als einheitlichem Ganzen, sondern den einzelnen Atomen an, aus denen der Organismus zusammengesetzt ist, und die sich dann als zersetzende Kraft, chemische Einwirkung u. dgl. äußern. Wenn ein Tier oder ein Mensch zu atmen anfängt, so wird dadurch nicht das Leben erschaffen, sondern es tritt dadurch in ihm in Tätigkeit.

Das Leben selbst ist eine geistige Wesenheit. Die Form, in der es sich äußert, kann zerstört werden, aber der Geist kann nicht vernichtet werden. Es gibt ebenso viele ‚Geister‘ (Seelenkräfte), wie es körperliche Formen gibt. Deshalb gibt es himmlische, teuflische und irdische Geister (seien sie nun verkörpert oder unverkörpert) ‚Geister‘ von Menschen, Tieren, Pflanzen, Metallen, Steinen usw. *Der Geist ist das Leben und – wie Paracelsus sagt – der ‚Balsam‘ in jedem Dinge.* Wobei jedoch unter dem Worte ‚Geist‘ nicht die Form eines Dinges, sei es auch noch so ätherischer Natur, sondern das Bewußtsein und das Wesen zu verstehen ist. Dasjenige, was in allen Dingen als Bewußtsein sich offenbart, ist der Geist. Das Wesen des Geistes ist Absicht und Zweck.“

Ehe man sich also nicht zu dieser vertieften und vergeistigten Naturanschauung aufgeschwungen hat, ist es ganz nutzlos, über

Paracelsus als „Naturwissenschaftler“ zu schreiben. Aber die moderne Naturwissenschaft wächst von Tag zu Tag – ohne zu wollen – in diese vertiefte und vergeistigte Naturanschauung Hohenheims hinein und bringt für die Richtigkeit derselben mitunter schlagende Beispiele.

Methodologisches

Obgleich Paracelsus die Heilkraft der Natur sehr wohl kannte, so legte er auf die wahrhaft kunstgerechte Heilung größeren Wert, oder richtiger gesagt: der Arzt soll erst dann eingreifen, wenn die Heilkraft der Natur mit der Krankheit allein nicht mehr fertig werden kann.

Paracelsus als biologischer Philosoph personifizierte die Naturheilkraft, indem er von einem inwendigen Arzt, dem zugleich ein inwendiger Apotheker beigesellt ist, sprach.

„Auf das folgt, daß im Menschen solche Apotheken auch ist, wie in der großen Welt. Dazu auch ein solcher Arzt wie in der großen Welt“ (II. 221).

Es mag eine Zeit gegeben haben, wo man in wissenschaftlichen Kreisen diese Anschauung des Paracelsus belächelte; heute ist dies sicherlich nicht mehr der Fall. Der menschliche Körper ist nach neueren, wissenschaftlichen Forschungen so wundervoll gebaut, daß sich in ihm Schutzstoffe (Antikörper) gegen allerlei Krankheiten bilden. Hier hätten wir also den „inwendigen Apotheker“. Wo ist aber der inwendige Arzt zu finden? In der Zweckmäßigkeit und Leitung, die bereits bei der Selbstheilung einer Wunde zu beobachten ist, wäre unsere Antwort. Denn die Naturheilkraft handelt nicht blind, sondern sie wird gleichsam von einer unsichtbaren Intelligenz, dem Archaeus, geleitet und trifft dadurch die bewunderungswürdigsten Abwehrmaßregeln oder bessert eingetretene Schäden aus. Paracelsus nennt diesen inwendigen Arzt auch treffend den Conservator. Die moderne medizinische Wissenschaft spricht auch bereits vom inneren Ingenieur oder Chemiker!

„Der Mensch ist zum Umfallen geboren, nun hat er zween die

ihn aufheben im Lichte der Natur. Der inwendig Arzt, mit der inwendigen Arznei, die seind mit jene in der Empfängnis geboren. Darnach so derselbig Arzt nimmer mag und das Umfallen geschehen will, so nimmt der Destruktor zu und der Conservator zeucht ab dahin er dann prädestiniert ist. Wo nun solchs Abziehen ist im Conservatore und ein Zunehmen im Destruktor (Zerstörer), da soll der auswendig Arzt ansetzen und den Destruktor vertilgen und in die Fußstapfen treten darin der Conservator aufhört. Der Arzt, der äußerlich geboren ist, geht erst an, wenn der angeborene erliegt, verzagt, ermüdt ist. Arznei ist die Hülf des Arztes (II, 223, Buch der natürlichen Apotheker und Aerzte).

Paracelsus schrieb daher in denjenigen Fällen, wo die Heilkraft der Natur bei der Wiederherstellung der Gesundheit wirksam ist, dem Arzt kein Verdienst zu, im Gegenteil suchte er im hellsten Licht darzustellen, wie die damalige Medizin unfähig sei, die großen, eingewurzelten Krankheiten, gegen welche die Heilkraft der Natur nichts vermöge, zu heilen:

„Wie ein großer Falsch und Betrug ist das in der Arznei, das wir gemeiniglich über die Krankheiten da am meisten anliegt, nichts wissen oder verstehen, und die Krankheiten, die von ihnen selbst wieder aufstehend, nennen wir für uns mit hohem Rühmen und Können nicht genug unser Lob ausspreiten; und darin wir sollten Gottes Lob preisen. Als in dem rechten Hauptkrankheiten und großen Nöthen, müssen uns mit Lügen beschirmen und sprechen: die Krankheiten sind unheilbar.“

„Das soll wahrhaftig ein jeder Arzt wissen, daß in den großen Nöten des Gehen* tods, des Hinfallenden und dergleichen sowohl die Arznei sind (gibt) als im Zahnweh, als in euren Lumpenkrankheiten. In den großen Krankheiten will Gott sein Lob haben und nicht im Lumpenwerk. Darum so ein Arzt sprechen mag der Krankheit ist nicht zu helfen, die Red zeugt über sich selbst, daß er nur ein Küchenarzt ist, das ist, er erhält sich der (von den) Krankheiten, die ohne ihn selbst heilen würde“ (IV, 323).

* Das heißt des jähen, plötzlichen Todes.

Paracelsus hat, obwohl selbst ein großer Heilkünstler, die Heilkraft der Natur und den großen Anteil, welcher ihr auch bei der Kunstheilung zukommt, nie unterschätzt. „Denn der Leib ist sein eigener Arzt in vielen Krankheiten und hat seine Arcana bei ihm" (I, 612). „So wir am gründlichsten allen Dingen nachdenken und trachten, so ist unsere eigene Natur unser Arzt selbst, da sie in ihr hat, dessen sie bedarf" (I, 42 oben). „Das soll ein jeglicher Arzt wissen, daß der Leib in ihm selbst mehr Krankheiten vertreibt, denn der Arzt und seine Artzney, denn so Gott dem Menschen die Artzney so stark nicht gegeben hatt in seiner Natur, ihm selbst unbewußt, er würd ein kurzes Leben haben" (I, 140).

Wie wahr diese Worte Hohenheims sind, lehrt bereits die moderne Medizin, wonach wir uns täglich viele schädliche Bakterien teils durch Atmung, teils durch Nahrung einverleiben ohne zu erkranken.

Wenn nun Paracelsus, wie wir sahen, sowohl die Naturheilkraft im Menschen als auch die durch diese gebildeten Abwehrmaßregeln und Schutzstoffe personifizierte, so darf es nicht wundernehmen, daß er auch die äußeren Arzneien mitunter als belebte Wesen ansieht.

„Die Krankheiten werden geschmiedet und gemacht wie der Mensch, darum ist auch eine jegliche Krankheit ein Mensch, das ist in Eigenschaft und Form eines Menschen; also auch die Arznei (V, 303). Denn wie der Mensch, der Krankheiten im Menschen liegt und ist, also ist auch ein solcher Mensch in der Arznei, der Hand und Fuß, Kopf und Bauch, Augen und alles hat, und danach das inner ist, ist auch sein Gemahl" (V, 307).

„Ob es gleichwohl so gar nicht ergründet werden mag (wie die Arznei wirkt), so ist es die Arznei, die da suchet und die Augen hat inwendig (im Körper) zu finden dasjenige, das sie sucht" (*Paramirum* prolog I).

Also Paracelsus stellt sich das Wirken der Arznei oder, richtiger gesagt, deren Kampf mit der Krankheit (die ja für ihn auch ein Wesen ist) etwa so vor, wie wenn der Jäger (Arzt) einen Dachshund in den Bau schickt, der nun mutig und zielbewußt den Kampf mit dem Dachs aufnimmt, bis er ihn tötet. Wie er das macht, bleibt dem außerhalb des Baues wartenden Jäger verborgen!

Also: Wie die Arznei heile, hielt Hohenheim für unerkennbar, für ein Mysterium, bloß daß sie heile, hielt er für erkennbar, und auf diese reale Heilwirkung der Arzneimittel gründete Paracelsus seine hauptsächlichste reformatorische Tätigkeit in der Medizin, ja seine Heillehre überhaupt.

RADEMACHER bemerkt hierzu: „Die Heilwirkung der Arznei ist etwas sinnlich Erkennbares, also nichts Phantastisches; mithin ist auch der Begriff, den wir durch diese vom Wesen der Krankheit bekommen, ein Wirklichkeitsbegriff, nicht ein Phantasiebegriff. Auf die Heilwirkung der Arzneimittel gründete Hohenheim seine Heillehre, also auf einen wirklichen und erkennbaren Grund, indes seine Widersacher, die Galeniker, ihre Heillehre auf einen bloß phantastischen Grund, auf die vier Elemente, bauten."

Auch macht RADEMACHER die für den Arzt Paracelsus völlig zutreffende und instruktive Bemerkung: „Die Kenntnis der Heilkräfte der Arzneimittel nennt Hohenheim seine ‚Philosophie', und eben diese sei eine seiner ‚Säulen der Heilkunst'."

Wozu J. F. KATSCH in seinen „Medizinischen Quellenstudien" hinzufügt: „Hierbei ist aber zu erinnern, daß man diese Art Philosophie des Arztes Paracelsus nicht etwa verwechseln dürfe mit den Ansichten des Philosophen Paracelsus. Als solcher legt er seinem (proprie sic dicendo) philosophischen Systeme nicht ärztliche, sondern vorwiegend kosmogonische Ideen zu Grunde. Als Philosoph im jetzigen Wortverstande ist Paracelsus noch nicht annähernd genügend gewürdigt. Seine kosmogonische Grundansicht ist ebenso originell, als leider nicht vollständig von ihm durchgeführt. Daß übrigens in dieser seiner philosophisch-kosmogonischen Lehre auch der große Paracelsus keineswegs Original, sondern ein Höriger der damals so allgemein maßgebenden Kabbala war, ist manchem Forscher völlig entgangen."

„Originell wie die Auffassung des Wesens und der Wirksamkeit der Arznei ist bei Paracelsus auch seine Auffassung der zwei

Heilungsarten, von denen die eine gegen den Keim, die andere gegen die ausgebildete Krankheit gerichtet ist."

„Während des Prozesses der unvollendeten Krankheit soll man die Heilung nicht beginnen, weil dadurch eine nachteilige Störung des Krankheitsprozesses bedingt werde, die nicht zur Heilung führe. Die Idee, welche Paracelsus hierbei hat, ist diese, daß ebenso wie wenn ein Kraut mitten im besten Wachstum abgerissen wird, es immer von neuem von der Wurzel ausschlägt und sich weiter verbreitet, auch die in ihrer Entwicklung gestörten Krankheiten von neuem ausbrechen, daß man daher nur mit der Zerstörung des Samens oder der Ausrottung der reifen Pflanze mit Früchten seinen Zweck erreiche."

„Nemlich, so du kannst wehren, daß nicht Erz wachsen, daß nicht Stein wachsen, so kannst du auch wehren, daß nicht Krankheiten vom Gestirn wachsen. Kannst dus aber nicht, so kannst dus auch nicht in den Krankheiten. Zu gleicher Weis als du siehst, daß das Korn wächst, daß das Gras wächst; wie nun dasselbig incorporiert (Wurzel faßt!) also incorporieren sich die Krankheiten. Und sobald ein Incorporation (Infektion) geschehen ist, so wird da kein Heilung mehr sein. Darum so folgen da zween Verstand: die Heilung vor der Incorporation, und die Heilung der Ernt. Was in mittler Zeit einfällt von Heilung seindt nit Heilung, denn sie betreffen nichts im Grund, sondern handeln auf den Stumpen. So muß in vollkommener Heilung nicht der Stumpf vorgenommen werden, sondern der Ernt oder der Anfang: Sonst wird er kein Heilung zuwege bringen. Und dieser Punkt ist der notwendigst, aber von alen Aerzten nicht betrachtet" (V, 312). Vielleicht wird uns dies klarer, wenn wir bedenken, daß die Homöopathen und Vertreter der Naturheilkunde bei Scharlach, Masern usw. keineswegs dahin arbeiten, den Ausschlag hineinzutreiben, sondern vielmehr heraus zu bringen, die Krankheit sozusagen zu voller Entfaltung zu bringen, dann erst an deren Heilung arbeiten.

„Da es dem Paracelsus bei all diesen Vergleichen nur darum zu tun ist, die Natur des Heilungsprozesses anschaulich zu machen, und ihre ideelle Allgemeinheit, das ihnen zugrunde liegende

Prinzip der Individualität und Zweckmäßigkeit und Vernünftigkeit zu erkennen, nicht um die wirkliche Identität und Materialität der verglichenen Dinge, deren innere Natur dadurch erläutert werden soll, so kommen häufig scheinbar sich widersprechende Vergleiche vor, die aber dennoch im wesentlichen ganz denselben Sinn haben. So vergleicht Paracelsus an einer Stelle den Arzt mit einem Sämann:

‚Denn der Sieche und Kranke ist ja der Acker, die Arznei ist der Samen, der Arzt der Säemann, die Gesundheit die Frucht' (III, 66).

Ein andermal wird der Arzt einem Meder (Mäher) verglichen, der das Gras abmäht:

‚Und derselbige Arzt wird vergleicht einem Meder, der abmäht was auf der Wiese steht. Das ist, was die Natur geboren und gemacht hat, das mäht dieser ab. Also der Arzt soll ein Meder sein der Krankheiten, den sie wachsen zu gleicher Weis, wie die Kräuter auf dem Felde, und wie ein Sichel in der Hand des Meders, so soll auch die Arznei sein in der Hand des Arztes' (IV, 277).

Beide Vergleiche erklären aber dennoch die Sache auf dieselbige Weise. Der Arzt ist nämlich nach Paracelsus ein Säemann der Arzneien, aus denen sich die individuellen Kräfte entwickeln, um gegen die Krankheit zu Felde zu ziehen, auf der anderen Seite ist derselbe ein Meder der Krankheiten, der unmittelbar das krankhafte Gewächs aus dem Körper entfernt. Resultat: Die Zerstörung und Entfernung der Individualität des Krankheitsprozesses aus dem Körper bleibt also überall die Grundidee der Paracelsischen Therapie."

Und diese Grundlage einer wahrhaft rationellen Therapie sehen wir auch in den neuen Formen der Paracelsischen Medizin wie: Homöopathie und Elektrohomöopathie und in den spagyrischen Mitteln des Dr. Zimpel als Leitstern dieser Systeme mehr oder minder glücklich verwirklicht, wodurch radikale Heilungen erzielt werden.

Damit sind wir zu einem letzten wichtigen Punkt unserer Betrachtungen gekommen, nämlich des Paracelsus Verhältnis zur

Homöopathie. Ich habe bereits eingehend dargelegt, daß das homöopathische Grundprinzip von HIPPOKRATES nach nahezu zweitausendjährigem Schlaf wieder in Hohenheim zu klarer Erkenntnis erwachte, daß aber leider selbst die nächsten Schüler Hohenheims die große Tragweite dieses Prinzips offenbar nicht recht erfaßt oder verstanden hatten und erst zweihundertfünfzig Jahre nach dem Tode Hohenheims HAHNEMANN dazu berufen war, der Homöopathie endlich zum Durchbruch verholfen zu haben.

Dazu sagt KATSCH: „Es läßt sich zur Evidenz beweisen, daß sämtliche Grundgedanken, auf welchen HAHNEMANN sein System aufbaute, sich bereits bei Paracelsus auffinden lassen, und zwar in häufigerer stark betonter Wiederkehr an ganz verschiedenen Orten."

Als Beweis hierfür diene nur ein Paracelsus-Zitat, wo Hohenheim sagt: „Also gehen die Wesen der Arzneien gegen die Krankheit, was Gelbsucht macht, heilt auch die Gelbsucht, die Arznei so Paralysin heilen soll, muß aus demselben gehen, so dasselbe gemacht hat."

Und des weiteren spricht KATSCH die bestimmte Überzeugung aufgrund seiner eingehenden Paracelsusstudien aus, daß „keinesfalls Hahnemann, sondern gerade Paracelsus der erste ist, der das Similis similibus in heutiger Geltung erkannte und aussprach." Er beruft sich hierbei auf RADEMACHER, den er als ernstzunehmenden Paracelsusforscher anerkennt, der über Paracelsus sagt:

„Die Hauptsache bleibt immer, daß er seine Heillehre nicht, wie die schulrechten Ärzte, auf eine anmaßliche Kenntnis des belebten Menschenleibes, sondern auf die Heilwirkung der Arzneimittel gründete, also auf eine erkennbare Basis, und daß seine Theorie reines Abstrakt der Erfahrung, mithin Theorie und Praxis bei ihm Eins war. Dieses ist für uns, als Verstandesmenschen das Wichtigste in den Paracelsischen Handschriften und ist wahrscheinlich auch die wichtigste und nützlichste Heimlichkeit der alten, scheidekünstigen Ärzte gewesen."

Dazu fügt KATSCH noch bei: „Nun wohl! Mehr können wir Homöopathen unmöglich verlangen, um die Überzeugung zu gewinnen, daß die tatsächliche Gedankenbasis, auf welcher die Säulen unserer heutigen Heillehre beruhen, bei Paracelsus im Grundriß sich durchaus vorgezeichnet findet; wenngleich für den richtigen Bau und Abschluß des Gebäudes noch eine Detailarbeit von höchster Wichtigkeit übrigblieb. Es muß uns heimatlich berühren, wenn wir bei ihm lesen: ‚Sagt Ihr der Morbus ist Pulegii, der ist Melissae, der Sabinae, so habt Ihr eine gewisse Kur (schon) aus dem Namen.‘ (*Paragranum* tract. I).“

Mit offensichtlicher Befriedigung fährt KATSCH fort: „Welcher Homöopath hätte denn nicht eine ‚gewisse Kur aus dem Namen‘, wenn er in einer rheumatischen Krankheitsform, zum Beispiel von einem Morbus Rhus toxicodendri, oder bei einer gastrischen Krankheitsform von einem Morbus Bryoniae oder Chinae sprechen hörte? Ist es denn etwa nicht Bein von unserem Bein, wenn Paracelsus ferner spricht:

‚Ein natürlicher wahrhaftiger Arzt sagt: das ist morbus terebinthinus, das ist morbus sileris montani, das ist morbus helleborinus, usw., und nicht, das ist Branchus (Heiserkeit), das ist Rheuma, das ist Coriza, das ist Catarrhus. *Diese Namen kommen nicht aus der Arznei, denn Gleiches soll seinem Gleichen mit dem Namen verbunden werden, aus dieser Vergleichung kommen die Werke, d. i. die Arcana eröffnen sie in ihren Krankheiten‘ (Paragran.* tract. I.).

Das ist eine Erkenntnis von ungeheurer Tragweite für die praktische Medizin! Die Krankheit ist in ihrem innersten Wesen oft ein Geheimnis, wie Paracelsus sagt. Ist es da nicht vernünftiger, statt von dem unerkennbaren Wesen einer Krankheit (und ihren wandelbaren Formen) herkommend ein Arzneimittel zu suchen, von der an gesunden und kranken Menschen kontrollierbaren Arzneiwirkung auszugehen und nach dieser Wirkung auch die Krankheit zu benennen? KATSCH findet diese Paracelsischen Anschauungen, die sich auch in die moderne Homöopathie vielfach überpflanzt haben, durchaus gut und brauchbar. Paracelsus hat damit, wenn man sich eines volkstümlichen Ausdruckes bedienen darf, „den Vogel abgeschossen“.

Nichtsdestoweniger kommt aber KATSCH zum Endresultat:

„daß nur *ein* Mann in der Welt die obigen paracelsischen Sätze richtig durchzudenken und praktisch in das Leben zu übersetzen verstand, und dieser Mann war HAHNEMANN“.

Etwas anderer Anschauung bezüglich des Wesens der Homöopathie (auch aufgrund eingehender Paracelsusstudien) ist der bereits mehrmals zitierte CARL HEINRICH SCHULTZ, der zeigen will, daß die paracelsische Medizin keine homöopathische, sondern eine homöobiotische oder homöoeurotische Methode ist, eine Methode, wo eine individuelle gesunde Reaktion die Krankheit zerstört.

Mangels Raum kann ich hier nicht weiter auf die gewiß geistreichen Ausführungen von C. H. SCHULTZ eingehen. Aber diese „individuelle gesunde Reaktion“ wurde doch auch von HAHNEMANN und seinen Schülern beobachtet; sie nannten dieselbe die „homöopathische Erstverschlimmerung“. Es zeigte sich nämlich, daß, wenn man auch das richtige homöopathische Mittel gewählt hatte (zumeist besonders, wenn das Mittel in zu niedriger Potenz verabreicht wurde), eine Verschlimmerung aller Symptome, und dann erst die Heilung eintrat. Um diese oft unbequeme Erstverschlimmerung tunlichst milde zu gestalten, verabreichte HAHNEMANN immer höhere Potenzen, bei welchen dann keine so stürmische Reaktion mehr eintrat. In den letzten Jahren seines Lebens gab Hahnemann meistens alle Mittel in der dreißigsten Dezimalpotenz. Diese homöopathische Erstverschlimmerung bringt sozusagen die Krankheit erst zur vollen Entfaltung, dann erst setzt die Heilwirkung des richtig gewählten homöopathischen Mittels ein.

Aber all diese Streitfragen um die richtigere Benennung der Medizin Hohenheims sind nicht das Wesentliche! Hauptsache ist, daß endlich *ein* Zweig der Medizin des Paracelsus sich durchgerungen hat und innerhalb der gesamten Kulturmenschheit segensreich angewandt wird, und das ist die Homöopathie in all ihren Formen. Daß es aber soweit kam, ist entschieden ein Verdienst HAHNEMANNS.

Wenn, wie oben schon hervorgehoben, das „wie“ der Arzneiwirkung für Paracelsus, und auch für die heutigen Ärzte, in den meisten Fällen ein Mysterium ist, so erkannte er aber als ernster Forscher die wichtige Grundtatsache des „wo", der Örtlichkeit der Arzneiwirkung, nämlich die spezifische Beziehung der Arzneien zu ganz bestimmten Organen und Geweben, die sogenannte *„organotrope Affinität der Arzneien"*, wie die gegenwärtige Pharmakotherapie diese Tatsache nennt. Paracelsus äußert sich über diese pharmakologische, von den meisten Ärzten heute immer noch nicht als therapeutische Grundlage erkannte und gewürdigte Grundwahrheit der arzneilichen Organbeziehungen wie folgt:

„So der Arzt den äußeren Menschen wohl weiß und ihn wohl erkannt und erfahren hat, alsdann soll er sich geben in die Fakultät der Arznei, und den äußeren in den inneren wenden und den inneren in den äußeren erkennen: sich hüten in alle Wege, daß er keineswegs in dem inneren Menschen lerne, denn da ist nichts als Verführung und der Tod; denn bis sie ohne solch äußerlichen Menschen des Menschen Anliegen erkennen, wie viel Feld und Acker müssen zu dieser Probe zum Kirchhof werden. Aus dem folgt nun, daß die Satzung der Rezepte also geordnet werden muß, auf daß das Glied zum Glied komme, je eines dem anderen gereicht werden: Das Herz dem Herzen, Lunge der Lunge, Milz der Milz. Nicht Milz von Kühen, nicht Hirn von Säuen dem Hirn des Menschen, sondern das Hirn, das des inneren Menschen äußeres Hirn ist." –

„Also sind die Kräuter auch Glieder: das ist ein Herz, das ist eine Leber, das ist eine Milz usw. Daß all ein Herz ein Herz sei dem Auge sichtbar, ist nichts, *sondern es ist eine Kraft und eine Tugend dem Herzen gleich."* – Das gilt für gewisse Kräuter; also schätzt Paracelsus die Heilkraft der Kräuter höher als jene von tierischen Organpräparaten!

„Denn *wo* Krankheiten entspringen, da ist auch die Wurtzel zu erlangen, die Gesundheit: Denn gleich aus der Wurtzel da die Krankheit gehet, aus demselben muß auch die Gesundheit gohn: Und *wo* die Gesundheit ausgehet, da muß auch die Krankheit ausgohn." –

RADEMACHER war der erste, der diese fundamentale Bedeutung der Paracelsischen Arznei-Organbeziehung wieder erkannte und als einzig sicheres Prinzip für die Ausübung der Heilkunde verwertete. Bald nach RADEMACHER wurde von den Anatomen die Zellenlehre aufgestellt und von dem Pathologen RUDOLF VIRCHOW die entsprechende Cellularpathologie. Es ist nun äußerst merkwürdig und geradezu eine ungeheure wissenschaftliche Ironie, daß gegenüber dieser Cellularpathologie nicht alsbald das entsprechende Correlat einer Cellulartherapie von der offiziellen Wissenschaft als denknotwendiges Heilprinzip erfaßt und am Krankenbett durchgeführt wurde.

Es ist das Verdienst des homöopathischen Arztes Dr. J. GUTWILL, im Jahre 1872 zuerst das Prinzip der Cellulartherapie als einzig richtige Denkmethode für die Heilkunst erkannt zu haben.

Fazit

Nun noch ein paar Worte über Ansichten und Erfahrungen Hohenheims bezüglich der *Grenzen menschlicher Heilkunst.* Hier tritt uns etwas Paradoxes entgegen. Einerseits gibt es für Paracelsus keine unheilbaren Krankheiten an sich. „Kannst du einen Kranken nicht heilen, so sage nicht zu ihm, ‚du bist unheilbar', sondern nur ‚ich kann dich nicht heilen'." Womit Paracelsus offenbar meinte, solch ein Kranker könne dennoch durch einen anderen Heilkünstler Heilung finden. Daß dem so ist, lehrt auch heute die tägliche praktische Erfahrung, denn es kommt öfter vor als man glaubt, daß Schwerkranke, die von zehn und mehr Ärzten „als vollkommen unheilbar" aufgegeben wurden, dann, sehr zum Erstaunen dieser Ärzte, dennoch von anderen Heilkünstlern, sie seien nun approbiert oder nicht, vollkommen geheilt wurden.

Anderseits sagt aber Paracelsus, daß, wenn bei einer schweren chronischen Krankheit eine gewisse Grenze überschritten ist, das heißt, wenn lebenswichtige Organe größtenteils zerstört oder durch Operation entfernt wurden, mit natürlichen Mitteln keine Heilung mehr zu erwarten ist. Dies schließt aber nicht aus, daß derlei Kranke dennoch durch geistige Heilkräfte höherer Ordnung, die man gemeinhin als „göttliche" bezeichnen kann, Heilung finden können, wenngleich derlei „Wunderheilungen" nur selten vorkommen. Wir vergessen eben nur allzu leicht, daß bei jeder schweren Erkrankung ein dritter, metaphysischer Faktor im Spiele ist, einerlei, ob wir nun diesen als Schicksal, Wille Gottes oder Karma bezeichnen. Und dieser dritte Faktor wirft oftmals alle Prognosen der materialistischen Heilwissenschaft über den Haufen. Man sei also vorsichtig, wenn man Schwerkranke in Behandlung nimmt, und verspreche diesen oder deren Angehörigen keine absolut sichere Heilung. Denn es ist wohl jede Krankheit an sich heilbar, aber nicht jeder Kranke! Andererseits hüte man sich, Schwerkranken jede Hoffnung auf Genesung zu nehmen. Man soll nur sagen, daß bei jeder ernsteren Erkrankung, trotz sorgfältigster Behandlung, der Erfolg schließlich in Gottes Hand liegt. – Wird diese einfache Regel nicht beherzigt, so kann auch der gelehrteste Arzt sich schwer blamieren oder großes Unheil anrichten. Man denke nur daran, welch vernichtende suggestive Wirkung das Wort „unheilbar“ auf Kranke ausüben kann! Nur ein erleuchteter Heiler kann mit größerer Sicherheit Prognosen stellen, die sich nachher als richtig erweisen. Aber gerade ein solcher wird sich nur als Werkzeug Gottes fühlen und allen Erfolg Gott allein anheim stellen und demütig zugeben, daß all unser Wissen und Können nur Stückwerk ist.

Hören wir nun, was Paracelsus diesbezüglich in seinem Buche „*Paramirum*, von Krankheit und gesundem Leben“ schreibt:

„Ihr wisset, daß alle Gesundheit und Krankheit von Gott kommt. Und merket wohl, daß Gott uns in unseren Krankheiten anzeiget, daß wir sehen sollen, daß all unser Sach’ nichts ist und, daß wir in keinen Dingen gut gegründet sind und die Wahrheit wissen, sondern daß wir in allen Dingen bresthaft sind und unser Wissen und Können nichts ist. Aber Gott gibt zu unseren Krankheiten auch die Arznei! Und merket ferner, daß all unsere Krankheiten geheilt werden sollen in der Stunde der Zeit und nicht nach unserem Begehren und Willen. Den Zeitpunkt der Gesundheit aber weiß kein Arzt. Den hat Gott in seiner Hand. Und es ist eine jegliche Krankheit ein Fegefeuer. Darum mag kein Arzt gesund machen, es sei denn, daß von Gott dies Fegefeuer aus sei.“

Daraus geht klar hervor, daß Gott uns keineswegs willkürlich erkranken läßt, sondern daß wir das Fegefeuer unserer Krankheiten als Sühne oder Buße für unsere törichten, disharmonischen und schlimmen Handlungen, also unseres bösen Karmas, einerlei, ob dieses aus unserem derzeitigen oder früheren Leben stammt, erdulden müssen. Daher kann auch kein Arzt, er sei denn ein Erleuchteter, mit Gewißheit sagen, ob und wann ein Kranker gesund wird oder stirbt. Trotzdem wäre es verfehlt, wenn wir im Falle einer ernsteren Erkrankung jede ärztliche Hilfe oder jedes Heilmittel verwerfen würden. Ist es eine karmische Fügung, daß wir krank werden, so ist es auch eine karmische

Fügung, daß wir den richtigen Arzt oder das richtige Heilmittel zur richtigen Zeit erhalten. Darum sollen und dürfen wir Gott bitten und *nicht fatalistisch* nichts gegen unsere Krankheit tun. Dieser Punkt wird von Karmagläubigen oftmals nicht beachtet.

(Paracelsus:) „Da eine jegliche Krankheit ein Fegefeuer ist, soll ein Arzt wissen und gedenken, daß er sich nicht vermesse der Stunde der Gesundheit oder der Stunde der arzneilichen Wirkung. Denn dies steht in Gottes Hand. Ist die göttliche Bestimmung nicht so, wie ihr Ärzte sie euch vorstellt, so macht ihr mit keiner Arznei den Kranken gesund. – Ist aber die Stunde der göttlichen Bestimmung da, so macht ihr den Kranken gesund.

Also merket das: So euch ein Kranker zukommt, den euch Gott schickt, so wird er gesund durch euere Arznei. Wo er aber nicht gesund wird, so ist er auch nicht von Gott zu euch geschickt. Denn, so die Zeit und Stunde der Erlösung da ist, dann schickt Gott den Kranken zum (richtigen) Arzt und nicht vorher.

Die unwissenden Ärzte sind Fegeteufel, von Gott zugesandt den Kranken. – Der wissende Arzt dagegen ist denen gesandt, über die Gott verhängte die Stunde der Gesundheit. Auch sollt ihr merken, daß die göttliche Bestimmung nicht zurückgenommen wird, sei der Arzt so gut und günstig wie er wolle. Die Stunde muß da sein für das Ende des Fegefeuers! Und wem der Arzt, zur Seligkeit und Gesundheit, nicht von Gott geschickt wird, dem ist auch von Gott keine Gesundheit bestimmt.

Dieweil also Gott den Arzt zufügt den Kranken, bedenket ob der Arzt durch seine Kunst etwas schafft oder nicht! Es ist vielmehr so: Gott hat geschaffen die Arznei über die Krankheiten und den Arzt dazu! Aber Er verhält es den Kranken solang, bis die Zeit der Stunde kommt. Alsdann wird vollbracht der Gang der Natur und Kunst und nicht vorher!

Daß Gott (das Gesetz) der Verursacher aller Krankheiten sei, das verstehet also: Er, der geschaffen hat sowohl das, was uns nützt, hat auch geschaffen was uns widerwärtig ist, darum, daß wir unser Fegefeuer haben. Daß Gott dasjenige geschaffen hat, was uns widerwärtig ist, hat seinen Grund darin, daß es uns von Nutzen ist, wenn wir den Endzweck auch nicht zur Zeit einsehen.

Dieweil Er der ist, der uns die Krankheit geschaffen hat, so könnte Er dieselbe auch wieder von uns nehmen, ohne den Arzt, wenn die Zeit und Stunde da und das Ende des Fegefeuers gekommen ist. Daß dies aber meistens nicht geschieht, das merket also: Gott will nichts ohne den Menschen tun! – Tut Er Wunder, so tut Er's den Menschen durch den Menschen, und macht er wunderlich gesund, so tut Er auch das durch den Menschen.

Daß aber zweierlei Ärzte sind, nämlich solche die wunderbarlich heilen und andere, die durch Arznei heilen, verstehet dadurch, daß in einem Wunder der Glaube wirkt. – Wo aber der Glaube nicht so stark, die Stunde des Fegefeuers aber aus ist, da vollbringt der Arzt (mit der Arznei) das Wunder, das Gott wunderbarlich täte, so der Glaube im Kranken wäre.

Wir sollen also glauben, daß all unsere Krankheiten Flagellen (Geißeln) sind und Exempel und Anzeigung – und daß Gott uns dieselben hinwegnimmt durch unseren christlichen Glauben, nicht durch heidnische Weise durch die Arznei. – Der Kranke, der auf die bloße Arznei hofft, ist kein (wahrer) Christ. Der aber zu Gott sein Vertrauen setzt, der ist ein (wahrer) Christ. Er läßt daher Gott darum sorgen, wie er ihn gesund macht, es sei wunderbarlich durch Heilige, durch eigene Kunst, durch Arzt oder alte Weiber.

Das sollt ihr Christen merken, daß Gott der Erzarzt ist! Er ist der Höchste und nicht der Mindeste! Er ist der Gewaltigste, ohne den nichts geschieht! Die Heidnischen, die Ungläubigen, die schreien zu den Menschen um Hilfe. Aber ihr sollt zu Gott schreien! Er wird Euch gar wohl zuschicken den Gesundmacher, es sei ein Heiliger oder ein Arzt oder Er selbst."

Durch alle diese Aussprüche erweist sich Paracelsus eindeutig als Mystiker und mystischer Arzt. Er bekennt offen und ehrlich, daß auch er, der einer der größten Ärzte aller Zeiten und Völker war, ohne den Willen Gottes niemand gesund machen konnte. Und dabei ist wohl zu beachten, daß Paracelsus über ein Wissen und Können und über Heilmittel verfügte, welche nur wenige auserwählte Ärzte besaßen, und dennoch sah er ein, daß zur wahren Heilung es noch der Zulassung Gottes bedürfe oder daß die Zeit des Fegefeuers (des schlimmen Karmas) eben vorbei sein müsse. Könnte nämlich irgendein Arzt mit hundertprozentiger Sicherheit jeden Schwerkranken, in jedem Stadium seines Leidens, heilen, so wäre dies kein Mensch mehr, sondern Gott selbst!

Zusammenfassend wollen wir also nochmals sagen, daß wir Paracelsus und seine Medizin, seine okkulte Philosophie, Magie, Mystik und Theologie nur dann richtig erfassen können, wenn wir einsehen, daß es ganz und gar unmöglich ist, Gott, Mensch und das Weltall nur mit Hilfe einer materialistisch-mechanistischen Wissenschaft ergründen zu wollen. Führende Geister unserer Zeit, und zwar gerade Naturwissenschaftler, haben dies bereits auch eingesehen und wandten sich offenkundig von der materialistisch-mechanistischen Philosophie und Weltanschauung ab.

In Paracelsus aber nur „einen hervorragenden Arzt, Chemiker und Naturforscher" zu sehen, ist ebenso verfehlt, als wollte jemand sagen: „Goethe war Doctor juris und führte als Rechtsanwalt 38 Prozesse, deren Akten im Goethemuseum in Frankfurt am Main aufbewahrt sind. Später zog Goethe nach Weimar und wurde dort schließlich Staatsminister und Geheimrat. Nebenbei war er auch als Schriftsteller tätig."

Geradeso verhält es sich bei Paracelsus. Er war in erster Linie Okkultist, Magier und Mystiker. Dann erst Arzt und Naturforscher. Ja, er wäre niemals der weltberühmte Arzt geworden, wenn er nicht auch der große Okkultist gewesen wäre, denn seine außerordentlichen Kuren fußten prinzipiell und grundlegend auf seinem alchimistisch-astrologischen Wissen und Können.

Nachwort des Bearbeiters

Daß der Rohm-Verlag (in der Verlagsgemeinschaft Friedrich Zluhan, 7120 Bietigheim) das vor einem halben Jahrhundert erstmals erschienene Buch von G. W. Surya „Paracelsus – richtig gesehen!" in einer dritten Auflage herausbringt, geschieht nicht, um die Fülle der Paracelsus-Literatur zu vermehren, sondern um der Nachfrage nach einem ganz bestimmten Aspekt der Paracelsus-Forschung gerecht zu werden.

Der Ingenieur Demeter Georgievitz-Weitzer wählte das Pseudonym Surya, was soviel wie Sonne heißt, um unter diesem Namen grundlegende Bücher der okkulten Literatur zu verfassen, die in den ersten fünfzig Jahren unseres Jahrhunderts sehr geschätzt waren. G. W. Surya wurde am 23. 8. 1873 in Baden bei Wien geboren und starb am 3. 1. 1949 in Graz. In den Jahren vor dem Ersten Weltkrieg war Surya Redakteur des Zentralblatts für Okkultismus. Später wurde er vor allem durch sein zwölfbändiges Werk „Okkulte Medizin" bekannt. Innerhalb dieser Reihe erschien 1922 das Paracelsus-Buch, das damals großes Aufsehen erregte, weil die vom Verfasser vertretenen Gedanken dem damaligen Paracelsus-Bild nicht entsprachen. 1938 erfolgte eine Neuauflage, die kriegsbedingt nicht mehr voll ausgeliefert werden konnte.

In den Jahren, die seither vergangen sind, hat sich in der Beurteilung des großen Paracelsus ein Wandel vollzogen. Was G. W. Surya vor mehr als fünfzig Jahren erkannt und heftig verteidigt hatte, erscheint im Lichte eines sich in der Gegenwart vollziehenden Umdenkens auch im Bereich der Wissenschaften immer weiteren Kreisen annehmbar. Vor allem hinsichtlich einer Standortbestimmung der Astrologie ist Paracelsus von fundamentaler Bedeutung. Es ist das Anliegen des Rohm-Verlages, darin ernstzunehmendes Diskussionsmaterial zur Verfügung zu stellen. Auch dies ist ein Hauptgrund für die Neuauflage. Daher konnten die in dem Werk enthaltenen Kapitel über die Paracelsisten, also die Nachfolger des Paracelsus, in denen es vorwiegend um Probleme der homöopathischen Medizin ging, weggelassen werden. Ebenfalls wurde auf viele Fußnoten verzichtet, um das Buch lesbarer zu machen. Es sind dies mehr kosmetische Kürzungen, um das wesentliche des Buches auch für die jüngere Erwachsenengeneration zu erschließen, der es weniger darauf ankommt, dauernd auf Quellen aus dem vorigen Jahrhundert verwiesen zu werden oder sich mit der Diskussion um weltanschauliche Fragen aus der

Zeit vor fünfzig Jahren konfrontiert zu sehen. Am Aufbau und Inhalt des Werkes wurde nichts geändert. Der Leser kann daher den kämpferischen und blutvollen Stil des Autors erleben, der alle Werke Suryas kennzeichnet.

Noch zu keiner Zeit ihrer Geschichte haben die Menschen ihre Gegenwart so zu überschauen vermocht, wie es uns möglich ist. Was immer in Politik und Wirtschaft oder im Leben der Völker geschieht, welche Erfindungen auf technischem Gebiet gemacht werden – die öffentliche Meinung in aller Welt registriert es. Die Massenmedien ermöglichen es heute jedem, sogleich für sich die Schlußfolgerungen zu ziehen. Es liegt in der Natur der Sache, daß eine geistige Um- oder Neuorientierung sich nicht im gleichen stürmischen Tempo vollziehen kann. Spektakuläres wird nur ungern zur Kenntnis genommen, weil damit verbunden sein könnte, sich vom Alten abkehren zu müssen, Ballast über Bord zu werfen und sich neuen Ansichten zu öffnen. So gibt es genügend Koryphäen in den Wissenschaften, die völlig unbeeindruckt davon zu sein scheinen, daß sich in der Physik durch die Auflösung der Materie in Licht, Kraft und Bewegung, ein ebenso grundlegender Wandel vollzogen hat wie in der Seelenforschung. Gerade in dieser Hinsicht haben neue Forschungen einen Einbruch in das Gebiet der sogenannten Grenzwissenschaften erzielt. Fast mit einem Schlage wurden Telepathie, Hellsehen oder vergleichbare Phänomene als existent anerkannt. Der Umschwung ist so groß, daß Zweifler, die aus welchen Gründen auch immer, sich bemühen, die neuen Gegebenheiten zu übersehen, sich beinahe der Lächerlichkeit aussetzen. In dieser Zeit eines geistigen Umbruches ist nicht vorauszusagen, wie weit die Revision des „Okkulten“ durch parapsychologische Forschungen in den nächsten Jahren noch gehen wird. Viele Leute sind geneigt, in der Eroberung des Mondes die am weitesten überragende menschliche Leistung zu sehen. Es könnte sein, daß man darüber schon in naher Zukunft anders denken wird, wenn neue Kriterien für die Beurteilung gelten. Es könnte sehr wohl der bewußt vollzogene Aufbruch in die für viele so fern liegenden Bezirke der Seele zum wirklich großen Abenteuer unserer Generation werden.

Die phantastischen Eindrücke, die Medien und Hochsensitive von jenen Gestaden hinter der Mauer menschlicher Ratio bisher mitgeteilt haben und die bisher oft belacht und bezweifelt wurden, wie weiland Marco Polos Berichte vom fernen China, erweisen sich auf einmal als real und sind nicht mehr „okkult". So werden jene umdenken müssen, die bisher nur gebannt auf einen weiteren technischen Fortschritt starren, weil er ein Höchstmaß an zivilisatorischer Bequemlichkeit versprach.

Teilhard de Chardin stellte einmal fest, daß im kosmischen Maßstab nur das Phantastische eine Chance hat, wahr zu sein. Nunmehr erweist es sich, daß Mikro- und Makrokosmos nie enger und greifbarer nebeneinander lagen als gegenwärtig. So bedeutet die Hinwendung zu einer ganzheitlichen Betrachtung des Menschen zugleich das Wiederauffinden der von den Alten als unumstößlich vertretenen Überzeugung, daß der Mensch in kosmische Bezüge eingebettet ist. Zwar läßt die übergroße Fülle neuer Einsichten bescheiden werden und zugeben, daß wir die letzten Seinsfragen von uns aus nie lösen werden, doch scheint es der Erkenntnisfähigkeit des Menschen zu gelingen, in bisher unzugängliche geistige Dimensionen vorzustoßen und damit Lebensmechanismen besser, von innen her, zu verstehen. Solches Denken kann bei Paracelsus anknüpfen. Bei ihm, dem Arzt, Astrologen und Philosophen muß ansetzen, wer Astrologie in modernem Sinn begreifen will. Paracelsus richtig verstehen, heißt ihn in den Revisionsprozeß einzubeziehen, der die Beurteilung des Okkultismus heute betrifft. G. W. Surya, der als Offizier am Ersten Weltkrieg teilgenommen hatte, kann dazu Wege weisen.

Seine sensitive Veranlagung ließ ihn als Österreicher die besonders für sein Vaterland furchtbaren Folgen des Krieges und den platten Materialismus im Denken der Menschen doppelt spüren und den Weg der Verinnerlichung gehen. In seinen Büchern und Vorträgen trat Surya für einen geistigen Monismus ein. Ganz in paracelsischem Sinne erkannte er, daß der Mensch aus der in drei geteilten Einheit von Körper, Seele und Geist besteht. Surya ging davon aus, daß alles Leben von Allkräften stammt und daß wir die geheimen, das heißt „okkulten", also die noch nicht sichtbaren oder greifbaren Gesetze erforschen müssen, um zum Beispiel körperliche Schädigung auf geistiger Basis erkennen und heilen zu können. Seit bekannt ist, in welchem Umfang der Faktor PSI in den Ländern des Ostblocks wissenschaftlich erforscht und genutzt wird, mag mancher, der einst zu Suryas Kritikern zählte, anders denken.

Die Dinge sind im Fluß. Manches, was der unvoreingenommene Leser an der Sicht Suryas auf Paracelsus noch nicht gutheißen kann, dürfte sich vielleicht schon bald als realistisch erweisen. Möge daher dieses Buch viele geistig Suchende zum Nachdenken anregen.

Alexander von Prónay